정치이데올로기와 영화

해빙기 중·동부 유럽 영화

정치이데올로기와 영화

해빙기 중·동부 유럽 영화

초판 인쇄 2020년 6월 23일
초판 발행 2020년 6월 30일

지은이 정태수
펴낸이 박찬익
편집장 한병순
책임편집 유동근
펴낸곳 ㈜박이정 **주소** 경기도 하남시 조정대로45 미사센텀비즈 7층 F749호
전화 02)922-1192~3 | 031)792-1193, 1195 **팩스** 02)928-4683 **홈페이지** www.pjbook.com
이메일 pijbook@naver.com **등록** 2014년 8월 22일 제2020-000029호

ISBN 979-11-5848-452-1 93680

* 책값은 뒤표지에 있습니다.

정치이데올로기와 영화

Polska

Magyarország

Југославија

Československo

정태수 지음

(주)박이정

머리말

『정치이데올로기와 영화』는 영화가 정치권력, 이데올로기와의 투쟁 속에서 어떻게 존재했고 발전했는지에 관한 것이다. 이러한 특징의 전형적 형태는 세계영화역사 속에서 독창적 내용과 형식으로 특별한 흐름을 주도했던 중·동부 유럽의 몇몇 나라들의 영화에서 나타난다. 지금은 여러 나라로 분화되어 있지만 과거 공산주의 블록 시기의 폴란드, 헝가리, 유고슬라비아, 체코슬로바키아의 영화들은 이런 측면에서 특별한 의미를 지닌다고 할 수 있다. 이들 나라의 영화들이 특별한 존재로 인식되고 있는 이유는 소련에 의한 공산주의 이데올로기 벨트가 강하게 작동되고 있었음에도 그들만의 독창적인 내용과 형식을 끊임없이 영화 속에 구현하였다는 데 있다.

중·동부 유럽의 공산주의 블록 국가들은 소련으로부터 강요된 정치이데올로기로부터 결코 자유로울 수 없었다. 이들 나라들은 제2차 세계대전 이후 1948년을 기점으로 소련과 공산주의자들에 의해 권력이 장악되면서, 소련과의 갈등관계를 두려워하지 않고 독자적 노선을 견지했던 티토의 유고슬라비아를 제외하고는 대부분 그러한 기조에서 벗어나지 않았다.

그러나 1953년 스탈린의 사망과 1956년 2월 소련의 제20차 전당대회에서 흐루쇼프에 의해 스탈린 격하와 전횡이 비판받게 되면서 중·동부 유럽 국가들의 소련으로부터의 독자화 시도는 새로운 국면을 맞이하였다. 그것은 공산주의에 대한 철학적 해석에서부터 각 나라들의 정치적, 경제적 상황에 근거한 노선투쟁으로 이어졌다. 이는 흐루쇼프로부터 촉발된 해빙기 시기 자유의 바람이 중·동부 유럽의 나라들로 퍼지기 시작했다는 것을 의미한다. 이로 인해 중·동부 유럽 나라의 정치 지도자들은 봇물처럼 쏟아진 인민들의 개혁적인 요구와 함께 소련과 견고하게 연결되어 있던 공산주의 블록으로부터 벗어나 보다 자율적인 독자성을 추구했다. 이러한 변화는 정치, 경제 분야에만 국한된 것이 아니라 사회, 문화와 예술 창작에도 깊은 영향을 미쳤다.

무엇보다 이 시기의 문화와 예술 이론가 및 창작가들에게는 창작의 자율성과 독창성을 억압해왔던 사회주의 리얼리즘을 청산하는 것이었다. 이러한 경향은 영화창작가들에게도 적용되어 예민한 역사적 사건과 사회적 현실 등이 점차 화면으로 옮겨져 묘사되기 시작했다. 그것의 결과가 폴란드의 영화학파(1955-1965), 1956년 민중혁명이후의 형가리 영화(1956-1967), 유고슬라비아의 노비 필름(1961-1971), 그리고 창작수법의 혁신을 통해 현실에 대한 풍자를 겨냥한 체코슬로바키아 영화(1963-1968)인 것이다. 따라서 이들 영화에는 소련으로부터 비롯된 정치적 변화와 그 변화를 통해 독자성을 확보하고자 한 중·동부 유럽 나라들의 투쟁과 의지가 함축되어 있다고 할 수 있다. 그렇기 때문에 이들 나라의 영화에는 정치적 상황에서부터 자신들의 고유한 민족문화와 역사, 사회적 현실, 과감한 형식적 실험들이 결합되어 이 시기 영화의 특징을 이루고 있는 것이다. 그 결과 이념적으로는 동유럽으로, 지리적으로는 중·동부 유럽으로 불린 이들 나라의 영화는 정치이데올로기로부터 창작의 가치와 존재가 어떻게 유지되는지를 자신들만의 독창적 방식으로 그 특별함을 보여주면서 세계영화역사를 풍요롭게 하였다.

이와 같은 내용을 다루고 있는 이 책은 필자가 지금까지 몇 몇 학술지와 단행본(세계영화예술의 역사: 체코슬로바키아 영화)에 발표되었던 글들을 정치이데올로기와 해빙기라는 프레임에 의해 유연한 형태로 수정, 보완 한 것들임을 밝히면서, 여전히 나의 학문의 협량狹量함에도 불구하고 항상 사랑으로 지켜봐 주고 담대한 용기를 주고 있는 가족과 영원한 나의 스승이신 로스티슬라브 니콜라에비치 유레네프Р. Н. Юренев 선생님, 여기에 날로 위축되고 있는 영화연구의 길을 꿋꿋하게 함께 걸어가고 있는 동료들과 제자들, 그리고 이 책을 선뜻 출간해주신 박이정출판사 여러분에게 깊은 감사를 드린다.

2020년 6월

로유露儒

차 례

머리말 **004**

폴란드 영화학파
(1955–1965)
———— **009**

민중혁명이후의 헝가리 영화
(1956–1967)
———— **061**

유고슬라비아 노비 필름
(1961–1971)
———— **107**

현실에 대한 풍자와 혁신,
체코슬로바키아 영화
(1963–1968)
———— **167**

찾아보기 **215**

일러두기

1. 본문의 원어는 한글과 병기했으며, 인명이나 용어, 제목은 필요하다고 판단되는 부분에만 원어를 병기했습니다.
2. 인용된 외국어 원문과 명시할 필요가 있다고 판단되는 참고자료 및 인용출처는 축약하지 않고 가능한 인용 원문 전체를 각주로 붙였습니다. 바로 위의 논저를 인용한 경우 위의 책, 위의 논문으로, 앞에서 인용한 논저를 다시 인용한 경우 저자명과 함께 앞의 책, 앞의 논문으로 하였고, 영어 논저일 경우 각각 Ibid., 저자명, op. cit.,로 하였으며 그 밖의 외국어 논저일 경우에는 가능한 그 나라의 방식을 따라 표기했습니다. 재인용할 경우 원문을 먼저 표기하고 재인용한 논저를 표기 순서에 따라 하였습니다.
   그리고 직접 인용된 문장 중 ( ) 표시 안의 글은 문맥을 보다 명확하게 전달하기 위해 저자가 첨부한 내용입니다.
3. 고유명사 등 외국어의 우리말 표기는 현행 외국어 표기법을 따르되, 표기법이 어색하거나 혼동의 여지가 있는 경우에는 발음에 가깝도록 하였습니다.
4. 이 책에서 사용된 저서는 『 』, 논문은 「 」, 신문명, 잡지명, 작품집, 학술지명은 《 》, 작품명과 신문기사명은 〈 〉, 직접인용은 " ", 간접인용 및 강조는 ' '로 하였습니다.

폴란드
영화학파

1955 – 1965

안제이 바이다, 지하수도(Kanat, 1957)

1. 두개의 리얼리즘과 제스포위 필모베

폴란드는 인접 국가, 민족과 수많은 전쟁을 통해 성립되었다. 그렇기 때문에 전쟁과 그로부터 형성된 민족의 정체성은 폴란드의 매우 소중한 역사적 가치라 할 수 있다. 폴란드 영화학파Polska Szkoła Filmowa는 이러한 폴란드의 역사적 흐름과 밀접한 관계 속에 있다. 따라서 폴란드 영화학파는 폴란드의 역사 전개과정에 근거하면서 영화창작의 새로운 현실적 방향을 모색하는 과정에서 그 특징이 이루어졌다. 이러한 측면에서 이 시기 폴란드 영화학파는 크게 세 가지 흐름을 지니고 있다. 첫째는 전쟁의 역사를 통한 민족에 대한 정체성을 확인하는 것이고, 둘째는 전쟁이후의 풍경, 즉 전쟁으로부터 비롯된 상처를 묘사하는 것이다. 그리고 셋째는 1949년 소련으로부터 이식된 사회주의 리얼리즘이라는 도식적인 이데올로기 창작법칙으로부터 탈피하여 현실에 대한 문제제기와 새로운 형식에 대한 시도였다. 이것은 폴란드 영화학파의 가장 핵심적인 창작 목표이자 특징이라 할 수 있다. 이를 통해 폴란드 영화학파는 폴란드 영화역사에서 폴란드 영화의 정체성 형성과 발전에 매우 중요한 역할을 하였다.

이와 같은 이유로 폴란드 영화학파는 많은 영화학자들에 의해 시기, 특징 등에 대해 다양한 견해들이 존재한다. 특히 폴란드 영화학파라는 용어는 영화 비평가이자 학자인 알렉산데르 야츠키에비츠Aleksander

Jackiewicz가 1954년 초 폴란드 예술의 위대한 전통의 가치를 영화화하는 폴란드 영화를 지칭한 이후 안토니 보흐지에비츠Antoni Bohdziewicz에 의해 그 용어가 수용되어 안제이 바이다Andrzej Wajda의 데뷔 영화 〈세대 Pokolenie, 1955〉를 언급할 때 폴란드 영화학파라는 명칭이 사용되었다.[1] 또한 폴란드 영화 역사가인 스타니스와프 오지메크Stanisław Ozimek는 "폴란드 영화학파를 민족영화 역사에서 처음으로 이데올로기적으로 나 예술적 유형으로 선명한 것이었다고 하면서 그 시기를 다음과 같이 4개의 시기, 즉 첫 번째는 초기시기(1955-1956)로 사회주의 현실 시학의 토대 하에 암시적이고 숨겨진 새로운 경향이고, 두 번째는 고유의 시기(1957-1959)로 영화제작자들 대부분이 전쟁과 점령에 집중하고 그들 자신들의 작품을 폴란드 낭만주의 전통에 위치시키는 시기이며, 세 번째는 위기의 국면(1960-1961)으로 고전 스타일과 제시된 주제의 개인화(평범한 주인공의 중요성)로 특징화된 시기이고, 네 번째는 마지막 단계(1962-1965)로 폴란드 영화학파 시학의 표면적인 언급뿐 아니라 폴란드 영화학파의 주제의 집착에 대한 논쟁적 관심에 의해 구별 된다"[2]고 하였다. 스타니스와프 오지메크는 나아가 "폴란드 영화학파에 대한 영화 학자들의 다양한 규정을 인정하면서 안제이 바이다의 영화 〈지하수도Kanał, 1957〉, 〈재와 다이아몬드Popiół i diament, 1958〉, 〈로트나Lotna, 1959〉에서 잘 표현된 낭만적 표현주의 경향과 안제이 뭉크Andrzej Munk 의 영화 〈에로이카Eroica, 1958〉와 〈불운Zezowate szczęście, 1960〉에서 구현된 이성주의적 경향, 그리고 보이치에흐 하스Wojciech Has, 스타니스와프 레나르토비츠Stanisław Lenartowicz와 예지 카발레로비츠Jerzy Kawalerowicz 의 영화에서 나타난 심리학적 존재론적 경향으로 나누었다. 여기에 알렉산데르 야츠키에비츠는 폴란드 영화에서 낭만적인 것과 평범한 전통사이를 구분하였다. 전자는 바이다, 뭉크에 의해 후자는 카지미에쉬 쿠츠Kazimierz Kutz와 다른 폴란드 영화제작자들에 의해서다. 이것은 궁극적으로 폴란드 영화학파를 테마와 양식적 유사성으로 논의하는 것이 어렵다는 것을 말하고 있다."[3]

반면 "타데우쉬 미츠카Tadeusz Miczka는 1957년에서 1963년까지 개봉된 138편의 극영화 중 30여 편 만이 폴란드 영화학파에 속하고 사회주의 리얼리즘 미학으로 스며든 신화화와 거짓으로부터 민족 신화를 해방시키도록 도와 사회적 자각에 깊은 영향을 준 제작자들, 주로 안제이 뭉크나 안제이 바이다에 의해 수용된 심리치료 전략에 의해 구별된다고 하였다."[4] 그리고 리차드 테일러Richard Taylor, 낸시 우드Nancy Wood, 줄리안 그래피와 디나 이오다노바Julian Graffy and Dina Iordanova는 폴란드 영화학파를 제한된 자치권과 이데올로기적 통제 아래에서 1954년에서 1963년 사이 등장한 낭만적 염세주의, 역사적 힘에 대한 개인의 종속, 폴란드의 비극적 전쟁기의 재탐구를 다루고 있는 영화로 규정하고 있다.[5]

이와 같은 다양한 논의에도 불구하고 폴란드 영화학파의 시작과 특징은 안제이 바이다의 〈세대〉와 1956년 포즈난 봉기, 10월의 봄이 핵심적 역할을 하였다는 사실과 1965년 정도까지 그 흐름의 여운이 지속되었다는 것이 일반적 인식이라 할 수 있다.

그러나 폴란드 영화학파는 1953년 스탈린의 사망과 함께 문학, 예술, 영화 내부의 창작법칙의 변화로부터 이미 시작되고 있었다. 그것은 리얼리즘에 대한 논쟁과 영화창작 단위, 즉 제스포위 필모베Zespóly

Filmowe**6**의 구축과 밀접한 관계가 있다.

제2차 세계대전 이후 1948년 폴란드는 '폴란드 통일노동자당Polska Zjednoczona Partia Robotnicza, PZPR'으로 변모하면서 다른 사회주의권 국가들처럼 소련파 공산주의자들이 사실상 폴란드의 정치권력을 장악했다. 이것은 제2차 세계대전 때 지하에서 투쟁했던 민족주의 성향의 국내군이 권력에서 배제되었다는 사실과 1948년 이후 폴란드가 실질적으로 소련의 직, 간접적인 통제 속에 들어갔다는 것을 의미한다. 이러한 역사적 상황 속에서 폴란드 영화에서의 리얼리즘 논쟁은 제2차 세계대전이 끝나고 1945년 영화를 국유화하기 위해 '필름 폴스키Film Polski'를 설립하고 난 이후 1947년 사회주의 리얼리즘이 폴란드에 소개되고 1948년 12월 소련파 공산주의자들이 주도한 폴란드 통일노동자당에 의해 공식적인 예술창작법칙으로 승인되면서 이미 내재되어 있었다고 할 수 있다. 이것은 예술과 지적 활동을 인구의 모든 부분에 접근시킴으로써 대중화하려는 것과 대중화된 매체를 이용하여 공산주의 이념에 입각한 새로운 문화를 발전시키려는 통일노동자당 문화정책의 일환이었다.**7** 이러한 목표에 의해 사회주의 리얼리즘이 폴란드 영화에 본격적으로 논의되어 적용되기 시작하였고 1949년 11월 영화제작자들이 모인 폴란드 남부의 비스와Wisła 회의에서 구체화되었다.

이 회의에서는 현재 폴란드 영화를 계급투쟁 무시, 민족주의, 그리고 수정주의로서 국제주의적이고 부르주아적인 경향으로 비난했다. 그 회의에 참석했던 당 관계자, 비평가, 작가, 제작자들은 이전에 만들어졌던 레오나르드 부츠코프스키Leonard Buczkowski의 〈금지된 노래Zakazane piosenki, 1947〉, 〈보물Skarb, 1949〉, 반다 야쿠보프스카Wanda Jakubowska의

〈마지막 단계Ostatni etap, 1948〉, 알렉산데르 포르드Aleksander Ford의 〈경계의 거리Ulica Graniczna, 1949〉 등을 혁명정신의 결여로 비판하였다.[8] 그와 동시에 폴란드 영화의 유일한 창작법칙으로 사회주의 리얼리즘이 채택되었고 그것의 기준과 방향은 다음과 같이 제시되었다.

1. 주도적 역할을 하는 긍정적 인물, 결점이 없는 사람, 사회주의적 이상을 위해 끊임없이 투쟁하고 승리하는 사람을 묘사하여야 한다.

2. 새로운 사회주의적 질서와 낡은 자본주의적 질서 사이의 대결을 보여주거나 자본주의의 폐해 속에서 새로운 질서가 승리하는 것을 보여줌으로써 계급투쟁의 중요성을 표현하여야 한다.

3. 갈등 관계 속에서 당이 결정적인 역할을 해야 한다. 즉 당이 조직화하고 생동감 있게 하며 대중을 선도하는 모습을 묘사하여야 한다.

4. 사회적으로 용인된 행위의 올바른 인물이 주인공이어야 한다. 이때 주인공은 경험적이거나 공상적인 형태가 아니라 전체적인 메시지를 고양시킬 수 있는 현실적인 인물이어야 한다.[9]

이와 같은 창작 기준과 방향은 현실에 대해 다양한 비판과 풍자, 해악 등이 원천적으로 차단되었음을 의미한다. 그리고 그 결과는 스탈린 시기의 소련 영화에서처럼 획일적이고 단순한 내러티브의 구조와 선명한 메시지의 영화들로 채워졌다.

그러나 이러한 견고한 사회주의 리얼리즘적 특징은 1953년 스탈린의 사망으로 새로운 국면으로 접어들었다. 그것은 1954년 6월 작가회의에서 당의 언론통제정책과 검열제도를 비판한 지식인들로부터 비롯되었다. 그리고 "1954년 12월 폴란드 통일노동자당의 중앙위원회 총회에서 도그마주의와 도식주의의 질병에 대해 반대하는 비판의 목소리가 있었다. 얼마 후 당원이자 작가인 레온 크루츠코프스키Leon Kruczkowski가 이 소식을 전하면서 그 기조를 문화적 논쟁 속으로 끌어들였다."[10] 뿐만 아니라 이들 지식인들은 1955년 8월 '폴란드 작가동맹Związek Literatów Polskich, ZLP'의 기관지,《신문화Nowa Kultura》와 '폴란드 청년동맹Związek Młodzieży Polskiej, ZMP'의 기관지,《직언Po prostu》등을 통해 지배 질서에 만연한 허위를 고발한 아담 바지크Adam Ważyk의 장편 시〈어른을 위한 시Poemat dla dorosłych〉와 철학자인 레섹 코와코프스키Leszek Kołakowski 등이 논문을 통해 스탈린식 사회주의에 대해 공개적 비판을 하였다.[11] 이는 1956년 2월 소련의 제20차 전당대회에서 흐루쇼프의 스탈린 비판이 이어지고 난 이후 폴란드에서도 1956년 3월, 연극이론가이자 비평가인 얀 코트Jan Kott에 의해 "폴란드 현실에 대해 현존하는 것은 모두 좋고 공평하고 또한 불가피한 것이라고 되풀이해 온 지난 15년은 현실을 정당화하기 위하여 진실을 희생시킨 시기였고 진실에 이르는 과학적 비판의 시도가 없었으며 현존하는 역사가 거대한 신화로 올라서고 말았다고 통렬하게 비판했다."[12] 또한 같은 해 "3월 27일 당 기관지《인민연단Trybuna Ludu》은 편집장 명의로 '소련공산당 제20차 대회의 교훈'이라는 논문을 통해 1949년의 숙청과 당, 정부의 독재경향을 비판하고 나섰다. 철학교수 아담 샤프Adam Schaff도 4월, 당 이론지《새로운 길Nowe Drogi》에서 공산체제의 개혁과제를 다음과 같이 제시했다. 첫째, 당의 전체회의에서 평당원의 참여를 촉진시키며, 둘째, 당 위원회 활동을 개방의 원칙에 따라 진행시키고, 셋째, 책임소재를 위원회에 두고 자체비판과 외부비판이 투입되도록 하며, 넷째, 정책수행과정에서 잘못이 생기면 '잘못'이라고 솔직히 시인해야 한다."[13] 그리고 "1956년 12월 2일에 열린 제7차 폴란드 작가동맹 회의에서는 잠정적인 비판의 수준에 머물렀던 1954년의 제6차 회의 때보다 더욱 분명한 입장을 취했다. 이에 대해 어떤 이는 사회주의 리얼리즘, 곧 정치적 테러의 예술적 등가물을 모두 쏟아 버렸다 하고, 더 이상 이 사이비 예술이론을 따르는 이가 없다고 전언할 정도였다."[14]

문학을 중심으로 형성된 이러한 스탈린주의식 사회주의 리얼리즘에 대한 비판은 폴란드 영화창작 흐름에도 영향을 미쳤다. 1949년 비스와 회의에서 폴란드 영화창작의 방향을 제시하면서 "이탈리아 네오리얼리즘을 객관적인 현실과 전혀 일치하지 않은 경향으로 비난"[15]하였고 심지어 국가의 의도에 부합하도록 기존의 영화를 재편집하여 만들었던 행위는 폴란드 사회의 부정적 요소들을 사실대로 드러내고자 하는 시도로 변화하기 시작했다. 이것의 구체적 현상이 사회적 모순을 사실적으로 묘사한 네오리얼리즘 정신과 형식에 대해 폴란드의 젊은 영화 창작가들이 호의적 태도를 보였다는 사실이다. 이러한 특징은 주로 1954년에 만들어진 "알렉산데르 포르드의 〈바르스카 거리에서 온 다섯 소년들Piątka z ulicy Barskiej, 1954〉, 예지 카발레로비츠의 서사시 〈셀룰로스Celuloza, 1954〉, 〈프리지아 별 아래에서Pod gwiazdą frygijską, 1954〉에서부터 나타나기 시작하였다. 이들 영화는 사실과 현실의 미학에 근거하고 있는 이탈리아 네오리얼리즘의 정신적 기반에서 만들어졌고 당 책임자로부터 리얼리즘에 대한 부르주아적인 접근이라고 비난을 받았지만 폴란드 영화에 적지 않은 충격을 주었다."[16] 이는 그동안 폴란드 영화에서 다뤄지지 않았던 방식이었고 향후 폴란드 영화가 사회주의 리얼리즘의 교조적 방식에서 벗어나게 하는 계기로 작용하도록 했다. 특히 "안제이 바이다의 〈세대〉는 사회주의 리얼리즘 영화의 시학을 네오리얼리즘적 관점으로 융합하는 전환기적 작품의 전형으로 폴란드 영화학파의 현상을 알리는 것이었다."[17] 그러므로 영화 〈세대〉는 폴란드 영화학파의 서막을 알린 작품이라 할 수 있다.

그러나 이 영화는 기존의 사회주의 리얼리즘, 즉 비스와 회의에서 채택한 창작법칙인 공산주의 전형성을 창조하면서 공산주의 이데올로기를 제시해야 할 주인공의 당성과 혁명성은 사라지고 역사와 사회 속에서 무기력하게 내던져진 사람들의 있는 그대로의 모습을 묘사한 영화로 격렬한 비판을 받았다. 반면 네오리얼리즘에 우호적이었던 젊은 영화제작자들은 네오리얼리즘의 일반적 특징으로 통용된 "실제적 사실에 가까운 주제, 꾸미지 않은 이야기, 열린 결말, 평범한 노동자 계급의 주인공, 사회비판을 함축하고 있는 사회적 관계인",[18] 이른바 있는 그대로의 현실을 토대로 안제이 바이다의 〈세대〉에 나타난 시도와 창작법칙을 옹호하였다. 영화창작에 대한 이러한 서로 상반된 양측의 논쟁은 이미 일정한 표현의 자유로의 이행을 의미하는 하나의 징후였다. 이를 계기로 폴란드 영화에서 교조적이고 도식적인 창작법칙인 사회주의 리얼리즘은 확연히 퇴조하였고 다양한 방식과 현실에 대한 문제들이 영화 속에 투영되기 시작하였다. 따라서 폴란드 영화에서 도식적으로 작용했던 사회주의 리얼리즘은 1954년을 기점으로 점차 사라지기 시작했고 안제이 바이다의 〈세대〉이후에는 사실상 폐기의 수순으로 돌입했다고 할 수 있다.

이와 함께 폴란드 영화학파를 견인하였던 것은 제2차 세계대전 시기 소련 지역 내 폴란드 군 부대에 소속되어 활동하였고 전쟁 후 폴란드의 영화적 경향을 주도한 영화부대, 이른바 제스포위 필모베의 재구축이었다. 1955년 5월 다시 정비된 제스포위 필모베는 영화창작 단위로서 "영화감독, 시나리오 작가, 프로듀서들로 구성되었고 문학 감독과 제작 매니저의 도움으로 예술 감독의 지휘를 받는 형태였다."[19] 이는 폴란드 영화산업이 제스포위 필모베로 재편되었다는 것을 말하는 동시에 각각의 단위별로 조직화 되어 있기 때문에 일정한 창작의 자유도 존재했다는 것을 의미한다. 동시에 이것은 단순한 창작 단위로서가 아니라 집단적인 요소를 강조하고 집단작업과 집단정신을 강조하는 독특한 정신과 연결되어 있다.[20] 따라서 제스포위 필모베의 조직구조 재정비는 폴란드 영화의 새로운 흐름, 즉 폴란드 영화학파가 등장할 수 있는 체계가 확립되었다는 것을 말한다. 안제이 바이다의 영화 〈세대〉도 이러한 환경 속에서 카드르Kadr라는 창작 단위를 통해 만들어졌고 폴란드 영화학파로 불린 많은 새로운 영화들이 제스포위 필모베의 작품이라는 사실에서 확인된다.

이처럼 폴란드 영화학파는 정치적 기류의 변화로 인해 도식적인 사회주의 리얼리즘으로부터 네오리얼리즘이라는 창작법칙을 통해 벗어나고자 하는 시도와 그것을 구조적으로 견인한 창작 단위 시스템인 제스포위 필모베의 재구축과 직접적인 연관 속에 있음을 알 수 있다.

2. 포즈난 봉기와 10월의 봄

폴란드 영화학파의 등장과 지속을 가능케 한 것은 포즈난Poznań 지역
에서의 노동자들의 봉기로부터 촉발된 정치적 환경변화가 핵심적 요
인이라 할 수 있다. 이것은 스탈린의 사망이 폴란드 영화창작과 체계
의 새로운 가능성을 모색하게 하였다면 포즈난 노동자들의 봉기는 폴
란드 영화학파의 특징과 성격 형성에 직접적이고 실질적 관계 속에 있
다는 것을 의미한다. 따라서 폴란드 영화학파의 등장과 지속에는 포
즈난 봉기가 중요한 계기가 되었다고 할 수 있다.

포즈난 봉기는 제2차 세계대전과 그 이후 경제재건 과정에서 적용
된 경제계획의 실패와 탈스탈린주의와 맞물려 있다. 제2차 세계대전
직후 폴란드는 다양한 정파에 의해 구성되었다. 그러나 실제적으로 폴
란드는 소련에서 교육받은 소련파 공산주의자들, 이른바 나톨린 그
룹Natolin group에 의해 장악되면서 전쟁기 지하에서 활약하고 폴란드
만의 독자적인 사회주의를 주장했던 브와디스와프 고무우카Władysław
Gomułka 등의 민족주의 공산주의자들은 배제되었다. 이러한 흐름은
1948년 12월 노동당과 사회당이 폴란드 통일노동자당으로 정비되고
소련파 공산주의자들이 당의 주도권을 가지면서 더욱 선명해졌다.

이와 동시에 폴란드는 전쟁이 끝난 후 전쟁으로 파괴된 제반 시설
을 복구하고 산업을 국유화하는데 목표를 둔 경제 발전 3개년 계획
(1947-1950)을 실행하였고 이어서 중공업분야 산업을 집중적으로 육성
하고자 한 6개년 경제 발전 계획(1950-1956)이 추진되었다. 그러나 이
기간 동안 농지를 국유화하려는 계획은 농민들의 거센 저항으로 일부

성공에 그치게 되었고 6개년 계획은 애초 목표의 62%밖에 달성하지 못했다.[21] 그리고 1952년 사회주의 헌법 제정과 함께 치러진 선거에서 폴란드 통일노동자당이 승리를 거두면서 폴란드는 폴란드 인민공화국Polska Rzeczpospolita Ludowa, PRL이 되었다.

이러한 상황 속에서 1953년 스탈린의 사망과 그해 12월 폴란드 국가 안전부의 핵심 간부였던 유제프 시비아트워Józef Światło가 서방 세계로 망명하고 난 후 자유 유럽의 소리Radio Free Europe를 통해 국가 안전부의 범죄적 활동을 폭로하면서 폴란드 공산당과 정부의 실체는 소련의 일개 대리 기관에 불과하다는 사실이 드러났다.[22] 그리고 1956년 흐루쇼프에 의한 스탈린 비판 소식이 폴란드에 알려지게 되었고 그동안 폴란드를 이끌어 온 볼레스와프 비에루트Bolesław Bierut의 갑작스런 사망으로 에드바르드 오합Edward Ochab이 당 제1서기장이 되었다. 이후 그는 비에루트 시대에 민족주의적 공산주의라는 이유로 탄압을 받았던 폴란드 노동자당의 당수인 고무우카를 비롯한 10만 명에 달하는 정치적 수감자들을 사면했다.[23] 이러한 사회적 기류의 변화에 힘입어 폴란드 인민들은 정치적 자유와 함께 경제적 처우 개선을 요구하였다. 이것이 직접적으로 표면화 된 것이 1956년 6월 28일 포즈난 지역에서 일어난 노동자들의 봉기였다. 포즈난 봉기에서 "노동자들은 자신들의 처우 개선을 요구하면서 파업과 함께 '빵과 자유를Chleba i wolności'이 쓰인 플래카드를 앞세워 거리를 행진하기 시작했다. 그러나 초기의 평화적인 시위는 경찰의 발포로 유혈 사태로 번져갔다."[24] 이는 포즈난 봉기가 폴란드의 정치, 사회의 민주화로 이행해 가는 하나의 분기점이 된 사건이었다. 그리고 오합 당 제1서기와 폴란드 당 지도부는 "제7차 중앙위원회 전체 회의에서 포즈난 사태에 대한 소련의 견해를 무시하고 이들 노동자들이 부당한 대우를 받고 어려움을 겪었다며 오히려 노동자들을 이해하는 방향에서 자체의 입장을 정리했다.....이어 전체 회의에서는 당의 민주화, 권력 집중의 분산, 노동자의 임금 조정, 의회 기능의 확장, 국내군 출신과 반공 지하 집단에 대한 차별 철폐 등의 개혁 조처들이 단행되었고, 1949년 11월 고무우카를 비난하던 인물들이 정치국에서 물러나고 그 대신 숙청되었던 그의 측근들에 대한 복권과 당권 회복 등이 결의되었다.....10월 19일 제8차 전체회의가 소집되어 고무우카를 당의 제1서기로 선출하여 그의 정치노선이 앞으로의 당과 국가의 지도노선임을 결의하는 데까지 나아갔다."[25]

그러나 소련은 이러한 폴란드의 급진적인 사태에 대해 매우 우려의 시선을 가지고 있었다. 1956년 10월 18일 소련군의 탱크가 바르샤바를 향해 움직이고 있다는 소식과 함께 10월 19일 예고도 없이 흐루쇼프가 소련 외상 바체슬라브 몰로토프Вячеслав Молотов를 비롯한 수뇌부들을 데리고 바르샤바를 전격 방문했다. 이들의 방문 목적은 고무우카의 집권과 개혁운동을 저지하기 위해서였다. 그러나 폴란드 측 대표로 나선 오합과 고무우카는 최근의 사태는 오해에서 비롯된 것이라 주장했다. 흐루쇼프는 사회주의 진영의 통일노선에 위배되지 않은 범위 내에서 폴란드 실정에 맞는 사회주의를 건설하도록 허용하고 고무우카의 집권과 제2차 세계대전 이후 소련에서 임명했던 국방장관 콘스탄틴 로코소프스키Константин Рокоссовский의 해임 안을 수락하고 바르샤바를 떠났다.

이로써 폴란드는 독자적인 역량에 의해 소련으로부터 벗어나 정치적 해방감을 맞이하였다. 그리고 10월 20일 고무우카는 "당수 취임 연설에서 사회주의는 인간에 의한 인간의 착취와 억압을 제거시키는 사회 체제'라고 규정하고, 사회주의에 여러 가지 유형이 있듯이 사회주의로 가는 길도 상이할 수 있다는 점을 강조했다. 그러면서 어느 노선을 택하느냐는 그 민족이 처한 시대와 장소 등의 제 여건에 의해서 결정되는 것이며......지금까지 절대적인 권위를 누려 왔던 소련식 사회주의 모델의 보편타당성을 부인했다. 고무우카는 사회주의의 전형으로 간주되던 스탈린 체제하에서 수많은 무고한 사람들이 감금, 고문, 살해당하고 심지어는 진정한 공산주의자들까지도 박해를 받았던 사실을 상기시키면서 앞으로 당과 정부는 법치주의를 회복시킬 것을 약속했다......그는 당의 지위에 관해서도 당은 앞으로도 사회 전반에 대한 정치적 통제를 담당하는 지도적 역할을 유지하되, 당 내부의 철저한 민주화를 통해서 국가 기관에 대한 명령 기관이 아니라 지도하는 기구로서 기능할 것이라고 선언했다. 뿐만 아니라 고무우카는 향후 국회의원의 선거도 당에 의해 일괄 추천되는 후보자들에 대한 국민 투표적 성격의 가부可否 투표 방식을 지양하고 선거자가 후보자 중에서 선택하여 투표할 수 있는 선거 제도를 도입할 것을 약속했다."[26] 이는 "스탈린주의의 유산을 일소하고 사회에 새로운 기풍을 진작시키는 계기가 되었다. 즉 검열의 폐지와 지적 자유의 허용, 스테판 비신스키Stefan Wyszyński 대주교와의 협정을 통한 가톨릭에 대한 유화정책, 농업 집단화의 중지, 사회주의적 적법절차에 대한 강조 등은 실로 민주 사회주의적 지향을 내포하는 것이었다."[27] 또한 언론의 상황에서도

"1956년 10월부터 1957년 여름까지 당에 의한 감독이 부분적으로 폐지되는 한편 새로운 신문과 잡지의 발행이 허용될 정도로 거의 믿을 수 없을 만큼 관용을 베푸는 등 자유화 조치가 이루어졌다."[28] 이와 같은 일련의 급진적 변화를 '1956 폴란드의 10월Polski październik 1956'이라 부른다.

그러나 이러한 기조는 그리 오래 가지 않았다. 고무우카는 소련의 우려 속에 등장했고 소련으로부터 사회주의라는 블록의 틀을 벗어나지 않으면서 폴란드 사회주의의 독자 노선을 견지한다는 소련과의 암묵적인 정치적 약속이라는 한계가 있었다. 그렇기 때문에 "고무우카는 사회주의 건설이라는 당의 목표와 자유화, 민주화, 주권 회복으로 요약되는 인민들의 요구를 서로 조화시켜야 하는 과제를 안게 되었다. 이 불안한 균형은 1957년 초부터 1963년 말까지 유지되었는데 그 내용은 근본적으로 1956년 10월에 폴란드 국민이 획득한 자유로부터 점차적인 퇴보를 의미하는 것이었다."[29] 따라서 고무우카의 정치적 행보는 빠르게 억압적이고 권위적인 형태로 변모해 갔다. 이것은 스탈린주의로 무장한 소련식 폴란드 통치에 대한 저항이라는 공동의 타도 대상이 사라지고 난 후 벌어진 상황이었다. 즉 1956년 폴란드의 10월은 고무우카와 폴란드 노동자, 농민, 학생들이 소련과 소련파 정치세력인 나톨린 그룹이라는 공통의 적과 대치하고 있었던 것이다.[30] 그러나 그들이 물러가자 고무우카는 자신의 정치권력을 구축하고자하였다. 이러한 목표가 구체적으로 나타난 것이 1957년 7월 바르샤바에서 일어난 대규모 민중시위에 대한 강경 진압이었다. 이에 대해 13인 폴란드 지식인들은 공개재판을 하지 않고 시위 노동자들에게 징역형을 선고한 것은 부당하며 모든 책임은 노동조합을 권력의 시녀로 무력화시킨 당국에 있음을 규탄하는 서한을 공개했다.³¹ 뿐만 아니라 고무우카는 1957년 10월 2일 1954년 창간되어 이른바 폴란드의 10월의 봄을 실질적으로 이끈 잡지 〈직언〉을 정부의 업적을 게재하지 않았다는 이유로 발행금지 조치를 내렸다. 이러한 정치적 탄압에 대한 바르샤바 학생들의 항의는 경찰에 의해 해산되었고 1958년 2월에 이르러서는 파업이 공식적으로 금지되었다. 그리고 1963년 여름《신문화》,《문화비평Przegląd Kulturalny》과 같은 잡지를 폐간시킴으로써 폴란드에서의 10월의 봄은 서서히 막을 내리고 있었다.³² 이러한 억압적인 정책으로 일관한 고무우카 체제에 대해 "1962년 폴란드 과학 아카데미Polska Akademia Nauk 회장 타데우쉬 코타르빈스키Tadeusz Kotarbiński와 철학자 아담 샤프는 지식인의 서클 '크르지베 코워Krzywe Koło, 일그러진 타원'의 집회에서 정부의 언론 정책을 비판했다. 1964년 4월에는 34명의 작가, 대학인이 당 중앙 위원회에 언론 통제에 항의하는 서한을 보냈다. 1965년 1월에는 바르샤바 대학 교수 3명이 투옥되었고 1966년에는 바르샤바 대학 강사인 야첵 쿠론Jacek Kuroń과 카롤 모젤레프스키Karol Modzelewski가 당 관료주의를 비판하는 공개서한을 발표했다. 자유주의파의 철학자 레섹 코와코프스키Leszek Kołakowski는 같은 해 당에서 제명되었다."³³

고무우카의 엄격하고 경직된 권력 체제 유지에도 불구하고 폴란드의 독자적인 짧은 민주화의 경험은 폴란드 영화학파의 특징 형성에 깊은 영향을 미쳤다. 즉 포즈난 노동자 봉기 이후 전개된 정치적, 사회적 환경 변화는 폴란드 영화에서 제2차 세계대전기의 혹독한 폴란드 민족의 역사적 경험을 화면에 옮길 수 있는 토대가 되었고 사회주의 리얼리즘을 대체하기 위한 네오리얼리즘의 옹호도 더 이상 불필요하게 되었다. 그것은 영화 창작 그 자체의 논리인 주제와 형식이 예술의 본질적 정체성을 바탕으로 형성된다는 평범한 신념의 확인에 불과하였다. 이를 통해 폴란드 영화학파는 최근의 전쟁의 역사와 전쟁 이후의 풍경을 묘사하려는 경향, 그리고 사회주의 리얼리즘의 프레임에서 벗어나 있는 그대로의 현실과 보이지 않은 세계인 정신적, 형식적 측면을 시도한 영화들이 등장할 수 있었다.

3. 전쟁의 역사와 전쟁이후의 풍경

3-1. 전쟁의 역사

오랫동안 분할되어 있던 폴란드는 1918년 독립국가로 성립되고 난 후 제2차 세계대전을 통해 또 다시 독일과 소련에 의해 침략, 점령, 통제받는 상황에 직면했다. 특히 1939년 제2차 세계대전을 알린 독일의 공습과 1943년 게토지역 폭동에 대한 진압, 1944년 바르샤바 봉기, 전쟁 막바지의 독일군에 의한 대규모 파괴의 시기를 겪은 폴란드로서는 전쟁의 역사를 영화의 중심으로 가져오면서 민족주의적 가치를 드러내는 것이 당연하고 자연스러운 현상이라 할 수 있다. 이것은 침략, 점령, 통제를 관통하는 전쟁의 역사가 폴란드의 민족적 정체성을 재확인하고 있다는 것을 의미하기도 한다. 이러한 역사적 관계의 인과성에도 불구하고 폴란드는 제2차 세계대전 이후 소련의 정치적 노선과 사회주의 이데올로기와 동일전선을 취할 수밖에 없었고 이로 인해 전쟁의 역사와 민족주의적 가치를 영화화 하는 것은 쉽지 않은 일이었다.

그러나 1953년 스탈린의 사망과 소련의 20차 전당대회, 포즈난 봉기를 기점으로 형성된 폴란드의 정치적 민주화는 전쟁의 역사와 민족주의 가치를 영화 속에 투영시킬 수 있는 계기로 작용했다. 이로 인해 이 시기 많은 폴란드 영화에서는 전쟁의 역사가 주요한 테마가 되었다. 그리고 그 방식은 역사적 사실을 강화하기 위한 다양한 방식의 객관적 장치와 낭만주의적 요소가 동원되었다. 이것은 최대한 객관적인 역사적 사실을 강조하기 위한 것으로 자막, 내레이션, 회상, 관조와 같은 수법과 국가와 개인의 행복사이의 딜레마에서 개인의 행복을 희생하는 낭만주의적 요소가 결합되어 있는 방식을 말한다. 이는 전쟁 자체를 대상화하거나 역사적 사실을 강조하면 민족주의적 요소는 자연스럽게 나타나는 것과 같은 의미인 것이다.

이와 같은 특징은 폴란드 영화학파의 핵심이라 할 수 있는 안제이 바이다의 영화에서 찾아 볼 수 있다. 그는 폴란드가 어떻게 지금의 역사를 지니게 되었는지 그 과정을 집요하게 탐구하면서 이 영역에서 가장 주도적인 역할을 했다. 이것은 이 시기 그가 만든 대부분의 영화가 폴란드의 역사를 전쟁과 민족이라는 프레임 속에 위치시키고 있다는 것을 의미하며 그것은 안제이 바이다의 영화에서 일반적으로 나타난 "인간 대 역사, 폴란드 민족의 정체성 문제, 그리고 세대 간의 변증법이라 할 수 있다."[34] 그는 이를 독일군의 점령기, 전쟁 막바지 시기, 패전이후 폴란드의 정치적 상황, 그리고 그 이후의 현실을 자신의 영화에서 순차적으로 묘사하면서 드러내고 있다.

이러한 특징은 1955년 영화 〈세대〉에서부터 나타난다. 영화는 독일군의 폴란드 점령기인 1942년 바르샤바 외곽의 허름한 지역을 배경으로 자신의 행위가 애국이라고 믿고 있는 세 명의 젊은 친구들의 엇갈린 운명과 시대적 풍경을 자막과 내레이션을 통해 묘사하고 있다. 따라서 영화는 그들이 믿는 애국적 행위와 인민들의 해방을 위해 싸워야 하는 역사적 정당성, 즉 마르크스의 노동자 권리, 독일군과의 투쟁, 인민수비대 가입, 케토 지역의 폭동 등 전쟁기의 다양한 폴란드인들의 저항과 투쟁을 묘사하고 있다. 그리고 이들의 저항과 투쟁은 젊은 여성 공산주의자인 도로타가 게슈타포에게 체포되고 난 후 나치에 대한 저항과 투쟁을 이끌어온 스타시에게 또 다른 젊은이들이 다가오는 장면을 통해 멈추지 않을 폴란드 민족의 저항과 투쟁을 상징화하고 있다.

이 시기 안제이 바이다의 영화에서 전쟁의 역사를 함축적으로 묘사한 그의 또 다른 영화는 〈지하수도〉를 들 수 있다. 영화는 폐허가 된 폴란드 바르샤바의 모습과 '1944년 9월말 바르샤바 봉기는 비극으로 끝났다'는 내레이션이 이어지면서 출구도 명확하지 않고 산소마저 부족한 지하수도를 통해 독일군에 포위된 폴란드 군인들의 탈출 시도를 묘사하고 있다. 따라서 지하수도는 극한 상황으로 내몰린 폴란드 군인들의 생존본능과 저항의 동력을 폴란드가 처해 있는 역사적 상황과 비유적으로 부합되고 있는 것이다. 이를 상징적으로 묘사한 것, 즉 폴란드 전쟁의 역사적 상황과 중첩되는 것은 출구를 찾지 못하고 절망적인 상황에서 간신히 세상 밖으로 나오자마자 그 자리에서 그들을 기다리고 있는 독일군인들의 모습을 들 수 있다. 부지휘관인 몽드리 중위가 출구를 따라 밖으로 나오자 이미 생포되어 있는 동료들을 보면서 눈물 흘린 장면, 그리고 이들을 보고 다시 지하수도로 되돌아가는 자드라 대위의 모습은 제2차 세계대전이라는 전쟁의 혹독함을 의미하면서도 폴란드 민족의 역사를 의미하고 있는 것이기도 하다.

전쟁을 통한 폴란드 민족의 역사를 환기시킨 안제이 바이다의 영화들은 폴란드의 기병대와 독일의 전차부대를 비교하면서 제2차 세계대전을 로트나라는 말을 통해 신화적으로 묘사한 〈로트나〉, 그리고 두 개의 에피소드를 통해 1794년 러시아에 대한 타데우쉬 코시치우쉬코Tadeusz Kościuszko의 반란 실패로 1795년 이후 러시아, 프로이센, 오스트리아에 의해 분할 통치를 받은 폴란드가 독립을 위해 프랑스의 의용군으로 참가하여 유럽 전역에서 싸웠던 역사를 묘사한 〈재Popioły, 1965〉에서도 드러난다.

안제이 바이다 영화에서의 전쟁 역사에 대한 강조는 민족주의적 영웅주의와 결합됨으로써 객관성이 다소 훼손되고 있는 것처럼 보인다. 그러나 그의 영화들이 비록 전쟁과 민족적 가치의 역사적 딜레마를 내포하고 있다할지라도 자막과 내레이션은 영화에서의 역사적 사실성, 당위성을 보완하고 있어 오히려 민족주의적 가치를 강조하는 요소로 작용하고 있다고 할 수 있다.

전쟁을 영화 속으로 끌어들여 폴란드의 역사를 묘사한 것은 안제이 뭉크의 영화 〈푸른 십자가Błękitny krzyż, 1955〉, 〈에로이카〉, 〈여승객Pasazerka, 1963〉에서도 나타난다.

그는 안제이 바이다의 영화에서처럼 전쟁 그 자체를 묘사하면서 민족주의적 시각을 직접적으로 드러내는 방식이 아니라 전쟁으로부터 발생한 상황과 다양한 인물들의 행위와 모습을 실제적인 역사적 근거 제시와 함께 회상의 방식을 통해 표현하고 있다. 이러한 특징은 1945년 2월 아직 끝나지 않은 전쟁기를 배경으로 폴란드 타트리Tatry 지역 산악구조대의 헌신적인 행위를 다큐멘터리 방식으로 묘사한 〈푸른 십자가〉에서도 나타난다.

반면 제2차 세계대전을 배경으로 두 개의 에피소드, '폴란드인의 농담scherzo alla polacca'과 '비극적인 고집쟁이Ostinato-lugubre'로 이루어진 영화 〈에로이카〉에서는 현실적인 일상적 인물을 통해 전쟁의 역사를 묘사하고 있다. 바르샤바 봉기를 배경으로 하고 있는 첫 번째 에피소드의 주인공 고르키에비츠는 상인으로 국내군 사령부와 헝가리 군대 사이의 중재자 역할을 하면서 봉기에 기여하기도 하지만 일상에서 흔히 보는 시민이다. 그는 오히려 독일군을 상대로 폴란드 국내군의 저항 준비의 무익함을 재빠르게 깨닫고 있는 인물이다. 이것을 영화에서는 제식훈련을 하고 있는 국내군 부대의 모습과 독일 비행기의 폭격 장면을 통해 확인시켜 주고 있다. 이러한 이유로 그는 국내군으로부터 이탈하여 집으로 돌아오지만 헝가리 장교와 함께 있는 부인을 발견하고 난 후 술 취한 상태에서 도시의 이곳저곳을 다니면서 완전히 포위된 바르샤바를 뒤로 하고 떠난다. 이처럼 첫 번째 에피소드, '폴란드인의 농담'에서는 평범한 인물의 코믹적이고 익살 넘치는 행동을 통해 전쟁기 폴란드의 비극적 상황의 실체를 드러내고 있다. 반면 두 번째 에피소드 '비극적인 고집쟁이'에서는 비극적 영웅주의를 묘사하고 있다. 즉 1939년 폴란드 장교들이 억류되어 있는 수용소에 새로운 포로들이 도착한다. 그들 중 한 사람은 그 지역에서 탈출에 성공한 유일한 사람으로 알려진, 실제로는 밀폐된 다락방에 숨겨져 있는 자비스토프스키를 발견한다. 몇몇 사람들은 이 사실에 대해 알고 있었지만, 그들은 상처받고 실의에 빠진 포로들에게 약간의 희망을 주기 위하여 비밀을 지키고 있다. 그리고 그 비밀은 그가 밀폐된 다락방에서 자살 한 이후에도 유지된다. 수용소에 수용되어 있는 장교들은 싸우면서 자신들의 용기를 보여줄 기회도 갖지 못했기 때문에 무엇인가 성공적인 신화가 필요했던 것이다.[35] 그러나 그 신화는 비극적이고 슬픈 폴란드의 역사를 말하고 있다. 이처럼 두 가지 이야기에 토대하고 있는 〈에로이카〉는 "안티히어로, 즉 영웅주의 신화에 대한 반대, 그리고 그 신화에 대한 탐구인 것이다."[36] 실제로 영화 속 인물들은 반영웅처럼 보이지만 그것은 오히려 사실주의에 더 가깝다. 이는 어떤 상황에 영향을 미치는 것은 오히려 비이성적 허세를 선호하는 뭉크의 특징이라 할 수 있다.[37] 이와 같은 방식을 "안제이 베르네르Andrzej Werner는 '영화제작자들에게 판단의 기준은 역사적 사실이 아니라 그것을 둘러싸고 있는 개념, 이해의 형태를 신화화 하는 것이다'라고 했다.....이로 인해 학자들은 흔히 바이다의 영화를 낭만주의로 뭉크의 영화를 이성주의로 비교하기도 하였다."[38]

이와 같은 특징은 1961년 9월 20일 자동차 사고로 사망한 그의 유작 〈여승객〉에서도 나타난다. 영화는 포로수용소의 책임자였던 독일 여성 리자가 전쟁이 끝난 후 남편과 함께 크루즈 여행 도중 항구에 정박해 있던 배위에서 수용소의 포로였고 사망한 줄 알았던 여인 마르타를 우연히 만나게 되는 장면으로 시작된다. 화면은 리자의 내레이션과 과거로의 회상을 통해 1943년 아우슈비츠 수용소로 전환된다. 따라서 영화는 리자의 관점에서 마치 자신의 모노로그처럼 전개된다. 영화는 두 여인의 만남을 통해 제2차 세계대전이라는 시대를 불러오면서 포로수용소에서 벌어졌던 전쟁의 비극성이 폭로된다. 그리고 전쟁의 비극은 독일정부가 져야한다는 리자의 내레이션이 이어지면서 그녀는 전쟁범죄의 책임을 국가로 돌리면서 개인의 도덕적 역사성을 회피하면서 자신을 방어한다. 결론적으로 영화는 전쟁이후 서로 다른 국가, 민족의 두 여성의 우연한 조우를 통해 제2차 세계대전의 비극성과 역사적 책임, 개인의 도덕적 양심을 상기하고 있는 것이다.

회상을 통해 전쟁의 시기를 불러옴으로써 그로부터 자유롭지 못한 역사를 묘사하고자 한 방식은 스타니스와프 루제비츠Stanisław Różewicz의 〈세 여인Trzy kobiety, 1957〉에서도 나타난다. 영화는 전쟁 막바지 포로들의 이동장면과 함께 전쟁이 끝났다는 소식을 전해들은 세 명의 여성, 헬레나, 첼리나, 마리아가 자신들이 겪은 전쟁의 모습을 회상하면서 전개된다. 따라서 영화는 해방되는 시점에서 세 명의 여성들의 모습과 전쟁 초기 바르샤바로 가는 장면, 독일군에 체포되어 심문받는 장면, 그리고 파괴된 바르샤바의 모습과 전쟁이후 폐허로 변해버린 거리의 풍경과 각자 삶의 모습이 차례로 등장한다. 이와 같은 방식, 즉 전쟁 이후와 전쟁기의 모습을 비교하면서 전쟁의 파괴적 비극성을 묘사한 수법은 루제비츠 영화의 주요한 특징이라 할 수 있다. 이러한 특징은 1939년 9월 1일 폴란드의 그단스크 지역에 근무하는 우체국 직원들의 14시간 동안 독일군에 대한 격렬한 저항과 영웅적 투쟁, 비극적인 죽음을 묘사하였던 〈자유로운 도시Wolne miasto, 1958〉에서도 확인할 수 있다. 영화는 자료필름과 내레이션을 통해 전쟁 전의 평화로운 도시의 모습과 전쟁기를 비교하여 보여주면서 폴란드인들의 영웅적 투쟁과 전쟁 자체에 대한 잔혹하고 비극적인 역사적 사실을 상기시키고 있다.

반면 3개의 에피소드, 즉 '길 위에서NA DRODZE', '수용소에서 온 편지LIST Z OBOŻU', '핏 방울KROPLA KRWI'로 구성된 영화 〈출생 증명서 Świadectwo urodzenia, 1961〉에서는 전쟁을 영화 속 인물의 관점을 통해 묘사하고 있다. 영화는 부모를 만나러 가는 어린 소년과 군인이 우연히 만나 함께 마차를 타고 다니면서 피난 행렬, 폐허가 된 집들, 포로 수용소의 모습, 독일군에 의해 사살되는 장면, 부모를 잃고 힘겹게 살아가는 어린 소녀의 모습, 유태인의 학살 등과 같은 폴란드의 전쟁풍경을 파노라마적 수법으로 묘사하고 있다. 따라서 영화는 어린 소년과 군인의 시각을 빌어 전쟁에 직접 관여하지 않고 일정한 거리를 유지하면서 전쟁에 대한 객관적 시점과 그것의 비극성을 드러낸다.

영화 속 인물의 회상을 통해 전쟁의 역사를 객관화 하면서 그것이 한 개인에 어떤 비극적 결과를 초래했는지를 묘사한 영화는 보이치에흐 하스의 〈어떻게 하면 사랑받는가Jak być kochaną, 1963〉에서도 나타나고 있다. 영화는 화장하는 여인의 모습과 열려있는 창문 커튼이 펄럭이면서 갑작스런 비명소리와 함께 시작된다. 그리고 바르샤바에서 파리로 여행하는 비행기 안에서 주인공 여배우 펠리츠야의 회상장면이 이어진다. 그것은 자신이 경험한 전쟁에 관한 것이다. 그녀는 범죄를 저지른 동료 남자 배우를 자신의 아파트에 숨겨주면서 겪게 된 독일 군인들의 강간, 전쟁 후 자신을 떠나간 연인과의 우연한 만남, 그리고 영화 첫 장면에서 비명 소리의 구체적 행위인 그가 창문으로 몸을 던져 자살하게 된 이유를 내레이션으로 담담하게 묘사하고 있다. 따라서 영화는 회상이라는 방식을 통해 현실과 과거가 번갈아 묘사되고 전쟁이 지니는 비인간적 파멸성을 폭로하면서 인간을 존재론적 측면에서 바라보고 있는 것이다.

전쟁에 대한 격렬함이나 극적인 장면이 아닌 일상적 풍경을 통해 제2차 세계대전을 묘사한 카지미에쉬 쿠츠의 방식은 이 시기 폴란드 영화학파에서 특별한 의미를 갖는다. 그의 영화, 〈기차에서 내린 사람들Ludzie z pociągu, 1961〉은 어느 작은 마을의 철도역을 배경으로 지나가는 열차에서 던져진 꽃다발을 주워온 젊은 여성 역무원 안나와 그곳에서 30년 동안 근무한 늙은 역장 칼린스키의 대화로 시작된다. 따라서 꽃다발은 늙은 역장의 회상을 견인하는 모티프이자 1943년 9월 철도역에서 발생한 역사적 사건의 기제로 작용한다. 영화는 어느 날 기차의 고장으로 어느 작은 마을의 철도역에 머물게 된 다양한 승객들의 모습들, 예컨대 독일군인, 사기꾼, 젊은 연인, 노부부, 어린아이들 등을 통해 독일 점령시기 폴란드의 일상적 모습을 보여주고 있다. 따라서 영화는 새로운 열차가 오는 다음 날까지의 시간 동안 벌어진 사건에 토대하고 있다. 사건의 핵심은 술 취한 독일 병사가 근처 독일군 부대에 가서 이곳 철도역에 머물고 있는 승객들 중에 파르티잔이 있다는 허위 신고 전화를 하면서부터 시작된다. 그리고 술 취한 독일 병사는 자신의 소총을 두고 어디론가 사라져 버린다. 독일군 부대는 파르티잔을 체포하기 위해 철도역을 수색하면서 술 취한 독일군이 버리고 간 소총을 발견한다. 그들은 소총의 주인을 찾지만 아무도 나타나지 않자 승객들을 차례로 사살하겠다고 위협한다. 그러나 아무도 나타나지 않자 어린 소년이 자신의 총이라고 주장하면서 용감하게 나선다. 이러한 긴박한 상황 속에서 역장은 승객들을 구하기 위해 사라진 술취한 독일 병사를 찾아 독일군 부대 앞으로 데려오고 그 소총이 그의 총이라는 것이 확인되면서 목숨을 담보로 한 사건은 종료된다. 영화는 독일군으로부터 승객들의 생명을 구하기 위해 동분서주 하는 역장과 긴장된 다양한 인물들의 실제적인 모습, 소년의 영웅주의를 전쟁기의 평범한 일상적인 풍경으로 묘사하고 있다. 이처럼 쿠츠는 "제2차 세계대전기에 한 작은 마을의 철도역을 배경으로 군중들의 익숙한 심리와 돌발적인 영웅주의로 점령기의 평범함을 보여주고 있다. 그는 1960년대 체코슬로바키아 영화의 작은 리얼리즘에 드리운 세밀한 관찰에 의존하면서 모자이크처럼 뒤얽혀 있는 사건들과 함께 폴란드 사회의 광범위한 스펙트럼을 제시하고 있다. 쿠츠는 바이다와 달리 주인공을 탈 영웅화 시기고 상징과 메타포를 피하면서 사실적 행위로 그들의 이야기를 서술한 것이다."**39** 이러한 쿠츠의 묘사방식은 폴란드의 일상적 삶 속에 내재되어 있는 전쟁의 역사를 묘사한 것이라 할 수 있다.

이 시기 폴란드 영화에서 제2차 세계대전으로부터 자유로운 영화는 과연 얼마나 될까? 폴란드는 제2차 세계대전기 독일로부터 가정 먼저 침공을 받았고 수많은 인명피해를 입은 당사국이었다. 이 전쟁은 폴란드 역사 속에서 수많은 전쟁의 역사 중 하나일지 모르지만 오히려 폴란드가 직면한 현실과 민족의 정체성을 다시 형성해나가는데 매우 중요한 것이었다. 그렇기 때문에 폴란드인들은 그것의 근원을 전쟁의 역사로부터 찾았고 그것을 영화 속에 중요한 테마로 투영시키고 있는 것이다.

3-2. 전쟁이후의 풍경

폴란드는 제2차 세계대전의 중심에 있었다. 이것은 폴란드가 전쟁으로부터 가장 피해가 컸던 나라 중 하나였다는 사실과 전쟁이후 냉전의 도래로 소련의 블록에 참여할 수밖에 없어 완전한 독자적인 국가건설이라는 희망이 훼손된 역사적 현실을 의미하고 있는 것이다. 이러한 역사적 상황은 폴란드 국민들에게 적지 않은 심리적 좌절을 주었을 뿐만 아니라 전쟁에 대한 역사적 트라우마로 작용했다. 이는 전쟁이후 폴란드의 정치적, 사회적, 개인적 형태로 나타났고 이 시기 폴란드 영화학파의 특별한 흐름으로 형성되었다. 이것은 영화 속에서 전쟁으로부터 비롯된 정치적, 사회적 현상과 개별 인물들의 경험 등이 결합되어 나타난다. 폴란드 영화학파는 전쟁의 트라우마를 현실 속의 정치적, 사회적 상황과 한 개인의 운명과 연결시키면서 전쟁의 역사가 폴란드 사회에서 어떻게 작용하고 있는지를 묘사하고 있는 것이다. 이것은 영화 속에 전쟁이후의 정치적, 사회적 풍경을 묘사하였다는 점에서, 그리고 전쟁으로 인한 인간의 정신적 고통이 얼마나 오랫동안 지속되고 있는지를 드러냄으로써 전쟁을 파시즘과 비파시즘과의 집단적인 대결로 설정한 이데올로기적 시각과는 그 궤를 달리 한 것이라 할 수 있다.

특히 예지 카발레로비츠의 영화 〈그림자Cień, 1956〉에서는 이러한 특징, 즉 과거의 역사적 경험으로부터 초래된 현상을 회상의 방식을 통해 전쟁이후 폴란드가 직면하고 있는 현재에 투영시키면서 드러내고 있다. 영화는 자동차로 시골 도로를 달리고 있는 한 여성 운전자가 기차에서 추락하는 인물을 발견하면서부터 시작된다. 이어 병원에서의 수술 장면과 의사의 회상을 통해 포로수용소로 상징화된 전쟁의 역사적 상황으로 이어지면서 영화는 그의 추락에 대해 보안요원, 경찰관, 검시관의 서로 다른 추론에 의한 세 가지 시대와 상황이 고려된다. 첫째는 2차대전기, 둘째는 전쟁이후의 상황, 셋째는 동시대의 폴란드 상황이다. 따라서 영화는 각각 세 가지 상황과 부합한 장면들, 즉 제2차 세계대전기 공습상황의 폴란드, 스탈린주의자와 국내공산주의자들과의 갈등, 동시대 폴란드 사회의 문제들이 제시된다. 이로 인해 카발레로비츠의 영화 〈그림자〉는 기차에서 추락한 남성을 통해 전쟁과 그 이후의 시대적 흐름을 조망하면서 전쟁의 그림자가 드리워져 있는 전쟁이후의 폴란드적 현상과 연결되어 있다.

전쟁의 상처가 개인과 가족에 깊게 내재되어 있는 현상은 타데우쉬 콘비츠키Tadeusz Konwicki의 영화 〈겨울의 황혼Zimowy zmierzch, 1957〉에서도 나타난다. 작은 마을의 철도역에서 일하고 있는 룸샤에게는 전쟁으로 두 아들을 잃고 군대에 있는 막내아들 유젝만이 남아있다. 그는 자신의 아들을 같은 마을의 친구인 크리브카의 딸 첼린카와 결혼시키기로 약속하였다. 그러던 어느 날 제대한 유젝은 임신한 아내와 함께 집으로 돌아온다. 그의 아버지 룸샤는 친구와의 약속을 지킬 수 없는 상황에 처하게 되자 아들과 갈등관계에 놓이게 된다. 이러한 상황을 인식한 첼린카는 마을을 떠나고 룸샤의 가족은 다시 평온한 관계를 회복한다. 이처럼 영화는 매우 단순한 이야기에 토대하면서 아버지와 아들과의 갈등이 중심적으로 부각되고 있다. 그러나 그 이면에는 두 아들을 잃은 아버지의 고집스러운 모습과 전쟁의 상처가 연결되어 있음을 알 수 있다.

전쟁기의 상처는 타데우쉬 콘비츠키의 중편 영화 〈여름의 마지막 날Ostani dzień lata, 1958〉에서도 나타난다. 영화는 늦은 여름의 황량한 바다 풍경이 보이고 갈등, 증오, 혐오, 고통, 막다른 골목이라는 내레이션이 이어지면서 개인의 문제와 전쟁기 비행기 조종사였던 사랑하는 사람을 잃은 상처를 극복하기 위해 바닷가를 찾은 젊은 남자와 중년 여인이 등장한다. 이후 영화는 과거 전쟁의 기억과 상처가 남아 있는 사람들에게 그것이 얼마나 깊게 배어있는지를 침묵과 고립으로 점철된 이들의 관계를 통해 묘사하고 있다. 이들은 "전쟁으로 초래된 정서적 파괴는 평화와 조화를 결코 찾을 수 없는 운명의 사람들인 것이다."[40] 콘비츠키는 영화에서 두 명만을 등장시켜 전쟁이후 폴란드 사람들이 겪은 정신적 트라우마를 다루고 있다.

이처럼 콘비츠키는 전쟁이후의 풍경인 전쟁으로 비롯된 상처에 깊은 관심을 가졌다. 이것은 영화 〈위령의 날Zaduszki, 1961〉에서 전쟁이 전쟁이후 일상에서 사람들의 심리를 어떻게 지배하고 있는지를 보다 현실적으로 묘사하고 있다. 영화는 젊은 남자, 미하우와 여자, 발라의 관계를 통해 드러낸다. 그 둘은 어느 작은 마을의 한 호텔에서 만난다. 그러나 그 둘의 관계를 방해하는 것은 전쟁기의 경험이다. 즉 평범한 젊은 남자와 여자사이의 열정과 욕망을 방해하는 것은 전쟁과 죽음에 대한 공포인 것이다. 결국 그들의 만남은 서로의 아픈 상처만을 상기시키고 자신들이 어느 누구도 사랑할 수 없는 상태인지를 스스로 확인시켜주고 있다. 그리고 그들은 호텔을 나서면서 아무 일 없었던 것처럼 다시 평범한 일상으로 돌아간다. 이와 같은 결론은 전쟁이 폴란드인들에게 얼마나 깊은 정신적 상처를 주었는지를 묘사하고 있는 것이다.

보이치에흐 하스는 영화 〈올가미Pętla, 1958〉에서 제2차 세계대전이 주는 정신적 상처를 전쟁 이후의 개인의 운명과 직접적으로 연결시키고 있다. 이런 측면에서 보이치에흐 하스의 〈올가미〉는 하나의 전형적 예라 할 수 있다. 영화는 알콜 중독자인 쿠바라는 인물의 강박관념과 그의 비극적인 죽음을 마치 파편적인 의식의 흐름과 같은 초현실적인 수법으로 묘사하고 있다. 그러나 영화 곳곳에 전쟁, 제복, 파르티잔이라는 이미지를 영화 속에 드러내면서 그것과 연관시킨다. 영화는 표면적으로 알콜 중독자인 쿠바가 직면하고 있는 현실을 불연속적인 의식에 토대하여 묘사하면서 그것의 원인을 전쟁과 연결시키고 있다. 따라서 영화는 끊임없이 전쟁과 현재의 삶을 오버 랩 시키면서 과거의 전쟁 경험으로부터 고통 받고 있는 쿠바의 삶이 묘사된다. 영화는 시작과 함께 전화기가 클로즈업 되고 불안한 모습의 쿠바가 8이라는 숫자를 중얼거리고 창문을 통해 바라본 거리의 시계가 8을 가리키자 초인종 소리와 함께 여인 크리스티나가 아파트로 들어온다. 그녀는 쿠바가 자신의 아파트에 머무르고 있는 동안 그의 무료함을 달래주면서 알코올 중독 치료를 돕는다. 그러던 어느 날 쿠바는 오래 전 헤어졌던 여인을 카페에서 우연히 만나게 되고 자신의 과거 기억들을 회상하면서 술을 마신다. 이후 그는 전쟁기의 경험들을 떠올리면서 그 고통으로부터 벗어나기 위해 알코올 중독자로 전락하게 되었다는 사실이 암시된다. 이를 극복하지 못한 쿠바는 죽음의 시간이라 할 수 있는 8시를 알리는 종이 울리자 자신의 아파트 창문 밖으로 뛰어내리고 여느 때처럼 크리스티나의 세 번의 벨소리가 울리면서 영화는 마무리 된다.

이처럼 하스는 현실을 규정하는 것은 과거의 경험과 불가분의 관계에 있고 그 속에서 인간의 존재론적 의미를 규정하고 있다. 이것은 곧 폴란드의 현실을 과거의 역사적 경험으로부터 찾으면서 그로부터 고통받고 있는 전쟁이후의 풍경을 묘사하고 있는 것이다.

반면 1958년 안제이 바이다의 〈재와 다이아몬드〉에서는 전쟁이 끝날 무렵 폴란드에서 벌어진 정치적 상황, 즉 국내군들을 중심으로 한 민족주의 공산주의자들과 소련파 공산주의자들간의 대립을 묘사하고 있다. 이는 민족주의 공산주의자인 주인공 마치엑이 소련파 노동당 비서 슈추카를 살해하려 한 행위, 호텔 종업원의 바르샤바 봉기 언급, 길거리에서의 스탈린 초상화 등을 통해 나타난다. 특히 영화 마지막 부분에서 주인공이 군인들의 총에 맞고 하얀 천을 붙잡고 쓰러지면서 피로 얼룩진 장면은 마치 폴란드 국기를 형상화 하는 것처럼 보인다. 따라서 바이다의 영화에서는 전쟁은 끝나가지만 아직 끝나지 않은 또 다른 전쟁인 정치 이념의 투쟁을 묘사하면서 폴란드 역사 그 자체뿐 아니라 이행 과정 속에서 형성된 폴란드의 민족주의적 특징, 완전한 독립국가로서의 염원을 동시에 묘사하고 있다. 이는 폴란드 민족의 정체성과 독자성을 끊임없이 환기시키면서 폴란드가 처해 있는 역사적 상황을 다시 한 번 상기시키고 있는 것이다. 그럼에도 불구하고 영화는 진실의 순간이 희망 없음을 곳곳에 드러내고 있다. 즉 마치엑의 하룻밤 사랑, 이유를 알지 못하고 저지르는 살인, 모든 것은 무감각하고 고립된 혼자인 것이다.[41] 그것은 마치 바람결에 휘날려 사라져버린 허무한 찰나의 역사적 순간이다. 안제이 바이다는 전쟁의 끄트머리에서 벌어진 이러한 풍경을 마치엑을 통해 현실과 미래의 폴란드적 상황을 묘사하고 있다.

폴란드 영화의 탈신화화 흐름의 대표자로서 뭉크와 비교되기도 한 카지미에쉬 쿠츠는 민족 신화가 아니라 일상성, 비영웅성, 평범함에 초점을 맞추고 있다. 그는 자신만의 특별한 표현 방식인 일상에서의 평범한 사람들의 시각을 통해 전쟁이후의 폴란드 풍경을 묘사하고 있다. 특히 쿠츠는 상징으로서 민족적 가치가 아니라 구체적인 상황으로서, 역사로서 폴란드의 운명이 아니라 인간 심리의 세밀한 관찰에 흥미를 가지고 있다.[42] 이러한 그의 특징은 1959년 세 개의 에피소드로 구성되어 있는 〈용기의 십자가Krzyż Walecznych〉에서 나타난다. "첫 번째 에피소드에서는 자신의 마을에 자신의 영웅주의를 보여주고자 하는 젊은 농부의 영웅적 행위를 묘사하고 있고, 두 번째에서는 군인의 심리적 역설을 탐구하고 있고, 세 번째 에피소드에서는 전쟁과 전쟁 막바지 작은 마을의 일상적인 단조로움 사이의 대비를 강조"[43]함으로써 전쟁이후의 풍경을 묘사하고 있다. 이후 쿠츠는 〈아무도 부르지 않는다Nikt nie woła, 1960〉를 통해 전쟁이후 새로운 삶을 살고자 한 남자의 이야기를 다루고 있다. 영화는 "공포의 은유적 묘사이고 저항군들의 박해를 떠올리게 하는 것이며, 궁극적으로는 양측으로부터 공격받은 사람들이 직면한 딜레마의 분석이다. 이로 인해 이 영화는 1960년 이후 형식주의로 비판받은 첫 번째 영화가 되었다."[44]

전쟁이후의 풍경을 과거의 역사와 연결시켜 파악하고자 하는 시도는 안제이 뭉크의 영화 〈불운〉에서도 나타난다. 영화는 신문사로부터 해고 위기에 처한 중년 남자 얀 피쉬취크가 자신의 해고에 대한 억울함을 자신의 어린 시절부터 학창시절, 전쟁기, 전쟁이후의 특징을 시대적 흐름을 통해 언급하고 있다. 이를 영화는 유태인의 외모를 닮은 주인공의 인생을 전쟁전과 전쟁이후 현재까지의 삶을 역사적 분위기와 특징을 통해 그 시대를 설명하면서 풍자적으로 묘사하고 있다. 이는 사회적 모순 혹은 가치가 역사적 흐름으로부터 결코 자유롭지 못하다는 인식을 역사적 상황과 결합시키면서 묘사하고 있는 것이다.

또한 스타니스와프 루제비츠의 영화 〈에코Echo, 1964〉에서는 현재를 과거의 행위로부터 분리 할 수 없다는 역사적 책임을 주인공 헨릭을 통해 묘사하고 있다. 유능한 변호사로 일하고 있는 헨릭은 과거 전쟁기에 게슈타포에 협력한 전력이 있다. 이로 인해 그는 제2차 세계대전기 독일군의 포로 수용소 감옥이 떠오르는 악몽에 시달릴 뿐만 아니라 전쟁기의 자료를 보관하고 있는 박물관의 사진, 영화관의 다큐멘터리 등을 보면서도 죄책감에 시달린다. 따라서 영화는 헨릭의 괴로워하는 현재의 모습과 제2차 세계대전 시기 그의 행위가 번갈아 묘사되면서 현재의 존재 의미가 결코 과거의 역사로부터 자유롭지 않다는 역사적 도덕성을 강조하고 있다.

이처럼 폴란드 영화학파는 전쟁이 전쟁이후 폴란드의 정치, 사회, 개인의 정신을 어떻게 견인하고 있는지에 집중하고 있다. 이는 폴란드의 현실을 규정하는 정치, 사회, 개인의 정신적 트라우마는 궁극적으로 전쟁으로부터 비롯되고 있다는 사실을 강조할 뿐만 아니라 전쟁의 역사를 통해 전쟁이후 폴란드 민족의 정체성을 다시 한 번 상기시키고 있는 것이라 할 수 있다.

4. 드러나지 않은 현실

1949년 비스와 회의에서 사회주의 리얼리즘이 공식화 된 이후 폴란드 극장을 지배한 것은 두 가지 범주의 형태였다. 즉 "소련영화들만이 거의 독점적으로 사용되고 있는 극장과 다른 사회주의 국가들의 영화들을 상영하는 극장이었다..... (그리고) 1949년에서 1955년 사이 폴란드에서 34편의 극영화가 만들어졌다. 그러나 그들 중 31편이 사회주의 리얼리즘의 공식을 따른 것이었다."[45] 이를 빗대어 "보이치에흐 브워다르취크Wojciech Włodarczyk는 1950년과 1954년 사이 스탈린주의 예술은 전통적 의미에서 작가들은 없었고 국가가 작가였다고 했다."[46] 이런 측면에서 이 시기 폴란드 영화 창작가들에게 당면한 가장 중요한 목표는 사회주의 리얼리즘으로부터 탈피하는 것이었다. 이것은 "영화에서의 해빙의 시작을 의미했고 이는 1954년 9월 '영화 노동자 컨퍼런스conference of film workers'에서 사회주의 리얼리즘이 격렬한 비판을 받게 되면서부터였다."[47] 이로 인해 제스포위 필모베의 재구축이 이루어졌고 새로운 상영정책이 구체화되었다. 그것은 "1958년 4월 이후 폴란드 영화관에서는 주요 극영화 상영 전에 반드시 단편영화를 상영해야 한다는 의무사항이었다. 1956년 폴란드에서는 2,881편의 영화들이 상영되었다. 1957년부터 1961년 사이 이 숫자는 거의 20% 증가하였고, 1961년 무렵에는 도시에서 1,490편의 영화들이 시골 지역에서는 1,709편이, 333편은 이동 영화들이 상영되었다."[48] 이러한 변화는 보다 유연해진 검열기준에 의해 비교적 독립 단체인 '레파토리 위원회Repertoire Council'의 외국영화 프로그램으로 더 많은 영화들이 들어

와 폴란드의 스크린에 다양한 외국영화들이 상영될 수 있게 되었다.[49]
이로 인해 "예술영화와 대중영화 사이의 조심스러운 균형이 이루어
졌다.……예를 들면 1960년 폴란드 스크린에서 상영된 영화들은 소련
42편, 프랑스 27편, 미국 21편, 폴란드 20편, 영국 18편, 체코슬로바
키아 17편, 이탈리아 9편, 동독 6편, 스웨덴 5편, 그리고 유고슬라비아
5편으로 구성되었다. 나머지는 일본, 서독 등의 영화들이었다."[50] 이러
한 상영정책의 정비로 폴란드 영화는 다양한 영화들의 제작과 영화들
을 볼 수 있는 여건이 조성되었다. 그 결과 이 시기 폴란드 영화에서는
사회주의 리얼리즘으로부터 벗어나 다양한 형식적 시도 뿐 아니라 폴
란드 사회현실과 개인의 영역에 대한 묘사가 가능해졌다.

폴란드 영화학파에서 사회현실에 대한 문제제기는 1956년에서
1959년 사이 폴란드 사회의 어두운 현실을 묘사한 이른바 '블랙시리
즈czarna seria'라 불리는 20여 편의 다큐멘터리 영화들이었다. 이들 영화
중 예지 호프만Jerzy Hoffman과 에드바르드 스코쉐프스키Edward Skorzewski
는 〈주목 불량배들!Uwaga chuligani!, 1955〉을 통해 술 취한 청소년들의 비
행을 묘사하였고, 카지미에쉬 카라바쉬Kazimierz Karabasz와 브와디스와
프 실레시츠키Władyslaw Ślesicki는 〈악마가 잘 자라고 인사하는 곳에서
Gdzie diabeł mówi dobranoc, 1955〉에서 부정부패한 관료주의에 대한 비판
을, 그리고 〈빈 공간에서 온 사람들Ludzie z pustego obszaru, 1957〉에서는 도
심의 전쟁기념물과 도심 풍경을 번갈아 보여주면서 청소년들의 방황,
비행, 성적性的 이탈을 묘사하였다. 무엇보다 이 시기 폴란드 다큐멘
터리 영화에서 새로운 전형을 제시한 것으로 평가받는 영화 〈바르샤
바 56Warszawa 56, 1956〉이 예지 보사크Jerzy Bossak과 야로스와프 브죠조프

스키Jarosław Brzozowski에 의해 등장하였다. 영화는 평화로워 보이는 바르샤바의 도심 풍경과 사람을 보여주면서 드러나지 않은 현실 이면의 부정적 요소, 즉 파괴된 건물의 위험 속에 살고 있는 열악한 사람들의 삶의 조건들을 사실적이고 극적으로 묘사하고 있다. 따라서 영화는 바르샤바의 외형적 모습과 실제적인 현실의 삶을 대비시키면서 폴란드의 현실을 폭로하고 있는 것이다. 이러한 현실에 대한 적나라한 모습은 브워지미에쉬 보로비크Włodzimierz Borowik의 〈제0항Paragraf zero, 1957〉에서 도심에서의 매춘 여성을 다룸으로써 절정에 이른다. 이처럼 블랙시리즈는 폴란드 사회의 어두운 현실을 과감하게 묘사함으로써 영화와 현실 사이의 관계를 직접적이고 새롭게 구축하였다.

반면 극영화에서는 폴란드가 직면한 현실과 사회구조에 대해 블랙시리즈 영화에서처럼 자극적인 비판에 나서지 않았다. 이것은 극영화의 특성에도 기인한 것이기도 하지만 폴란드 특유의 역사적 상황, 즉 제2차 세계대전의 피해가 혹독하였고 전쟁이 끝난 후 소련의 블록에 참여할 수밖에 없게 됨으로써 독립적인 국가 건설이 좌절된 폴란드의 상황에 기인한 것이라 할 수 있다. 이러한 이유로 이 시기 폴란드의 극영화는 정치, 사회구조로부터 촉발된 현실에 대해 전면적인 비판으로 나아가지 않았다. 그럼에도 불구하고 이 시기 몇 몇 폴란드 영화에서는 도시를 배경으로 블랙시리즈의 다큐멘터리 영화에서처럼 젊은이들의 비행, 사랑 등과 같은 일상적 모습을 통해 문제를 제기하기도 하였고 폴란드 사회에 만연한 불합리한 현실의 사회구조를 다양한 방식으로 드러냈다.

특히 안제이 뭉크는 〈철로 위의 남자Człowiek na torze, 1957〉에서 폴란드 사회의 구조적 문제를 날카롭게 지적하고 있다. 영화는 역동적으로 회전하는 기차 바퀴의 모습을 보여주고 퇴직당한 베테랑 기관사 오쉐호프스키가 잘못된 신호로 탈선의 위험이 있는 기차를 멈추기 위해 자신의 목숨을 희생하는 사건이 발생한다. 이후 사건을 조사하는 과정에서 관리자와 노동자들을 비롯한 다양한 인물들의 엇갈린 증언들이 난무한다. 예컨대 역장인 투슈카는 그가 사보타주 한 것이라 주장하고 젊은 기관사 자포라는 그가 거만하고 자존심이 강했다고 한다. 궁극적으로 베테랑 기관사의 죽음은 플래쉬 백 수법을 통해 한 사건에 대해 각각의 기억과 증언에 따라 다양한 관점이 존재하게 된다는 사실이다. 이것은 한 사건에 대해 서로 다른 시각과 의견이 개입됨으로써 다양한 해석의 여지를 남기는 형식적 구조를 취하고 있음을 의미한다. 이를 통해 뭉크는 인간의 사고와 인식의 부정확함을 제기하면서도 폴란드 사회 구조 속에 내재되어 있는 서로 다른 다양한 갈등의 사회적 현상과 연결시키고 있다. 이것은 한편으로 폴란드 사회에서 제기되었던 모든 의문들과 같은 것이다. 이를 "안제이 뭉크는 이 영화 속에서 지독한 불공정한 사회적 환경이 한 개인에게 고통을 가할 수 있다는 것을 보여주고 싶었다고 하였다. 철길의 사고를 피하기 위해 철길 위해서 죽은 기관사 오쉐호프스키를 향한 주위사람들의 의심과 공격으로 고통 받는 그의 모습은 1956년 폴란드의 상징이었다."[51] 폴란드의 현실을 드러내는 이와 같은 새로운 시도는 안제이 뭉크가 "다큐멘터리 영화는 개인의 내부적 세계를 드러내는데 일정한 한계가 있다는 것을 깨닫게 되면서 그것의 수법들을 강한 픽션화와 결합하여 신뢰성의 문제와 심리적 묘사를 해결함으로써 가능했던 것이다."[52]

파베우 코모로프스키Paweł Komorowski, 율리안 지에지나Julian Dziedzina의 영화 〈밤의 끝Koniec nocy, 1957〉에서는 주인공 로멕을 통해 폴란드 사회의 현실을 드러내고 있다. 트럭 운전자로 일하고 있는 로멕은 평소 난폭한 운전으로 자신의 직장인 운송기지에서 해고된다. 그 후 그는 다른 친구들과 어울려 다니면서 물건을 훔치기도 하고, 싸우면서 경찰에 체포된다. 영화는 이에 대해 뚜렷한 결말을 제시하지 않으면서 전쟁이후의 방황하는 젊은이들의 모습을 통해 동시대 폴란드의 사회적 풍경을 묘사하고 있다.

현실에 대한 문제제기는 마렉 흐와스코Marek Hłasko의 소설을 토대로 만든 알렉산데르 포르드의 〈제 8요일Ósmy dzień tygodnia, 1958〉에서 보다 현실적으로 묘사된다. 영화는 사랑하는 젊은 연인들이 바르샤바에서 자신들이 머물 곳을 찾는다. 그러나 그들이 마주한 현실은 삶에 대해 희망을 갖지 못하고 하루하루를 힘겹게 살아가는 사람들의 모습이다. 결국 여인은 사랑하지 않지만 아파트를 소유한 남자와 하룻밤을 지내게 됨으로써 자신들만의 공간을 찾지 못한 그들의 관계는 파국에 이른다. 이러한 결론은 폴란드가 당면한 현실을 매우 직접적으로 묘사하면서 "기회의 결여가 이상적인 사랑을 파괴"[53]하는 암울한 폴란드의 현실과 미래를 의미한다. 이처럼 알렉산데르 포르드는 폴란드에서 벌어지고 있는 현실을 직접적으로 묘사하면서 사회적 문제를 제기하고 있다.

반면 타데우쉬 흐미엘레프스키Tadeusz Chmielewski는 영화 〈에바는 잠들고 싶다Ewa chce spać, 1957〉에서 특별한 상황 속에서 현실을 인식하도록 하게 한다. 영화는 골목길을 걷는 한 남자의 물건을 탈취하기 위해 벌어지는 코믹한 장면으로부터 시작한다. 그리고 환상적이고 그로테스크한 무대를 배경으로 주인공 소녀 에바를 중심으로 벌어지는 연극적 요소와 경찰의 호각소리 보다 오히려 음악 연주에 더 흥미롭게 반응하는 사람들을 통해 관객들로 하여금 이 영화를 코메디 영화로 인식하도록 유도한다. 그러나 흐미엘레프스키는 에바가 좌충우돌하면서 힘겹게 살아가는 그로테스크한 특별한 도시가 다름 아닌 관객들 자신들이 살고 있는 폴란드의 수도 바르샤바라는 사실을 극장을 나오면서 깨닫게 한다. 즉 비정상적이고 그로테스크한 모습으로 가득 찬 이 영화는 관객들 스스로에게 동질감을 느끼도록 한 것이다. 그리고 이는 영화 마지막 에피소드에서 카메라가 에바의 행동을 따라 패닝하면서 나타난 감독과 스텝들의 모습을 통해 영화에서 제시되었던 장면들이 궁극적으로 자신들이 현재 살고 있는 현재의 삶을 더욱 객관화 하고 있는 것임을 보여줌으로써 그 의미를 더욱 강화한다. 흐미엘레프스키의 이러한 형식적 시도는 영화가 궁극적으로 동시대의 일상을 풍자하고 있다는 사실을 의도적으로 드러내고 있는 것이다.

비유적이고 은유적 형식의 상황 묘사를 통해 현실을 묘사하는 방식은 1958년 스타니스와프 디가트Stanisław Dygat의 소설을 토대로 보이치에흐 하스의 두 번째 장편 영화 〈이별Pożegnania, 1958〉에서도 나타난다. 영화는 제2차 세계대전 직전 불안감이 폴란드 전역에 퍼져있던 1930년대에서 1940년대 초기를 배경으로 부유한 부르주와 파베우와 매력적인 댄서 리트카의 사랑 이야기에 토대하고 있다. 그들은 서로 사랑하지만 전쟁으로 오래 지속되지 못한다. 전쟁기간 동안 파베우는 아우슈비치 수용소에 수용되고 리트카는 다른 사람과 결혼하게 된다.

몇 년의 시간이 흐른 후 만난 그들은 서로 여전히 사랑하고 있다는 사실을 깨닫게 된다. 이 영화에서 나타난 특징은 무엇보다 형식적 시도라 할 수 있다. 영화는 마치 소설에서 작가가 이야기 중간 중간에 불쑥 끼어들면서 얘기하는 이른바 독자의 감정이입과 기대심리를 파괴하면서 전개된 것처럼 영화에서도 주인공들에게 말을 걸기도 하면서 전개된다. 그러나 그러한 형식적 시도는 그리 성공적이지 못하고 오히려 연속적인 이야기 전개를 낯설게 하는데 그치고 말았다[54]고 할 수 있다.

이러한 특징, 즉 내러티브의 불연속성을 초래한 비유와 은유적 방식의 시도는 마치 연극무대에서처럼 묘사된 하스의 또 다른 영화 〈휴게실Wspólny pokój, 1960〉에서도 나타난다. 영화는 비록 1930년대를 시대 배경으로 바르샤바의 한 작은 방에서 거주하고 있는 지식인들, 예컨대 시인, 학생, 작가, 좌파 활동가들의 정신적 공허감, 우울함 등의 다양한 모습을 통해 전쟁전의 폴란드의 사회적 현상을 묘사하고 있다. 그러나 그 시대가 겨냥하고 있는 것은 1960년대의 다양한 정치, 사회적 세력 간의 갈등적 상황으로 환원될 수 있는 가능성의 의미를 지니고 있다고 할 수 있다.

형식적 시도를 통해 현실에 대한 사회적 풍경을 묘사한 영화는 보흐단 포렌바Bohdan Poręba의 〈몽유병자들Lunatycy, 1959〉에서도 나타나고 있다. 이 영화에서의 특별함은 비행을 일삼은 청소년들의 모습이 기괴스러운 거울을 통해 왜곡되어 나타나기도 하면서 그것이 그들의 놀이문화, 사랑, 음악 등과 어우러지면서 방황하는 청소년들의 모습과 함께 1950년대 굴절된 폴란드 사회를 묘사하고 있다는 점이다.

반면 정치적 관점이 개입하면서 사회적 현실 구조에 대한 비판적 시각이 다소 완화되는 영화도 이 시기에 등장하였다. 이는 체스와프 페텔스키Czesław Petelski의 〈죽은 자들의 지역Baza ludzi umarłych, 1959〉에서 찾아 볼 수 있다. 영화는 잦은 고장의 오래된 낡은 트럭과 혹독한 날씨로 인해 항상 사고의 위험이 존재하고 있는 산악지대에서 벌목한 나무를 운송하는 운전자들에 관한 이야기를 다루고 있다. 이들은 작업의 위험성으로 일을 그만두려 한다. 하지만 당 활동가가 그들의 마음을 돌리려 파견되고 난 후 그들은 여전히 산에 남아 위험한 일을 지속하고 있다. 따라서 영화는 당면한 현실의 문제를 제기하고 있지만 당의 적절하고 효과적인 역할로 인해 해결되는 전형적인 계몽적 성격의 영화로 전락되었다고 할 수 있다.

전쟁이후 표현되지 않았던 폴란드 현실에 대한 묘사는 예지 카발레로비츠의 〈야간열차Pociąg, 1959〉에서도 나타난다. 그러나 그가 영화 속에서 제기한 현실은 전쟁이나 격렬한 이념적 갈등에 기반 한 것이 아니라 인간의 일상적 삶 속에서 존재하고 있는 것이다. 영화는 주인공 예지가 아내를 만나러 가는 기차 안에서 우연히 마르타라는 젊은 여인과 같은 좌석에 타게 되면서부터 시작된다. 그녀에게는 자신의 뒤를 쫓으면서 뭔가 끊임없이 갈구하는 남성, 스타쉐크와 이를 거부하는 마르타, 그리고 경찰의 추적 장면이 이어지면서 긴장감을 자아낸다. 이와 같은 구조의 관계는 열차가 종착역에 이르러 예지가 마중 나온 자신의 부인을 만나게 되고 마르타가 혼자 바닷가를 거니는 장면으로 마무리 된다. 영화는 그들의 관계를 명확하게 제시하고 있지 않으면서 야간열차 속의 다양한 사람들의 모습과 풍경을 통해 인간 내면의 고립, 정서적인 상처 등과 같은 인생의 단면을 묘사하고 있다. 또한 예지 카발레로비츠는 악령에 빠진 수녀를 구하기 위한 요셉신부의 이야기를 담은 〈천사들의 엄마 요안나Matka Joanna od aniołów, 1961〉를 통해서는 보이지 않은 세계의 문제인 종교적 영화를 만들었다.

물리적 현실의 문제를 보이지 않은 세계를 통해 묘사한 것은 타데우쉬 콘비츠키의 영화에서도 엿볼 수 있다. 그의 영화 〈재주넘기Salto, 1965〉에서는 어느 한 마을에 신비스러운 남자, 코발스키가 등장한다. 유태인의 형상을 하고 있는 그는 전쟁기 동안 사라졌지만 전쟁이 끝나고 난 후 어느 날 갑작스럽게 다시 등장한다. 그리고 그의 괴기한 행동, 즉 초현실적 상황은 현실적 상황과의 조우를 통해 과거의 역사와 현재를 겨냥하고 있다. 이와 같은 방식은 이 시기 폴란드 영화학파가 사회주의 리얼리즘의 도식에서 완벽히 벗어난 징후라 할 수 있는 근거로 작용한다.

안제이 바이다는 〈순진한 마법사Niewinni czarodzieje, 1960〉와 〈20살의 사랑L'amour à vingt ans, 1962〉을 통해 도시와 젊은이들의 일상적 모습과 행태를 묘사하고 있다. 특히 〈20살의 사랑〉에서는 프랑스, 폴란드, 이탈리아, 일본, 독일의 도시를 각각 비교하면서 그 속에서의 젊은이들의 사랑과 일상을 묘사하고 있다. 이러한 바이다의 새로운 테마와 창작 수법의 시도에도 불구하고 이 시기 폴란드 영화에서 폴란드의 사회적 구조와 현상을 가장 예리하게 묘사한 영화는 로만 폴란스키Roman Polanski의 〈물속의 칼Nóż w wodzie, 1962〉을 들 수 있다. 영화는 음악과 함께 직선으로 길게 뻗은 가로수 길을 따라 휴가를 가는 부부의 자동차에 우연히 낯선 청년이 합류하게 되면서 벌어지는 상황을 다루고 있다. 부유하고 화려하게 보인 그들 부부는 대학교수이고 미모의 여인이다. 그러나 강가에서 요트 여행을 즐기는 과정에서 그들은 서로 감춰져 있던 내면의 실체들이 하나 둘 씩 드러난다. 남편 안제이는 자신이 가지고 있는 부와 지식의 권위를 끊임없이 낯선 청년 앞에서 과시한다. 심지어 그는 강에서 청년이 소중이 여기는 칼을 물속으로 던져 버린다. 청년은 칼을 찾으러 물속으로 뛰어들지만 한동안 그의 모습은 보이지 않는다. 안제이와 그의 부인, 크리스티나는 청년이 수영을 할 줄 몰라 사고가 났을 것으로 여기면서 서로를 비난한다. 즉 크리스티나는 안제이가 자신의 권위를 과시하기 위해 의도적으로 낯선 청년을 차에 태웠다고 하면서 위선자, 사기꾼이라고 비난하고 안제이 역시 자신이 아니었다면 창녀가 되었을 것이라고 크리스티나를 비난한다. 이를 통해 그들의 외형을 감싸고 있는 자동차, 요트, 지식인, 미모 뒤에 감춰져 있던 추악한 이면들이 적나라하게 폭로된다. 특히 안제이가 청년이 실종된 것으로 알고 물속에서 그를 찾기 위해 떠나고 난 후 요트로 다시 돌아온 청년과 크리스티나의 정사情事는 이들 부부의 기만적이고 이중적인 본래의 모습이 적나라하게 드러나는 장면이라 할 수 있다. 이를 영화는 청년의 생존여부를 알지 못한 안제이와 그 사실을 알고 있으면서도 안제이에게 말하지 않은 크리스티나의 자동차가 그의 실종여부를 경찰서에 신고할 것인지 말것인지의 갈림길에 서있는 상태로 종결함으로써 더욱 강조한다. 따라서 폴란스키는 젊은 청년이 살아있다는 사실을 알고 있는 크리스티나와 이를 모르고 있는 안제이가 그 갈림길에 서있는 자동차로 마무리함으로써 인간의 위선, 불신 등으로 얼룩진 인간 내면의 모습과 사회적 구조, 현상 속에 내재되어 있는 불합리한 권위와 모순 등을 상징적으로 묘사하고 있는 것이다. 이처럼 폴란스키는 세 명의 인물만을 통해 폴란드의 현실을 다른 영화에서처럼 과거의 역사와 사회와 직접적으로 연결시키던 방식에서 벗어나 "두 세대, 즉 편안하고 안정적이고 체제 순응적으로 살고 있는 새로운 '붉은 부르주아red bourgeoisie'를 나타내는 중산층 세대와 냉소적인 젊은 세대를 공격하면서"[55] 인간의 내면, 혹은 그 이면에 존재하고 있는 욕망과 이기심을 고무우카 시대에 내재되어 있는 현실사회 모순의 결정체로 묘사하고 있는 것이다. 이런 측면에서 〈물속의 칼〉은 실제적인 동시대를 배경으로 하고 있고 그것은 드러나지 않은 권력과 권위에 대한 직접적인 공격으로서 이전의 전형적인 사회주의 리얼리즘의 수법과는 전혀 다르다고 할 수 있다.[56]

이처럼 폴란드 영화학파는 동시대의 사회적 문제, 즉 전쟁이후 폴란드 사회 속에 드러나지 않고 감춰져 있던 현실을 밖으로 끄집어내면서 폴란드 사회구조 속의 지배계급의 기만과 허위 등을 드러냄으로써 폴란드 현실에 대한 문제를 제기하였고 그 속에서 인간의 내면에 내재하고 있는 다양한 욕망을 묘사했다. 이러한 특징은 폴란드 영화학파가 새롭게 제기한 창작 수법이며 사회주의 리얼리즘의 도식으로부터 벗어난 하나의 상징적 요소라 할 수 있다.

5. 맺음말

폴란드는 인접 국가들과 수많은 전쟁과 패배의 아픔을 통해 형성되었다. 그렇기 때문에 폴란드는 자유롭고 완전한 독립국가에 대한 염원이 그만큼 크다고 할 수 있다. 이것은 민족의 정체성으로 폴란드의 문화와 예술 곳곳에 새겨져 발현되고 있다. 그 중에서도 영화는 정치적, 사회적, 예술적 담론을 견인하는 핵심 요소로 많은 사람들에게 인식됨으로써 폴란드의 정치적, 사회적, 예술적 논쟁의 중심에 위치하고 있다. 이는 필연적으로 영화가 정치권력의 통제 대상이면서 동시에 그것으로부터 벗어나 현실을 기반으로 한 비판적 기능이라는 서로의 대립적 관계 속에 존재할 수밖에 없다는 것을 의미한다.

이러한 특성은 정치적, 사회적, 문화적 변화와 함께 1955년에서부터 1965년까지 이른바 소련으로부터 불어온 해빙의 바람을 타고 새로운 시도를 모색하고 실천한 폴란드 영화학파에서 나타나고 있다. 이는 소련으로부터 유입된 사회주의 리얼리즘 창작방침과 현실을 보다 사실적으로 묘사함으로써 영화의 사회적 역할을 강조한 이탈리아 네오리얼리즘에 영향 받은 폴란드의 영화 창작가들과의 대립에서 드러났고 안제이 바이다의 영화 〈세대〉를 통해 구체화되기 시작하였다. 이것은 수많은 폴란드 지식인들에 의해 엄격한 정치권력에 대한 끊임없는 저항과 도전의 결과였고 포즈난에서 노동자들의 봉기로 10월의 봄을 맞이하면서 본격화되었다. 이를 통해 폴란드 영화학파는 그 동안 사회주의 리얼리즘에 의해 통제받았던 가장 가까운 시기의 전쟁의 역사, 민족의 정체성, 드러나지 않았던 현실에 대한 문제를 창작의 핵심 주제로 영화화 할 수 있었다.

특히 전쟁의 역사는 영웅적 행위 자체를 가능한 배제하면서 폴란드가 처한 역사적 상황을 보다 객관적이고 냉정한 시각으로 묘사하면서 민족의 정체성을 상기시켰다. 뿐만 아니라 전쟁이 인간에게 주는 상처와 정신적 트라우마를 전쟁이후 남겨진 사람들의 기억과 삶 속에서 묘사하였다. 또한 블랙시리즈로 불린 다큐멘터리 작품과 안제이 뭉크, 로만 폴란스키 등의 영화를 통해서는 폴란드 사회의 숨겨진 현실을 드러내기도 하였다. 이들 영화는 폴란드 사회의 현실을 직접적으로 묘사하였을 뿐만 아니라 전쟁이후 불합리한 사회구조와 그 이면의 모순을 적나라하게 폭로하였다.

이러한 폴란드 영화의 새로운 경향은 폴란드인들의 끊임없는 투쟁정신과 포즈난의 봉기를 통해 고무우카로 상징되는 소련으로부터의 독자적이고 자주적인 폴란드의 역사적 정체성 확보 및 자존심의 회복과 연결되어 있다. 그리고 이것은 제스포위 필모베와 같은 창작단위 조직이 이와 같은 역사적 흐름에 민첩하게 대응하면서 주도하였기에 가능하였다. 우리들은 이 시기를 관통하고 있는 정치적, 사회적, 예술적 문제를 회피하지 않고 만들어진 영화를 폴란드 영화학파라는 프레임에 위치시키고 있는 것이다. 따라서 폴란드 영화학파는 폴란드 영화역사에서 이전 시기의 창작논리를 견인하고 있던 정치적, 사회적, 예술적 상황으로부터 과감하게 벗어나면서 폴란드 영화역사의 특별한 흐름을 가름하는 핵심적 역할을 하였다고 할 수 있다.

주석

1 Marek Haltof, *Polish National Cinema*, Berghahn Books, 2002, p.73.

2 *Ibid.,* p.74.

3 Aleksander Jaskiewicz "Kordianowskie i plebejskie tradycje w filmie polskim," *Kino* 11(1969):2-11. Also discussed in his "Powrót Kordiana Tradycja romantyczna w filmie polskim," *Kwartalnik Filmowy* 4(1961):23-27.-Marek Haltof, *op. cit.,* p.74에 서 재인용.

4 Tadeusz Miczka, *Cinema under Political Pressure: A Brief Outline of Authorial Roles in Polish Post-War Feature Film 1945-1995*, Kinema4(1995):37.-Marek Haltof, *op. cit.,* p.75에서 재인용.

5 Richard Taylor · Nancy Wood · Julian Graffy and Dina Iordanova, *The BFI Companion to Eastern European and Russian Cinema*, bfi, 2000, p.186.

6 1990년까지 지속된 제스포위 필모베 창작 단위는 1957년 무렵에는 8개로 운영되었다. 각각의 명칭과 대표적 인물은 다음과 같다. 1) 카드르(Kadr): 예지 카발레로비츠(Jerzy Kawalerowicz), 2) 일루존(Iluzjon): 루드비크 스타르스키(Ludwik Starski), 3) 리듬(Rytm): 얀 리브코프스키(Jan Rybkowski), 4) 스튜디오(Studio): 알렉산데르 포르드(Aleksander Ford), 5) 스타르트(START): 반다 야쿠보프스카(Wanda Jakubowska), 6) 시레나(Syrena): 예지 자쥐츠키(Jerzy Zarzycki), 7) 카메라(Kamera): 예지 보사크(Jerzy Bossak), 8) 드로가(Droga): 안토니 보흐드지에비츠(Antoni Bohdziewicz)- Marek Haltof, op. cit., p.77 참고.

7 김달중 외, 『폴란드 · 동독: 정치 · 경제 · 사회 · 문화구조와 정책』, 법문사, 1989, 67쪽.

8 Marek Haltof, *op. cit.,* p.57.

9 Bolesław Michałek and Frank Turaj, *The Modern Cinema of Poland*, Indiana University Press, 1988, pp.9-10.

10 *Ibid.,* p.17.

11 이정희,『동유럽사』, 대한교과서, 1986, 422쪽 참고.

12 이정희,『동유럽사』, 대한교과서, 1986, 422쪽 참고.

13 정대수,『동유럽의 변혁과 언론의 역할』, 집문당. 2006, 122쪽.

14 박영신, 앞의 책, 65쪽.

15 M. Liehm, A. Liehm, *The Most Important Art*, University of California Press, 1977, p.116.

16 Marek Haltof, *op. cit.*, pp.64-65.

17 *Ibid.*, p.79.

18 Millicent Marcus, *Italian Film in the Light of Neorealism*, Princeton University Press, 1986, p.22.

19 Marek Haltof, *Polish Film and the Holocaust*, Berghahn Books, 2012, p.75.

20 Anikó Imre, *A Companion to Eastern European Cinemas*, Wiley-Blackwell, 2012, p.454.

21 박래식, 「전후 폴란드 사회주의의 체제위기」, 『동북아논총』 제13집, 한국동북아학회, 1999, 166쪽.

22 정병권, 『폴란드사』, 대한교과서, 1996, 298쪽.

23 위의 책, 299쪽 참고.

24 김용덕, 『재미있는 폴란드 역사 이야기』, 다해, 2006, 224쪽.

25 박영신, 앞의 책, 58쪽.

26 정병권, 앞의 책, 310쪽.

27 임지현, 「폴란드의 사회주의와 애국주의」, 『서양사론』 제37호, 한국서양사학회, 1991, 145쪽.

28 정대수, 앞의 책, 125쪽.

29 정병권, 앞의 책, 314쪽.

30 크리스 하먼/김형주 옮김, 『동유럽에서의 계급투쟁』, 갈무리, 1994, 153쪽 참고.

31 정대수, 앞의 책, 148쪽.

32 위의 책, 150쪽 참고.

33 이정희, 앞의 책, 429쪽.

34 David W. Paul, *Politics, Art and Commitment in the Eastern European Cinema*, St. Martin's Press, 1983, p.171.

35 Károly Nemes, *Films of Commitment Socialist Cinema in Eastern Europe*, Corvina, 1985, pp.85-86.

36 M. Liehm, A. Liehm, *op. cit.*, p.177.

37 Károly Nemes, *op. cit.*, p.84.

38 Marek Haltof, *op. cit.*, p.83.

39 *Ibid.*, p.93.

40 Bolesław Michałek and Frank Turaj, *op. cit.*, p.32.

41 M. Liehm, A. Liehm, *op. cit.*, p.180.

42 Marek Haltof, *op. cit.*, p.90.

43 Charles Ford and Robert Hammond, *Polish Film A Twentieth Century History*, McFarland & Company, Inc., Publishers, 2005, p.118.

44 M. Liehm, A. Liehm, *op. cit.*, p.187.

45 Marek Haltof, *op. cit.*, pp.57-58.

46 *Ibid.*, p.70.

47 M. Liehm, A. Liehm, *op. cit.*, p.121.

48 Marek Haltof, *op. cit.*, p.77.

49 Bolesław Michałek and Frank Turaj, *op. cit.*, p.21.

50 Marek Haltof, *op. cit.*, p.78.

51 M. Liehm, A. Liehm, *op. cit.*, p.175.

52 Károly Nemes, *op. cit.*, p.84.

53 *Ibid.*, p.78.

54 Oskar Sobanski, *Polish Feature Films: A Reference Guide 1945-1985*, Locust Hil, 1987, p.140.

55 M. Liehm, A. Liehm, *op. cit.*, p.195.

56 Daniel J. Goulding(Herbert Eagle), *Five Filmmakers*, Indiana University Press, 1994, p.104.

참고문헌

단행본

김달중 외, 『폴란드 · 동독: 정치 · 경제 · 사회 · 문화구조와 정책』, 법문사, 1989.

김용덕, 『재미있는 폴란드 역사 이야기』, 다해, 2006.

박영신, 『동유럽의 개혁운동』, 집문당, 1993.

이정희, 『동유럽사』, 대한교과서, 1986.

정병권, 『폴란드사』, 대한교과서, 1996.

정대수, 『동유럽의 변혁과 언론의 역할』, 집문당, 2006.

크리스 하먼/김형주 옮김, 『동유럽에서의 계급투쟁』, 갈무리, 1994.

Anikó Imre, *A Companion to Eastern European Cinemas*, Wiley-Blackwell, 2012.

Bolesław Michałek and Frank Turaj, *The Modern Cinema of Poland*, Indiana University Press, 1988.

Charles Ford and Robert Hammond, *Polish Film A Twentieth Century History*, McFarla -nd & Company, Inc., Publishers, 2005.

David W. Paul, Politics, *Art and Commitment in the Eastern European Cinema*, St. Marti -n's Press, 1983.

Daniel J. Goulding, *Five Filmmakers*, Indiana University Press, 1994.

Károly Nemes, *Films of Commitment Socialist Cinema in Eastern Europe*, Corvina, 1985.

M. Liehm, A. Liehm, *The Most Important Art*, University of California Press, 1977.

Millicent Marcus, *Italian Film in the Light of Neorealism*, Princeton University Press, 1986.

Marek Haltof, *Polish National Cinema*, Berghahn Books, 2002.

Marek Haltof, *Polish Film and the Holocaust*, Berghahn Books, 2012.

Oskar Sobanski, *Polish Feature Films: A Reference Guide 1945-1985*, Locust Hil, 1987.

Richard Taylor · Nancy Wood · Julian Graffy and Dina Iordanova, *The BFI Companion to Eastern European and Russian Cinema*, bfi, 2000.

Tadeusz Miczka, *Cinema under Political Pressure: A Brief Outline of Authorial Roles in Polish Post-War Feature Film 1945-1995*, Kinema4, 1995.

논문

박래식, 「전후 폴란드 사회주의의 체제위기」, 『동북아 논총』제13집, 한국동북아학회, 1999.

임지현, 「폴란드의 사회주의와 애국주의」, 서양사론 제37호, 한국서양사학회, 1991.

Aleksander Jaskiewicz "Kordianowskie i plebejskie tradycje w filmie polskim," Kino 11, 1969.

민중혁명이후의
헝가리 영화

1956 - 1967

연초 미클로시, 적과 백(Csillagosok, katonk, 1967)

1. 1956, 혁명의 좌절

헝가리 영화 역사에서 가장 주목받는 시기는 일반적으로 1960년대에서 1970년대 초반까지이지만 역사적 의미의 중요성은 1956년 민중혁명에서 1968년 '신경제 구조Új Gazdasági Mechanizmus' 도입 이전까지, 즉 1956년에서 1967년까지 전개되었던 혁명, 반혁명이라는 사회적 변화를 거치면서 새로운 헝가리 영화 역사를 이끈 시기라 할 수 있다. 이 시기는 파브리 졸탄Fábri Zoltán, 머크 카로이Makk Károly, 연초 미클로시Jancsó Miklós, 갈 이스트반Gaál István, 코바치 언드라시Kovács András, 서보 이스트반Szabó István, 헤르스코 야노시Herskó János 등에 의해 역사, 사회, 일상의 다양한 테마와 과감한 형식적 시도를 통해 헝가리 영화의 특별한 흐름이 주도되었다. 이것은 이 시기 헝가리 영화의 특징이 1948년 국유화 된 이후 통제와 자유라는 상호 모순적 상황을 거치면서 형성되었다는 것과 정치 지도자와 정치권력의 변화, 교체와 밀접한 연관 속에서 발전되었다는 것을 말한다. 그 중에서도 1953년 스탈린의 사망과 1956년 흐루쇼프의 스탈린 격하는 헝가리에서 스탈린 시기의 반동적 사회주의에 대한 비판의 토대가 되었고 수정주의적 시각을 가진 정치지도자들의 등장을 가능하게 하였다. 이와 관련된 역사적 흐름의 대표적 현상이 바로 1956년 헝가리 민족의 혁명과 좌절을 들 수 있다. 따라서 이 시기 헝가리 영화는 1956년 헝가리 혁명과정과 소련에 의해 혁명이 좌절된 이후 변화된 정책이 중요한 요소로 작용하였다.

헝가리에서 공산주의 노선의 변화는 1956년 혁명이 있기 전 1953년 스탈린의 사망 4개월 후 헝가리 공산당 내에서 공개적인 스탈린 비판이 행해지기 시작하였다는 사실에서 그 조짐이 나타나기 시작하였다. 이 과정에서 헝가리 공산당 내에서는 스탈린주의를 고수하는 교조주의적 스탈린주의자와 개혁수정주의자로 나뉘어졌다.[1] 그리고 1956년 흐루쇼프의 스탈린 비판은 헝가리에서 개혁주의자의 입지가 점차 강화될 수 있는 계기가 되었다. 따라서 스탈린의 사망과 흐루쇼프의 스탈린 비판은 1948년 이후 헝가리에서 스탈린식 독재주의를 청산할 수 있는 기회로 받아들여졌다. 그 결과 "헝가리 공산당 자신도 경제개혁에서의 급격한 중공업화, 집단농장화가 전체 인민의 삶의 질을 떨어뜨렸다는 비판을 수용하게 되어, (1956년 혁명이전) 절대 권력을 누리고 있던 라코시 마차시Rákosi Mátyás는 당 서기장으로서만 활동하게 되었다."[2] 이러한 스탈린식 독재주의 청산에 대한 흐름은 1956년에 접어들면서 《문학신문Irodalmi Újság》에서 처음으로 표면화되었고 그 후 보다 구체적으로 지식인들과 학생들의 행동으로 나타나기 시작하였다. 이것의 중심적 역할은 '헝가리 작가동맹Magyar Írók Szövetsége, MISZ'과 청년 대학생들의 토론 조직인 '페퇴피 서클Petőfi Kör'[3]이었다. 이들은 공개적인 자리에서 헝가리의 자유화와 민족 자립과 자주를 요구하면서 헝가리의 개혁방안에 대해 논의를 진행시켰다. 이들의 논의는 1956년 10월 6일 라코시 마차시에 의해 헝가리의 극우 정권 시기에 지하에서 암약하며 공산당 활동을 해 왔고 국민들의 커다란 신망을 받았지만 1949년 수정주의자로 비판받아 숙청되어 비밀리에 처형되었던 러이크 라슬로

Rajk László의 유해를 다시 안장하는 장례 행렬에 너지 임레Nagy Imre를 비롯한 지식인, 작가, 언론인, 대학생을 비롯한 수많은 인파가 모여 들면서 새로운 형태로 전개되었다.[4] 이들은 "장례식 후 자연스럽게 대오를 형성하여 부다페스트 중심가로 행진해갔다. 여기에서 스탈린 타도와 비밀경찰해제 등의 구호가 등장하기 시작하였다."[5] 그리고 1956년 10월 23일 폴란드의 개혁을 지지하기 위하여 수많은 시민들이 참여하였고 저녁 무렵에 이르러서는 대중적인 양상을 띠었다. 이들 시위 군중들은 페퇴피 동상에서 출발하여 국회 의사당으로 행진하면서 "스탈린식의 강압적인 사회주의를 탈피하고 보다 인간적인 모습을 한 사회주의의 건설을 목표로 하고 있으며 경제적으로는 인민의 생활을 향상시킬 수 있는 경공업과 농업 등에 집중하고 정치적으로는 인민대중의 이해와 요구를 수용하는 신정치 시스템을 조직한다는 내용이 중심을 이루고 있는"[6] 1955년 4월 우파적 기회주의자로 비판받고 실각된 너지 임레를 수상으로 임명할 것을 요구했다. 공산당 서기장이었던 게뢰 에르뇌Gerő Ernő는 이들 시위대를 향해 "민족주의의 독을 퍼뜨리고 혼란을 야기하고 있다"[7]고 비판하였다. 이에 분노한 시위대는 자신들의 입장을 헝가리 인민들에게 전하기 위해 라디오 방송국으로 몰려갔다. 이곳을 지키고 있던 '국가 보위국Államvédelmi Hatóság, AVH' 소속 경찰은 몰려 든 시위대를 향해 발포하였고 몇 몇 시위자가 땅에 쓰러졌다. 시위가 무장 봉기화 하게 되는 직접적인 도화선이 된 것이다. 게뢰 에르뇌는 즉각적인 계엄령 선포와 함께 소련군에 부다페스트로의 투입을 요청하였다. 그리고 10월 24일 아침 소련군의 탱크가 부다페스트 시내에 모습을 드러냈고 대규모 유혈사태가 극에 달한 24일 밤 헝가리 공산당은 전격적으로 시위대의 지지를 받고 있던 개혁주의자 너지 임레를 수상에 임명하였다.

너지 임레는 10월 24일부터 11월 4일까지 11일간 헝가리 수상의 자리에 있으면서 위기수습의 책임을 지게 되었다. 수상에 임명된 후 "그는 새로운 내각을 구성했고, 방송을 통해 일당독재 폐지와 소련군 철수에 관한 협상을 알렸다. 또한 국가 보위국 해체, 노동자위원회 수립, 비상사태수습회의 소집 등을 발표했다."[8] 너지 임레는 헝가리 인민과 소련군의 유혈 충돌을 막기 위해 노력하였다. 그 결과 10월 28일에는 소련군이 철수를 개시하고 계엄령이 해제되었다. 너지 임레는 "10월 28일 오후 1시를 기해 공격을 받았을 때에만 무기를 사용할 것을 천명했다."[9] 그리고 10월 29일에는 국가 보위국이 해체되었다. 그러나 10월 29일을 전후하여 소련군의 잔인한 무력진압과 헝가리 시민의 처절한 희생을 목격한 후 너지 임레는 협상에서 점차 강경한 입장으로 선회하기 시작하였다. 특히 소련군의 완전 철군 협상에 이어 복수 정당제 도입에 대한 문제가 결렬되고 난 후 부다페스트에 파견되어 있던 소련 정치국 위원인 아나스타스 이바노비치 미코얀Анастас Иванович Микоян은 소련정부에 헝가리 사태의 심각함을 알렸고, "너지 임레는 11월 1일 두 가지 중요한 정치적 사안인 '바르샤바 동맹 탈퇴'와 '중립선언'을 발표하였다."[10] 이 선언은 헝가리의 사태가 더 이상 협상을 통해 해결할 수 없다는 선언과 같은 것이었다. 그리고 "11월 4일 소련은 3천여 대의 탱크와 20만 명의 병력으로 재차 무력침공을 감행하여 헝가리 혁명을 진압했다. 부다페스트를 비롯한 전국적으로 벌어진 대소련 무장 항전에서 헝가리 시민군은 중무장한 소련군에 철저히

궤멸되었으며, 지울 수 없는 상처를 입게 되었다."[11]

소련군에 의해 무력으로 진압된 헝가리 혁명은 커다란 인적, 물적 손실의 아픔을 겪었다. 이 기간 중 "최소한 2천7백 명의 헝가리인이 사망하였고, 봉기 후 소련에 의해 날조된 재판에 의해 1백5명이 사형 당하는 비극적인 종말을 맞이하였다.....혁명의 여파로 1956년 헝가리의 총 생산은 이전 시기에 비해 2/3 수준으로 떨어졌고, 1956년 말까지 교통과 통신은 거의 전면적으로 마비된 상태였다."[12] 이로 인해 "1955년에 개시된 제2차 5개년 계획은 궤도에 오르지 못했고 1960년까지 헝가리는 장기 계획을 가지지 못했다."[13] 뿐만 아니라 혁명의 좌절 이후 20만 명에 달하는 헝가리인들이 헝가리를 떠났다.

혁명의 좌절은 헝가리 인민들에게 헝가리의 완전한 독립과 민주화에 대한 염원에 커다란 상처를 남겼다. 이것은 이후 헝가리 영화를 비롯한 문화, 예술의 중요한 창작의 모티프로 스며들었다. 따라서 1956년부터 1967년까지 지속되었던 헝가리 영화는 이러한 역사적 흐름 속에서 내용과 형식이 형성되었다고 할 수 있다.

2. 억압과 개혁, 영화제작 토대의 변화

1956년 혁명이 좌절 된 이후 헝가리는 혁명초기 너지 임레와 정치적 동반자 관계에 있었지만 11월 1일 모스크바로부터 소환되어 11월 4일 부다페스트로 돌아온 후 시위대를 비난하면서 11월 7일 소련으로부터 정권을 물려받은 카다르 야노시Kádár János의 정치적 행보와 관련 있다. 카다르 야노시는 헝가리의 정상화 과정이라는 명분 아래 소련의 요구에 부합한 조치들을 차례로 시행하기 시작했다. 특히 1956년 혁명에 깊이 참여한 문학가들은 이러한 그의 조치에 직접적인 영향을 받았다. 예컨대 작가 데리 티보르Déry Tibor와 작가이자 정치가인 괸쯔 아르파드Göncz Árpád는 투옥되었고, "1956년 12월에는 공장 수준 이상의 노동자 평의회 조직이 해산 명령을 받았으며, 작가동맹은 1957년 1월에 활동정지를, 4월에는 해산을 당했다. 1957년 11월에는 '노동자 평의회Munkástanács'의 전면적인 금지 조치가 취해졌다"[13] 그러나 이러한 카다르 야노시의 정치적 행보는 국외의 경우에 다르게 적용되었다. 왜냐하면 그는 권력을 소련으로부터 물려받았기 때문에 외교정책에 있어서는 일체의 독자적인 행동이 불가능하였다. 반면 국내정치에 있어서는 어느 정도 재량권을 가지고 있었다. 이것은 이후 카다르 야노시가 자신의 권력의 공고화를 위해 헝가리 인민들의 요구와 일정한 타협을 하게 되는 요인으로 작용하였다.

카다르 야노시는 이것을 1958년 6월 16일 부다페스트의 한 감옥에서 처형된 너지 임레의 개혁안인 신노선Új Szakasz[14]에서 돌파구를 찾았다. 그 대표적인 것이 1957년 당중앙위원회에서 발표된 것으로 농업 집단화 시행과정에서 농민의 자유의사 존중과 자율적 생산조합 운영과 같은 것이다. 그러므로 이 시기(1956-1967)는 카다르 야노시가 정상화 과정이라는 명분으로 헝가리의 정치적 상황을 장악하기 위한 억압과 통제뿐만 아니라 일정한 개혁적 흐름이 동시에 존재하였다. 특히 1959년부터 이루어진 점진적인 사면과 "1961년 12월 '우리들의 적이 아닌 자는 우리들의 아군이다Aki nem ellenség, az már barát' 라는 카다르 야노시의 연설은 1960년대 정치개혁으로 나아가기 위한 기본 방침의 선언처럼 보였다. 그리고 이듬해 라코시 마차시, 게뢰 에르뇌 등 많은 스탈린주의자가 당에서 제명, 혹은 요직 해임의 처분을 받았고 이를 전후하여 정치범이 석방되었다.”[15] 따라서 헝가리 사회는 1961년을 기점으로 1956년 좌절된 변화의 바람이 불기 시작하였다. 그러므로 1956년부터 1967년까지의 헝가리는 “사회주의 체제의 변경을 목표로 하지 않으면서 경제개혁과 사회의 자유화를 조금씩 실천해 나갔던 시기”[16]라 할 수 있다.

이러한 정치적 기조, 즉 억압과 통제, 그리고 제한적인 개혁적 흐름 속에서 “1959년 정부가 앉힌 더르버시 요제프Darvas József는 작가동맹의 의장이 되어 작가동맹을 다시 구성하여 적극적인 사회주의 찬양조의 문학을 주도하였고 혁명에 반대한 작가들도 재구성된 작가동맹의 구성원이 되어 정부의 지지를 받으며 예술 활동을 하게 되었다.”[17] 1960년대에 접어들게 되면 사회주의 리얼리즘에 기반 한 창작을 독려하기 위해 그 동안 문화정책을 담당하여 왔던 어첼 죄르지Aczél György에 의해 3개의 T로 불리는 이른바 지지Támogatas, 허용한계Türés, 금지Tiltás의 지침이 제정되어 헝가리 문학뿐 아니라 문화, 예술 전체의 창작 방향과 수준을 결정하였다. 이러한 정부의 지침에도 불구하고 이 시기의 헝가리 문학 창작은 헝가리 사회에 대해 보다 유연해진 카다르 야노시의 정치적 행보로 새로운 국면을 맞이하게 되었다. 이것은 국내 정치의 제한적인 개혁적 흐름으로 인해 문학뿐만 아니라 예술, 그리고 언론에 영향을 미쳐 창작에 있어 일정한 자유가 존재했다는 것을 의미한다. 이러한 분위기 속에서 헝가리 문학 창작가들은 조심스럽게 다양한 형태의 창작을 시도하였다. 예를 들면 "시인들 중 필린스키 야노시Pilinszky János는 1945년 이후 헝가리 문학에서 가장 기념비적 시집 〈세 번째 날에Harmadnapon, 1959〉를 발표했고, 뵈레시 샨도르Weöres Sándor, 너지 라슬로Nagy László 등도 새로운 시학적 언어를 사용한 서정시를 선보였다. 산문에서는 사실폭로 문학ténfeltáró irodalom이 등장하였다. (그리고) 현실 묘사를 통해 사회주의가 가진 문제점을 폭로하는 형태의 문학은 페예시 엔드레Fejes Endre와 샨터 페렌츠Sánta Ferenc가 주도했다. 더르버시 요제프의 〈취한 비Részeg eső, 1963〉, 페예시 엔드레의 〈고철무덤 Rozsdatemető, 1962〉에서는 도시 프롤레타리아의 희망 없음을 보여주었고, 샨터 페렌츠는 〈20시간Húsz óra, 1963〉에서 1945년 이후 농촌 사회가 어떻게 변화했는지를 르포 식으로 보고했다.....(또한) 현실을 폭로하기 위해 네메트 라슬로Németh László가 쓴 심리주의적 기법, 데리 티보르와 샨터 페렌츠가 쓴 지식주의, 체레시 티보르Cseres Tibor의 시대 비판과 쉬퇴 언드라시 Sütő András의 고백 등과 같은 수법들이 사용되었고 드라마에서는 외르케니 이스트반Örkény István에 의해 세계적으로 성공을 거둔 부조리극 〈고양이 연극Macskajáték, 1963〉, 〈토트 가족Tóték, 1967〉이 발표되었다."[18] 뿐만 아니라 "1963년에는 《비평Kritika》이라는 잡지가 창간되어 문학과 예술 비평에 대한 이론을 확립하게 된다."[19] 이처럼 헝가리 문학의 흐름은 카다르 야노시 정권과 일정한 긴장감을 유지하면서도 보다 유연한 국내 정치적 변화에 영향을 받았으며 이 시기 헝가리 영화도 이러한 사회적 기류의 흐름으로 부터 크게 벗어나지 않았다.

이 시기 헝가리 영화에서 나타난 주목할 만한 특징은 1956년 혁명 이전 헝가리 영화 창작을 지배하였던 사회주의 리얼리즘 창작법칙

에 대한 문제제기로부터 시작되었다. 이는 헝가리 영화에 대한 관객
들의 점증하는 불만을 대변한 것으로 "1954년 4월 12일 메러이 티보
르Méray Tibor에 의해 제기되었다. 메러이 티보르는 헝가리 영화의 과거
행태, 시나리오에 대한 숭배를 비판하고 감독들에게 더 많은 독립을
요구하는 〈독립예술로서 영화A Film önálló művészet〉라는 기사를 《자유인
민Szabad Nép》지에 발표했다. 한 달 후, 1954년 5월 17일 《문화민족Művelt
Nép》지에 등장한 기사는 티보르의 주장을 인정하였다."[20] 메러이 티보
르의 문제제기와 함께 이후 헝가리에서는 "영화산업의 앞으로의 계획
과 행정의 변화들이 도입되었다. 이 시기 특별히 중요했던 것은 시나
리오 승인절차의 간소화 였다.....(그리고) 그 동안 금지되었던 영화들이
1954년 6편, 1955년 9편, 1956년 7편으로 해금되었다."[21] 이와 같은
분위기 속에서 헝가리 영화감독들은 조심스럽게 사회주의 리얼리즘의
도식에서 벗어나 새로운 테마와 형식을 모색하였다. 예컨대 머크 카로
이는 〈릴리옴피Liliomfi, 1954〉와 〈9번 병실A 9-es kórterem, 1955〉에서 시적
인 유머와 사회적 비판을 가한 영화를 만들었고, 펠릭스 마리아시Félix
Máriássy에 의해 〈부다페스트의 봄Budapesti tavasz, 1955〉, 〈한 잔의 맥주Egy
pikoló világos, 1955〉, 쇠츠 이스트반Szőts István의 다큐멘터리 영화 〈돌, 성,
사람들Kövek, várak, emberek, 1955〉, 〈아홉 중 어느 것을?Melyiket a kilenc közül?,
1956〉과 같은 영화들이 등장하였다.

　이와 함께 1956년 혁명이전 헝가리 영화 역사에서 주목할 만한 사
건으로는 러노디 라슬로Ranódy László의 영화 〈심연Szakadék〉이 카를로비
국제 영화제에서 외국에서의 첫 번째 상을 수상한 것과 셔르커디 임
레Sarkadi Imre의 단편소설 〈딸 시집보내기Leány vásár〉에 토대하여 1955년

7월부터 촬영하기 시작하여 1956년 2월에 완성한 파브리 졸탄의 영화 〈회전목마Körhinta〉를 들 수 있다. 그 중에서 파브리 졸탄의 영화 〈회전목마〉는 당시 많은 헝가리 인들이 관람하였을 뿐만 아니라 헝가리 영화가 국제적으로 알려지기 시작하는데 견인차 역할을 하였다. 특히 프랑스의 영화 비평가인 "마르셀 마르탱Marcel Martin은 이 영화를 들어 헝가리 영화의 재발견은 1956년 시작되었다고 했고, 루이스 마르코렐Louis Marcorelles은 파브리 졸탄을 새로운 영화의 '경이로운 소년wonder boy'이라고 불렀다."²² 그리고 이 영화에 뒤이어 등장한 그의 〈한니발 선생Hannibál tanár úr, 1956〉은 예민한 이데올로기적, 사회적 분위기를 다룬 것으로 헝가리 영화의 새로운 단계를 알린 영화로 간주되었다.

그러나 영화창작에 대해 다소 유연한 형태로 전개되었던 헝가리 영화는 1956년 혁명이 좌절된 후 새로운 국면을 맞이하였다. 혁명이후 영화창작가들은 비록 문학창작가들과 같은 수준의 박해를 받지는 않았지만 헝가리 작가동맹이 해산된 것처럼 '연극 · 영화예술가 동맹Magyar Színház és Filmművészeti szövetség '도 해산되었다. 그리고 "쇠츠 이스트반, 총고버이 페르 올러프Csongovai Per Olaf, 카메라멘 러덜 야노시Radal János와 영화학교의 학생인 코바치 라슬로Kovács László 등이 헝가리를 떠났다. 특히 헝가리 봉기를 촬영한 필름을 숨겨 가지고 조국을 떠난 라슬로는 그것을 편집하여 헝가리 혁명에 관한 다큐멘터리를 만들었다.....많은 영화 제작에 협력한 작가 데리 티보르가 투옥되었고, 배우 더르버시 이반Darvas Iván도 비슷한 운명에 처해졌다. 그러나 이들 외의 대부분의 영화 제작자들은 불안하고 산업에 있어서도 문제가 있음에도 불구하고 헝가리에 남았다."²³ 그리고 1954년부터 1956년까지 몇 몇 영화들이 차례로 해금되었던 것과 달리 혁명이 좌절 된 이후에는 적지 않은 헝가리 영화들이 금지되었다. 예를 들면 "1956년 만들어졌던 바르코니 졸탄Várkonyi Zoltán의 〈쓰디쓴 진실Keserű igazság〉과 버노비치 터마시Banovich Tamás의 〈제국은 스니즈와 함께 사라졌다Az eltűnt birodalom〉는 각각 1986년과 1990년까지 관객들에게 보여 지지 않았다. 1950년대 초 소도시 생활의 부패를 풍자적으로 다룬 1957년 컬마르 라슬로Kalmár László의 〈너지로즈다시 사건A nagyrozsdási eset〉 또한 금지되어 1984년까지 상영되지 않았다. 그리고 추진되었던 영화 제작계획은 다시 면밀한 조사가 이루어졌다. 1959년에서 1960년 사이 파브리 졸탄은 두 가지 제안이 거절당했고, 동시에 1959년 완성되었지만 1961년에 보여진 그의 영화 〈사나운 사람Dúvad〉도 이와 같은 어려운 문제에 직면해 있었다. 1957년, 1958년, 그리고 1959년에 상영된 영화들 중 단지 켈레티 마르톤Keleti Márton의 〈어제Tegnap〉만이 1956년과 직접적으로 관련 있다. 왜냐하면 강경파들이 소련 군대의 지원으로 권력에 복귀하였기 때문에 1956년은 파시스트 반혁명이었고 모든 개혁운동의 성취들은 단 번에 일소되었다."[24] 그리고 이런 실제적인 조치에 대한 평가는 문화부의 '영화예술 위원회Filmművészeti főosztály'에 의해 이루어졌다. 이로 인해 정권에 비판적인 영화제작은 시나리오 작업과정에서 수정이 요구되었고 영화제작 기간에 대한 허가를 지연시키거나 늦추어졌다.

　이러한 상황에도 불구하고 1950년대 말이 되면 헝가리 영화제작의 환경과 토대는 점진적인 변화를 이루게 된다. 특히 1958년 출간된《영화세계Filmvilág》[25]라는 잡지를 통해 비평가, 작가, 영화제작가들의 규칙적인 토론에 의해 영화에 대한 다양한 논의가 가능하였다. 무엇보다 이시기 가장 중요한 변화의 시작은 1959년 '벌라즈 벨러 스튜디오Balázs Béla Stúdió, BBS' 설립을 들 수 있다. 이 스튜디오에서 헝가리 연극 · 영화 아카데미Színház-és Filmművészeti Egyetem 졸업생들이나 독립영화에 흥미를 가지고 있는 창작가들은 자신의 재능을 다양하게 시도해 보고 실험할 수 있었다. 이것은 정부의 개입으로부터 비교적 독립성을 유지하면서 영화를 만들 수 있는 기회가 이 스튜디오에서 가능하였다는 것을 말한다. 그 결과 1961년 이 스튜디오의 첫 번째 공식영화가, 1963년에는 첫 번째 극영화가 제작되었다. 무엇보다 벌라즈 벨러 스튜디오의 역사적 의의는 서보 이스트반, 샤러 샨도르Sára Sándor, 거즈더그 쥴러Gazdag Gyula, 터르 벨러Tarr Béla, 로저 야노시Rózsa János 등과 같은 창작가들이 이곳을 통해 경험을 쌓아 1960-1970년대 헝가리 영화의 발전을 이끈 전진기지 역할을 하였다는 사실이다.

벌라즈 벨러 스튜디오와 함께 이시기 헝가리 영화의 특징을 결정한 또 다른 요소는 제작시스템의 변화를 들 수 있다. 1959년부터 카다르 야노시의 유화정책으로 정치적 이유로 투옥되었거나 제한을 받았던 사람들에 대한 사면이 이루어지기 시작하였고 1961년 개혁조치가 발표되면서 헝가리의 영화 창작은 이전보다 자유로운 환경이 조성되었다. 그리고 그것은 영화제작시스템의 변화와 맞물리면서 이루어졌다. 특히 1956년 말 "그룹 I〈제작 책임자, 커토너 예뇌Katona Jenő〉, 그룹 II〈시르테시 라슬로Szirtes László〉, 그룹 III〈오바리 러요시Óvári Lajos〉로 분리되어 구축된 영화집단이 1962년 스튜디오 I〈책임자, 바냐스 임레Bányász Imre〉, 스튜디오 II〈페예르 터마시Fejér Tamás〉, 스튜디오 III〈하

르시 러요시Hárs Lajos〉로 변경되었다. 그리고 여기에 4번째 스튜디오
〈네메시퀴르티 이스트반Nemeskürty István이 책임자가 됨〉가 훈니어Hunnia
와 뉴스, 다큐멘터리 스튜디오를 결합하여 추가되었다. (이것은) 어느
정도 폴란드의 시스템을 모방한 제도로서 새로운 시스템은 스튜디오
들 사이에 보다 더 많은 유연성이 인정되었고, 자신들이 소속되지 않
은 스튜디오에 의해 받아들여진 제작계획을 가지고 있는 감독들의 가
능성을 포함하고 있었다. 그리고 레베스 미클로시Révész Miklós는 머필름
Mafilm과 엄브렐라Umbrella 필름제작 기구를 관리하였고, 모케프Mokép는
헝가리 국내 배급을 맡았으며 헝가로필름Hungarofilm은 헝가리 영화산
업의 국제기구가 되었다."[26] 이러한 스튜디오 시스템의 변화는 헝가리
영화제작이 탈중앙화 되었다는 것을 말한다. 그리고 이것은 영화제작
에 있어 일정부분 자율성이 확보될 수 있는 여지가 있다는 것을 의미
한다.

따라서 1956년부터 1967년까지의 헝가리 영화는 혁명의 좌절이후
정치적 억압과 완화, 제한적인 개혁의 기조 속에서 벌라즈 벨러 스튜
디오의 인력 양성 시스템과 영화제작 토대의 재편과 구축을 통해 이
시기 영화의 특징이 형성될 수 있었다.

3. 영화 속 두개의 역사

3-1. 혁명을 향한 역사

1956년부터 1967년까지의 헝가리 영화에서 나타난 특징은 혁명의 역사가 영화 속에서 중요하게 다뤄지고 있다는 사실이다. 이것은 오랜 세월동안 이민족들의 침략과 식민 지배를 받아온 헝가리의 역사에서 비롯되었다고 할 수 있다. 특히 18세기 이후부터 1918년까지 지속된 합스부르크의 헝가리 지배와 제2차 세계대전 이후 사회주의 블록으로의 편입은 역설적으로 헝가리가 저항과 독립투쟁의 역사라는 것을 말하고 있다. 따라서 헝가리 영화 속에서 혁명의 역사를 묘사하는 것은 자연스러운 현상이다. 그러나 이와 같은 역사적 특징에도 불구하고 이 시기(1956-1967) 헝가리 영화에서 1956년 10월 23일의 혁명에 대한 묘사는 거의 불가능하였다. 물론 1956년 혁명당시를 촬영한 필름을 해외로 가져가 다큐멘터리를 만든 코바치 라슬로 감독과 같은 예외적 경우는 있지만 헝가리에 남아있는 대부분의 영화 창작가들에게 그러한 역사적 사건과 반향을 묘사하는 것은 쉽지 않은 일이었다. 그것은 소련으로부터의 독립과 정치개혁을 요구한 1956년 헝가리 혁명이 사회주의 블록의 바르샤바 군대에 의해 좌절되었고 소련으로부터 권력을 물려받은 카다르 야노시 정권에 의해 영화창작의 범위가 통제되었기 때문이다.

그러나 헝가리인들의 가슴 속 깊이 남아있는 혁명을 향한 역사는 이 시기 헝가리 영화 속에서 다양한 방식으로 표출되었다. 특히 1956년 혁명과정에 직접 참여하였고 경험한 이 시기 영화 창작가들은 혁명의 의미를 과거의 혁명 역사 속에서 찾았다. 이들은 혁명의 역사를 통해 1956년 좌절된 혁명을 다시 한 번 상기시키면서 헝가리 민족의 정체성을 확인하였다. 따라서 이 시기 헝가리 영화는 주로 과거 역사 속에서 존재했던 헝가리인들의 영웅적인 혁명 투쟁의 역사가 중요하게 다루어졌다.

혁명을 향한 헝가리 역사의 특징이 가장 선명하게 나타난 것은 연초 미클로시의 영화에서이다. 그는 스스로 자신의 창작 목표를 "헝가리 역사의 마지막 100년의 분석적 묘사를 가지게 될 것이다"[27] 라고 언급하면서 그것을 대상화 하였다. 이 시기 연초 미클로시는 자신의 첫 번째 극영화인 〈좋은 로마로 갔다A harangok Rómába mentek, 1958〉를 포함하여 〈칸타타Oldás és kötés, 1963〉, 〈집으로 가는 길Így jöttem, 1965〉, 〈검거 Szegénylegények, 1966〉, 〈적과 백Csillagosok, katonák, 1967〉, 〈침묵과 외침Csend és kiáltás, 1968〉, 그리고 그의 첫 번째 컬러 영화인 〈대결Fényes szelek, 1969〉을 만들었다. 그는 이들 영화에서 혁명의 역사를 영화 속으로 끌어들이면서 과감하고 실험적인 형식적 시도로 헝가리 영화를 새로운 영역으로 발전시켰다. 그의 이러한 특징이 선명하게 나타난 영화는 〈검거〉를 들 수 있다.

영화 〈검거〉는 1848년 헝가리를 지배하고 있던 오스트리아 합스부르크 통치에 대한 헝가리인들의 혁명 투쟁에 관한 내용을 다루고 있다. 영화는 트럼펫 소리와 남성 합창, 다양한 무기를 스케치한 그림이 보여지고 내레이션으로 산업혁명이후의 현상과 1848년 헝가리 혁명 정신에 관해 말하면서 헝가리가 처한 역사적 상황의 근원적 문제점이 무엇으로부터 비롯되었는지를 제기하면서 시작한다. 내레이션이 끝나면 헝가리 대평원을 배경으로 오스트리아 기병대와 감옥 안에 수용되어 있는 헝가리인들의 모습이 보인다. 따라서 영화는 오스트리아 군인들과 그들에 의해 수감된 헝가리인들과의 대립적 관계를 통해 전개된다. 오스트리아 군인들은 수감된 헝가리인들 중 전설적인 혁명 인물로 불린 로저 샨도르Rózsa Sándor를 추종하면서 자신들에게 저항하고 있는 헝가리인들을 색출하는데 혈안이 되어 있다. 그들은 이를 위해 수감된 헝가리인들 사이의 믿음과 신뢰를 무너뜨리려 시도하거나 석방을 담보로 소지주 거이도르와 같은 인물을 협박해 밀고하도록 한다. 뿐만 아니라 젊은 여인들을 발가벗겨 자신들이 도열해 있는 사이를 지나가게 하면서 채찍으로 때려 수감된 헝가리인들의 심리를 압박한다. 특히 헝가리 여인들의 모욕적인 장면을 바라본 수감된 헝가리인들은 오스트리아 군인들에게 그 행위를 멈추라 외치면서 감옥 옥상에서 스스로 몸을 던져 저항한다. 오스트리아 군인들의 프락치가 된 거이도르 역시 수감된 헝가리인들에 의해 살해당한다. 그리고 영화 후반부에 오스트리아 군인들은 수감된 헝가리인들에게 황제가 로저 샨도르를 사면하였다는 위장된 성명서를 읽는다. 그 발표를 듣자 헝가리인들은 "헝가리의 자유여 영원하라!Éljen a magyar szabadság!" "헝가리 조국이여 영원하라!Éljen a haza!"라는 노래를 부르자 오스트리아 군인들에 의해 곧바로 체포되면서 영화는 종결된다.

이처럼 영화는 시종일관 오스트리아 군인들과 수감된 헝가리인들 간의 심리적 대결로 묘사하면서 비타협적인 헝가리인들의 혁명투쟁의 역사를 묘사하고 있다. 연초 미클로시는 혁명을 향한 헝가리인들의 저항과 투쟁을 역사적 사실로서뿐 아니라 과감한 실험적인 형식적 구조를 통해 표현하고 있다. 특히 광활한 대평원과 그 위에 있는 감옥은 자유와 억압의 상징처럼 묘사된다. 이것은 공간에 대한 이푸 투안 Yi-Fu Tuan의 언급, 즉 "광활함은 자유롭다는 감정과 밀접하게 연관되어 있다. 자유는 공간을 뜻한다. 즉 자유는 활동 할 수 있는 힘과 충분한 공간을 가지고 있음을 뜻한다"[28]라는 논리와 부합된다. 이와 같은 의미를 시각적으로 강조하기 위해 연초 미클로시는 카메라를 주로 감옥 안에 있는 헝가리인들의 시선에 위치하여 감옥의 대문을 통해 대평원을 향하도록 하고 있다. 이러한 수법은 대평원이라는 자연적 조건에 카메라의 움직임이 부합되면서 그 의미가 증폭되도록 한다. 또한 인물을 묘사할 때는 카메라가 인물의 움직임을 따라 묘사되기 때문에 화면은 클로즈 쇼트에서 자연스럽게 미디엄 쇼트, 롱 쇼트로 전환하게 되어 쇼트가 단절되지 않도록 한다. 이와 같은 방식의 화면 변화는 대평원에서 벌어지는 장면들을 헝가리의 끊임없는 투쟁의 역사와 유의미하게 결합된다. 따라서 최소화된 화면 전환은 연초 미클로시가 헝가리의 역사적 사건을 영화적 배경과 조건을 통해 어떻게 해석하고 있는지를 드러내고 있는 수법이라 할 수 있다. 이러한 형식적 수법은 연초 미클로시가 즐겨 다루고 있는 헝가리 역사, 그 중에서 혁명 투쟁의 역사를 묘사할 때 특징적으로 나타나고 있다.

혁명을 향한 헝가리 역사의 염원을 드러내고 있는 연초 미클로시의 또 다른 영화는 1917년 러시아 혁명 50주년과 1918년 헝가리 혁명을 기념하여 소련과 공동으로 만든 〈적과 백〉을 들 수 있다. 영화는 1919년 혁명이후 수도원과 야전병원을 중심으로 제1차세계대전기 러시아에서 전쟁포로가 된 헝가리군인들 중 일부가 헝가리의 혁명을 위해 적군의 의용군으로 가담하여 백군과 벌인 전투를 토대로 하고 있다. 따라서 서로 다른 이데올로기와 그로 인해 야기된 무자비하고 야만적인 모습이 영화의 중심으로 전개된다. 이러한 장면은 적군과 백군의 전투가 벌어지고 군인들이 숨을 수 있는 유일한 공간인 수도원과 야전 병원이 존재하는 대평원에서 벌어진다. 이러한 이유로 대평원은 비인간적이고 야만적인 인간의 행위와 모습이 적나라하게 드러나는 무대이자 적군과 백군의 전투와 이데올로기의 비극성을 담아내고 있는 공간이다. 영화에서는 이것을 수도원을 점령한 적군과 백군들이 서로의 포로들을 도망가도록 풀어주면서 총으로 조준하여 사살하는 장면과 간호사들의 히포크라테스 선서 암송 그리고 적군을 색출하기 위해 야전 병원을 수색하는 백군 장교에게 이곳은 적군도 백군도 아닌 환자만 있다고 말하는 책임 간호사의 말이 무력화되는 장면을 통해 묘사되고 있다. 또한 연초 미클로시는 적군, 헝가리 의용군과 백군 사이의 야만적이고 비인간적인 대립적 관계를 광활한 평원을 배경으로 적군과 백군 사이의 쫓고 쫓기는 긴장된 전투 장면을 와이드 스크린을 통해 단절 없는 롱 쇼트로 묘사하고 있다. 이러한 파노라마적 수법은 지원군을 데리고 온 주인공 라슬로가 치열하게 싸우다가 죽은 동료들에게 예의를 지키기 위해 자신의 긴 칼을 얼굴에 갖다 댄 후 카메라를 바라보면서 끝나는 장면을 통해 혁명 역사에 대한 경의로 수렴된다. 이것은 연초 미클로시가 적군에 가담하여 백군과의 전투를 벌임으로써 헝가리 문제를 해결하는 것에 대한 근본적 의문이 제기되었음에도 불구하고 적군의 의용군으로 참여하였던 이유를 헝가리의 혁명이라는 헝가리 역사와 민족의 바람과 연결시켰던 것이다. 그는 헝가리 문제해결의 가능성과 헝가리인들의 희망을 영화 〈적과 백〉을 통해 묘사하였다.

이와 같은 혁명을 향한 연초 미클로시의 영화적 목표는 그의 영화 〈침묵과 외침〉에서도 나타난다. 영화는 피아노 소리와 제2차 세계대전 이전 민족주의자이면서도 정치적 자유주의를 반대하고 반소련 정책을 추진하였던 호르티 미클로시Horthy Miklós 시기의 군인들을 찍은 흑백사진이 차례로 보이고 적군에 가담했던 젊은 혁명가 이스트반이 혁명에 실패한 후 도망자로 쫓기면서 외딴 시골 농장에 피신하는 장면부터 시작된다. 이 시기는 적군 가담자를 색출하여 사형에 처했던 공포와 두려움의 호르티 체제하이다. 따라서 영화는 이스트반을 사회주의 혁명의 이상을 꿈꾸는 인물로서 호르티와 정반대의 인물로 배치되어 묘사된다. 이러한 그의 특징은 도덕성과 목숨에 대한 선택에서 드러난다. 이스트반은 어느 날 농장주 카로이가 그의 부인과 여인들에 의해 독살 당하게 되는 사건과 그 사건의 이면에 지역 경찰이 연루되어 있음을 알게 된다. 그는 사건의 진실을 폭로하게 되면 자신의 목숨도 위태롭다는 사실을 알지만 이스트반은 그들의 범행을 폭로한다. 이 문제로 이스트반은 지역 사령관으로부터 권총을 건네받고 자살을 권유받지만 오히려 그를 사살함으로써 혁명의 도덕성, 순수성을 위해 어느 것도 타협하지 않은 헝가리인의 전형을 묘사하고 있다.

연초 미클로시 영화의 테마와 형식은 '미래를 이해하기 위해 과거를 알아야 한다'는 그의 역사적 신념으로부터 비롯되었다. 이러한 그의 신념은 롱 쇼트, 롱 테이크를 사용한 독특한 몽타주의 원칙을 통해 배경, 풍경, 인물이 하나의 화면 내에서 그 변화의 행위와 드라마가 완성되도록 하였다. 그러므로 연초 미클로시의 영화에서는 시퀀스만이 아니라 화면 프레임 그 자체가 독립적이면서 전체적인 하나의 서사적 요소가 된다.[29] 그 결과 연초 미클로시의 영화에서는 혁명이 역사를, 역사가 혁명을 강제하듯이 내용이 형식을, 형식이 내용을 서로 강제하고 있다. 이것이 그의 영화에서의 독창성과 특징을 형성하고 있는 것이다.

혁명에 이르게 되는 역사적 이행과정의 풍경을 다룬 것은 헤르스코 야노시의 영화 〈대화Párbeszéd, 1963〉에서도 확인할 수 있다. 그는 이 영화에서 전쟁, 즉 제2차 세계대전을 기점으로 헝가리에서 일어났던 역사적 상황을 묘사하고 있다. 이와 같은 헝가리의 역사적 상황을 헤르스코 야노시는 철조망에 갇혀 있던 사람들이 밖으로 나오는 장면과 눈덮힌 평원의 철조망을 무너트린 탱크의 모습을 해방이라는 의미와 일치시키면서 전개시킨다. 그리고 영화는 총소리와 함께 공산당 간판이 걸려있는 파괴된 건물로 들어가는 한 남자, 라슬로의 모습으로 이어진다. 이어서 길거리에서 물건을 사고 파는 사람들의 모습과 그들 사이로 영화 시작과 함께 철조망이 무너지면서 등장하였던 인물인 유트커가 커다란 레닌의 초상화가 걸려 있는 건물로 들어가는 모습이 보인다. 이 장면은 라슬로가 체포된 후 그의 행방을 확인하기 위해 유트커가 경찰서를 방문하는 시기에 흐루쇼프의 초상화가 다시 건물 벽면으로 올라가는 장면으로 이어진다. 이러한 장면들은 제2차 세계대전 이후 헝가리 사회와 역사의 변화를 암시하는 요소로 영화 중간에 보여지는 연극무대와 흑백 필름의 1956년 헝가리 군중들의 시위장면, 부다페스트 다리를 건너고 있는 탱크의 모습과 부합된다. 그리고 이것을 강제한 요인으로 영화는 처음 장면에서처럼 철조망에 갇혀있던 유트커와 러시아어로 스탈린그라드라고 쓰여진 탱크가 철조망을 부수고 지나가는 모습을 통해 1956년 혁명과 그 이후의 헝가리 역사를 상징적이고 비유적으로 묘사하고 있는 것이다. 이러한 역사적 기만성을 영화는 어딘가로 떠나기 위해 많은 사람들이 모여 있는 철도역의 풍경과 함께 유트커와 라슬로가 서로 마주하는 장면을 통해 표현한다. 이처럼 영화는 제2차세계대전기에서부터 1956년 혁명과 그 이후의 헝가리의 풍경을 보여주면서 헝가리 역사의 이행과정의 아이러니함을 보여주고 있는 것이다.

혁명에 대한 테마는 연초 미클로시의 영화에서 가장 선명하게 드러나고 있지만 서보 이스트반의 영화에서도 다루어지고 있다. 그의 영화 〈아버지Apa, 1966〉에서는 주인공 터코가 부재한 아버지의 행적을 쫓으면서 다양한 역사와 함께 혁명의 역사가 언급되고 있고, 1970년 〈사랑 영화Szerelmesfilm〉에서는 1956년의 혁명이 남녀 주인공인 연치와 커터의 만남과 이별의 관계를 결정짓는 하나의 요인으로 묘사되고 있다.

이처럼 이 시기 헝가리 영화에서는 혁명의 역사를 통해 헝가리 역사의 특징을 말하고 있다. 이들 영화는 혁명의 역사가 민족의 독립과 정체성을 가늠하는 중요한 역사적 행위라는 것을 보여주고 있다. 그리고 이러한 혁명의 역사는 연초 미클로시를 비롯한 헝가리 영화창작가들의 특별한 형식을 통해 끊임없이 제기되었다.

3-2. 전쟁의 역사

이 시기 헝가리 영화에서 나타난 또 다른 특징은 전쟁의 역사를 다루고 있는 것이다. 특히 제2차세계대전기 동유럽 국가 중 가장 먼저 소련에 선전포고를 하면서 전쟁에 주도적으로 참여하였던 역사적 사실은 혁명을 통한 헝가리 민족의 완전한 독립 국가로서의 열망과 맞닿아 있다. 이것은 혁명의 역사가 영화의 중심 테마로 다루어진 맥락과 같은 수준의 의미를 지니고 있다는 것을 말한다. 따라서 전쟁과 관련된 테마는 이 시기 헝가리 영화에서 중요한 의미를 가지고 있다. 이러한 역사적 의미와 특징의 영화는 파브리 졸탄의 〈지옥에서 두 번의 하프타임Két félidő a pokolban, 1963〉에서 나타난다.

영화는 제2차세계대전기인 1944년 봄에 우크라니아 지역의 노동 수용소에 있는 헝가리인들을 깨우는 나치 군인들의 모습으로 시작된다. 그들은 과거 축구선수였던 오노디에게 히틀러의 생일을 맞이하여 축구경기를 할 수 있도록 준비하라 지시한다. 오노디는 수용소 포로들로 축구팀을 조직하여 훈련하면서 탈출의 기회를 포착하여 시도하지만 뜻을 이루지 못하고 나치 군인들과 축구 경기를 하게 된다. 그들은 나치 장교와 군인들이 보는 앞에서 승리한다. 그로 인해 그들 모두는 총격으로 사살 당한다. 카메라는 이들의 죽음과 바람에 휘날리는 나치 깃발, 축구공, 텅 빈 운동장을 차례로 보여주면서 헝가리인들의 불굴의 저항정신과 나치 군인들의 비인간적이고 잔인한 행위를 고발한다. 이와 같은 특징은 제2차세계대전기를 다룬 파브리 졸탄의 또 다른 영화 〈대낮의 암흑Nappali sötétség, 1963〉에서도 언급되고 있다.

전쟁에 관한 테마는 연초 미클로시의 영화 〈집으로 가는 길〉에서도 다뤄지고 있다. 영화는 제2차세계대전기 소련군의 포로가 되어 풀려난 16살 헝가리 소년 요시커가 집으로 가는 도중 또 다시 포로로 잡혀 우유를 생산하는 외딴 진지로 보내지면서 벌어지는 일을 다루고 있다. 그는 그곳에서 같은 또래의 러시아 소년인 코여와 함께 지내게 되지만 집으로 가기위해 탈출을 시도한다. 그러나 그의 탈출은 번번히 실패하게 되고 코여가 병으로 사망하자 비로소 진지를 탈출하여 다시 집으로 향한다. 연초 미클로시는 집으로 향하는 영화 속 요시커를 통해 헝가리의 굴곡진 역사를 의미심장하게 묘사하고 있다. 예컨대 "요시커는 헝가리의 파르티잔, 러시아 군대, 코사크 군대, 그리고 후퇴하는 헝가리 파시스트들에 의해 공격을 받고 구타당하고 투옥되거나 위협을 받는다."[30] 연초 미클로시는 그의 행적을 통해 1848년 혁명, 1956년 혁명도 모두 러시아 군대에 의해 좌절되었다는 역사적 의미를 상기시키고 있다. 이것을 영화는 집을 향해 가는 요시커가 갑자기 뒤돌아서서 카메라를 바라보면서 마무리되는 장면을 통해 상징화하고 있다. 이 마지막 장면은 헝가리 역사에서 러시아와의 관계를 상징하고 그것을 환기시키고 있다. 연초 미클로시는 이와 같은 헝가리의 역사적 과정을 소련에 점령당한 헝가리의 광활한 평원을 배경으로 요시커라는 인물의 여정을 통해 묘사하고 있는 것이다.

이 시기 전쟁을 다룬 헝가리 영화들은 헝가리의 역사를 희망이 좌절된 피해자로서 수동적 관점에서 묘사하고 있다. 그러나 1966년 체레시 티보르의 소설을 토대로 만든 코바치 언드라시의 영화 〈차가운 나날들Hideg napok〉은 헝가리의 범죄를 고백하고 드러내는 영화라 할 수 있다. 영화는 제2차세계대전기인 1942년 1월 21일부터 23일까지

4천여 명에 달하는 유고슬라비아, 세르비아인과 유태인을 학살한 유고슬라비아 북쪽 노비사드Нови Сад 지역의 사건을 다루고 있다. 영화는 이 사건을 이 작전에 참여했던 4명의 헝가리 군인들, 즉 행정장교 참모장인 뷔키, 대위 터르퍼터키, 소위 포즈도르, 하사 서보노브가 재판을 받기 위해 수감된 감옥에서 각자 그들의 기억을 통해 전개된다. 따라서 영화는 1946년 자막과 함께 4명의 내레이션과 회상이 번갈아 가면서 그 당시의 상황을 묘사하면서 전개된다. 영화는 감옥에 수감된 네 명의 기억과 시각이 중첩되기 때문에 비슷한 장면들이 반복적으로 나타나기도 한다. 문제는 이 영화가 헝가리 역사의 고백적 성격이 강하기 때문에 그것은 개인의 책임과 함께 그 너머의 논의로 확대된다는 것이다. 따라서 영화는 이전 헝가리 영화에서 나타난 독립과 민족의 정체성에 대한 끊임없는 열망의 역사에서 다소 벗어나 전쟁기 헝가리인들의 범죄적 행위를 고백하고 있는 것이다. 이런 측면에서 이 영화는 이 시기 전쟁을 다룬 다른 영화들과 차별점을 가지고 있다고 할 수 있다.

이 시기 헝가리 영화에서 전쟁을 다룬 영화는 서보 이스트반의 〈아버지〉와 갈 이스트반의 〈연대기Krónika, 1967〉에서도 나타난다. 서보 이스트반의 〈아버지〉는 제2차 세계대전 이후의 헝가리를 다루고 있기 때문에 불가피하게 전쟁이 영화의 토대로 작용한다. 이를 영화에서는 전쟁으로 희생된 헝가리인들의 다양한 모습을 극장에서 상영된 다큐멘터리 필름과 나치 문양을 한 무기, 주인공인 터코 아버지의 파르티잔 활동 등을 통해 묘사하고 있다. 이와 같은 특징은 갈 이스트반의 영화 〈연대기〉에서도 나타난다. 이 영화에서는 제2차대전기의 역사를 자료 필름과 계몽영화 등을 통해 연대기적으로 묘사되고 있다.

이처럼 이 시기 헝가리 영화는 전쟁과 관련된 테마가 역사라는 프레임에서 또 다른 하나의 흐름을 형성하고 있다. 이것은 헝가리 영화 창작가들이 헝가리의 현재의 역사와 상황을 설명하는 한 방편이기도 하다. 그리고 그것이 겨냥하고 있는 것은 궁극적으로 헝가리 민족 역사 구성의 정체성으로 귀결되고 있다. 이것은 무엇보다 완전한 독립을 이루고자 한 헝가리인들의 끊임없는 역사적 갈망에 기인하고 있다고 할 수 있다. 그것이 이 시기 헝가리 영화가 혁명과 함께 전쟁과 관련된 역사에 관심을 두고 드러내는 이유인 것이다.

4. 과거 속에 숨겨진 현실

영화는 실제적 현실에 가장 가까운 현실을 토대로 하고 있다. 그렇기 때문에 영화 속 내용과 형식은 현실을 직접적으로 겨냥하고 있다. 이러한 이유로 영화는 수많은 알레고리를 통해 현실을 이야기하기도 하고 비판하기도 한다. 그것이 엄혹한 시기의 사회적 상황이라면 그러한 특징은 더욱 두드러지게 나타난다. 이러한 측면에서 1956년 헝가리 혁명의 좌절 이후 정치권력의 교체로 비롯된 사회적 상황은 이러한 영화적 특징이 나타날 수 있는 최적의 조건이라 할 수 있다. 따라서 이 시기의 영화는 과거를 성찰하면서 현실을 비유적으로 묘사하고 있다. 이른바 과거를 묘사하면서 그 속에서 현실의 모습을 드러내고 있는 것이다. 이와 같은 특징은 이 시기 많은 헝가리 영화에서 나타난다.

그 중에서도 파브리 졸탄의 영화는 특별하다. 특히 1956년 앙드레 바쟁에 의해 "지적이고 감각적인 연출"[31]로 호평을 받았던 그의 영화 〈한니발 선생〉은 그러한 특징을 온전히 드러내고 있다. 이 영화는 모러 페렌츠Móra Ferenc의 소설에 토대한 것으로 제1차 세계대전이후 1919년부터 제2차 세계대전 사이의 헝가리 사회와 정치를 라틴어 전공 벨라 선생을 통해 묘사되고 있다. 영화는 헝가리 도시의 평범한 일상적 거리 풍경과 학생들에게 "헝가리는 확고하고 강인한 신체와 정신의 소유자를 필요로 한다"는 학교 운동장에서 한 선생님의 훈시가 이어지면서 그 시대의 분위기를 파악할 수 있는 실마리를 제공하고 있다. 이 장면에 이어 화면의 자막을 통해 한니발은 카르타고 혁명으로 사망했다고 주장한 벨라 선생을 설명한다. 벨라 선생은 이러한 자신의 새로운 관점의 연구가 많은 사람들에게 알려지기를 원하지만 뜻을 이루지 못하고 있다. 그러던 중 그는 한 언론사로부터 인터뷰 요청을 받게 되고 그 인터뷰에서 한니발 장군은 역사에서 알려진 것처럼 자살한 것이 아니라 카르타고의 혁명으로 사망하였다고 주장한다. 인터뷰를 마친 벨라 선생은 자신의 연구가 기존의 관점으로부터 새로운 시각을 제시하게 될 것으로 기대한다. 이러한 그의 기대감은 꿈속에서 한니발 장군을 만나는 모습과 같은 환상적인 장면으로 묘사된다. 그러나 다음날 아침 신문에는 '편협한 선생이 혁명을 자극한다. 러시아 전쟁포로였던 벨라는 모스크바의 스파이 아닌가?' 라는 글이 실리게 되면서 그는 오히려 예상치 못한 비난을 받는다. 이 신문기사로 인해 벨라 선생은 학교로부터 자신의 견해를 취소하라는 압력을 받게 되고 자신은 정치에 관해 쓴 글이 아니고 한니발의 죽음에 관해서만 쓴 것이라고 주장하고 해명한다. 그러나 그의 주장과 해명은 받아들여지지 않고 학교로부터 퇴출당한다. 벨라 선생은 자신의 연구에 대한 진실성을 바로잡기 위해 언론사와 정치인을 찾아가지만 오히려 그들로부터 이용만 당한다. 어느 날 그는 한 정치가의 집회에 참석하여 군중들 앞에서 "헝가리의 신은 아직 살아있고 한니발은 종족주의자이고 카르타고의 정신을 깨끗하게 유지하고 있는 인물"이라고 주장하면서 자신이 연구한 시각을 수정한다. 그러자 군중들은 갑자기 벨라 선생을 환호한다. 그는 갑작스런 군중들의 환호에 밀려 집회장소인 운동장 끝의 작은 낭떠러지로 추락하면서 죽음을 맞이한다. 그리고 벨라 선생의 시신 위에 '새로운 춤인 룸바가 부다페스트를 흔들고 있다'라는 제목의 신문지가 덮여지고 영화의 처음 시작 장면에서처럼 오르골을 실은 수레가 지나가면서 끝이 난다. 이처럼 영화는 코믹적 상황을 통해 거대 권력의 상징인 정치, 언론과 그것에 굴종하는 지식인, 권력의 시녀로 전락한 저널리스트의 행태를 묘사하고 있다. 이것은 헝가리의 과거 사회적 풍경을 통해 1956년 이후의 헝가리 사회적 현상을 묘사하고 있는 것이다.

직접적인 역사와 마주하고 있지는 않지만 과거의 역사 속에서 현실에 대한 태도를 발견할 수 있는 것은 연초 미클로시의 영화 〈칸타타〉를 들 수 있다. 렌젤 요제프Lengyel József의 단편 소설에 토대 한 이 영화는 병원을 배경으로 현실의 삶에서 큰 의미를 찾지 못한 한 젊은 의사 엄브르시가 제2차세계대전기의 어린 시절을 통해 자신의 정체성을 찾게 된다는 내용을 다루고 있다. 영화는 이것을 엄브르시가 현실에서 직면하고 있는 의사라는 직업으로서의 회의감, 공허하게만 들리는 예술 활동 등으로 묘사한다. 따라서 영화 속 엄브르시는 자신의 직업과 지적인 행위, 즉 자신의 현재 삶에 대해 깊은 회의를 가지고 있다. 이러한 그의 심리적 상태는 엄브르시를 과거의 시간과 공간으로 이끄는 요인으로 작용한다. 그것은 고향으로의 여행인 것이다. 엄브르시는 고향에서 그동안 잊고 지냈던 자연과 14살 때의 자신의 모습을 회상하면서 제2차세계대전기인 1944년에서 1945년의 기억이 프레스코화처럼 남아있다고 한다. 그는 이러한 기억을 되새기면서 다시 도시로 돌아온다. 그리고 영화는 "만약 당신이 태양을 똑바로 보고 시력을 잃는다면, 태양을 비난하지 말고, 너의 눈을 비난해라" 라는 내레이션을 통해 모든 문제를 자신의 내면, 즉 심리적 태도에 내재되어 있다는 의미로 마무리 된다. 연초 미클로시는 이 영화에서 헝가리 과거의 역사적 상황을 직접적으로 제시하고 있지는 않지만 노교수이자 의사 아담피와 젊은 의사인 엄브르시, 도시와 농촌과의 관계를 통해 헝가리가 직면하고 있는 현실의 의미를 이야기 하고 있다. 즉 현실은 과거 속에 내재되어 있는 것으로부터 동력을 얻게 되고 존재의 근원으로 작동하고 있는 것이다.

현재의 헝가리적 현상을 이전의 역사 속에서 찾고자 한 영화는 파브리 졸탄의 또 다른 영화 〈20시간Húsz óra, 1965〉에서 확인할 수 있다. 영화는 샨터 페렌츠의 세미 다큐멘터리 소설의 영화적 버전이다. 샨터 페렌츠의 세미 다큐멘터리를 토대로 하였기 때문에 영화의 내용과 형식도 이와 비슷한 구조를 취하고 있다. 영화는 젊은 저널리스트 케레시 에밀이 농촌생활에 관한 보도를 취재하기 위해 한 마을을 방문하게 되고 그곳에서 20시간을 보내게 되면서 겪게 되는 일을 토대로 하

고 있다. 그는 농촌생활에 관한 취재라는 애초의 목적과 달리 토지분
배, 1949년 집단화 등을 거치면서 4명의 친구들 사이에서 벌어졌던
살인 사건의 이면을 추적하게 된다. 친구들 중 코치시 베니가 강경 스
탈린주의자로 변신한 당 비서 버르거 샨도르에 의해 살해당했지만 사
건은 명확하게 해결되지 않았다. 이러한 비극적 사건이 일어났음에도
불구하고 3명의 친구들은 여전히 그 마을에 살고 있고 과거의 상처는
아물지 않은 채 그대로 남아있다. 파브리 졸탄은 이러한 상황을 카메
라가 인물을 따라 가면서 전개되도록 하였다. 그러므로 영화에서 제시
되고 있는 사건과 공간은 인물의 이야기에 의존하게 되고 그 인물이
바뀌면 공간도 자연스럽게 바뀐다. 그리고 이러한 공간의 변화는 다양
한 이야기로 발전되기도 하고 통합되기도 한다. 따라서 영화는 매우
형식적으로 구조화 되어 있다. 예컨대 영화는 저널리스트의 인터뷰로
인해 대화 형식으로 전개되면서 다양한 인서트와 플래시백으로 이루
어져 있다. 이것은 다양한 시간과 공간의 변화를 의미하고 있고 이야
기 전개 구조의 복잡함을 말하고 있다. 이러한 형식적 구조는 젊은 저
널리스트가 농촌의 삶을 취재하기 위해 만난 사람들과의 인터뷰가 진
행되면서 그 내용이 함께 반복되고 그것이 화면 속에 혼재되어 묘사
되기 때문이다. 따라서 영화 "〈20시간〉은 수많은 플래시백으로 저널
리스트적 탐구로 구성되어 있는 복잡한 구조를 가지고 있다."[32] 동시
에 이것은 과거에 일어났던 일들을 다양한 형식적 수법을 통해 현재
적 관점에서 바라보면서 그것의 역사적 의미를 재평가해보는 것이다.
그리고 한 마을의 비극적인 역사에도 불구하고 그 마을의 삶이 지속
되고 있는 것처럼 다른 많은 헝가리인들도 비슷한 환경에서 살고 있

다는 1956년 이후 헝가리의 현재적 삶을 의미하고 있는 것이라 할 수 있다. 이것은 파브리 졸탄이 "1945년 이후의 헝가리 역사를 스크린으로 가져온 것이다"[33]라고 언급한데서 확인된다. 이처럼 파브리 졸탄은 과거 속에 숨겨진 진실을 통해 헝가리 사회가 직면하고 있는 현실의 사회적 풍경을 묘사하고 있다.

이와 같은 형태의 영화는 서보 이스트반의 〈아버지〉에서도 나타난다. 영화는 1940년대에서부터 1960년대까지 약 20년의 시기를 다루고 있으며 크게 두 부분으로 구성되어 있다. 첫 번째는 어린이로서 자신의 정체성을 위해 친구들에게 자신이 상상한 아버지의 이미지를 구축하는 부분이다. 두 번째는 그 정체성을 지속하기 위해, 그리고 아버지의 실체와 그 행적을 그대로 고통스럽게 받아들이면서 현실을 인정하는 부분이다.[34] 이렇게 구성된 영화는 터코가 이미 죽은 아버지의 행적을 추적하면서 헝가리의 역사를 탐험하는 방식을 취하고 있다. 영화는 음악과 함께 다큐멘터리 필름을 통해 파괴된 도시 건물, 길게 줄서 있는 사람들을 보여주고 터코의 내레이션으로 심장마비로 갑작스럽게 사망한 아버지를 언급하면서 시작된다. 그리고 미국의 루즈벨트 대통령의 사망과 장례식 기사가 등장하고 아버지의 세 가지 기억이라는 자막과 함께 다양한 역사적 사건들이 에피소드처럼 전개된다. 영화는 아버지가 살아있다면, 내가 너의 아버지라면 등의 가정법이 동원되고 아버지의 부재에 대해 언급하면서 과거 아버지가 겪었던 역사적 상황들인 제2차세계대전기의 파르티잔 투쟁, 나치의 만행, 1948년 소련파 공산주의자들의 집권, 1956년 혁명의 우회적 묘사 등이 상상 속에서 혼재되어 나타난다. 이것은 영화가 아들 터코에 의해 부재한 아버지의 행적을 쫓으면서 헝가리의 역사를 기억하고 복원하면서 전개되고 있다는 것을 말한다. 따라서 영화 속에는 현재의 역사적 상황을 매우 함축적인 풍자와 연결될 수 있는 역사적 사건들이 상징적으로 묘사되고 있다. 예컨대 극장에서 자료 필름을 통해 수많은 헝가리인들을 살해한 나치 전범들의 교수형 장면과 헝가리 혁명의 위대한 민족 시인이자 영웅인 페퇴피 샨도르Petőfi Sándor에 대한 언급, 의사인 아버지가 제2차세계대전기에 파르티잔으로 참여하였던 사실, 터코가 다녔던 성베네딕트 학교의 간판이 1948이라는 숫자가 새겨져 있는 새로운 학교 간판으로 바뀌는 장면, 그리고 사망한 아버지의 유품인 시계를 차고 1956년 헝가리 혁명기 터코의 모습을 보여주면서 저항과 혁명으로 이어진 헝가리의 역사를 보여주고 있다. 영화에서 보여주고 있는 이와 같은 역사적 장면들은 신문 판매원의 '데일리 프리덤Daily Freedom'이라고 외치는 장면과 중첩되면서 그 당시 헝가리가 직면하고 있는 상황과 절묘하게 부합된다. 따라서 서보 이스트반의 영화에서 묘사된 헝가리의 과거 역사적 상황들은 그 당시 헝가리의 상황을 우회적으로 묘사하고 있다고 할 수 있다. 이것은 "그가 18세 되던 해 헝가리 혁명이 일어났고 소련군의 탱크에 붕괴되는 스탈린주의의 공포를 경험했기 때문이다.....(따라서) 서보 이스트반의 사회비판에 대한 접근은 동시대의 특별한 악을 탐구하기보다는 오히려 더 간접적이다. 그는 잘못된 역사 속에 휩쓸린 개인 보다 폭넓은 문제를 취하고 있다."**35**

이처럼 이 시기 헝가리 영화는 1956년 혁명의 좌절이후 과거 속에 숨겨진 헝가리의 역사적 상황을 통해 현재의 헝가리를 진단하고 있다. 이것은 역사적 사실과 현상을 직접적으로 묘사하는데 정치적, 사회적 환경이 쉽지 않았다는 것을 의미하고 있다. 이것을 돌파하기 위해 헝가리 영화 창작가들은 과거를 통해 현실을 이야기하는 수법을 선택했다. 따라서 이 시기의 영화는 과거를 다루고 있지만 헝가리가 직면하고 있는 현재를 겨냥하고 있는 것이다.

5. 개인과 일상

1956년부터 1967년까지 지속되었던 헝가리 영화의 의미 있는 흐름은 개인에 대한 문제와 일상에 대한 묘사를 들 수 있다. 헝가리 영화에서 개인에 대한 묘사는 헝가리 영화가 집단이라는 스탈린식 사회주의 리얼리즘에 근거한 경향에서 점차 벗어나기 시작하였다는 것을 의미한다. 따라서 이 시기의 헝가리 영화는 개인의 문제를 비롯한 일상을 묘사하면서 헝가리 영화의 새로운 특징을 형성하였다고 할 수 있다.

이러한 특징을 알린 선구적 영화는 1956년 파브리 졸탄 감독의 〈회전목마〉를 들 수 있다. 영화는 셔르커디 임레의 단편 소설을 토대로 돈 많은 남자와 결혼시키려고 하는 아버지와 사랑하는 사람과 결혼하고자 한 그의 딸, 마리의 이야기다. 따라서 영화는 이들이 어려움을 극복하고 사랑을 성취해가는 과정을 다루고 있다. 이것을 파브리 졸탄은 아버지, 돈 많은 남자와 마리, 사랑하는 사람으로 구조화 하면서 영화시작과 마지막 장면에서 박람회장의 놀이기구인 회전목마를 타고 밝게 웃고 있는 마리의 모습을 통해 이들의 미래를 희망적이고 낙관적으로 묘사하고 있다. 이와 같은 단순한 내용의 〈회전목마〉는 이 시기 헝가리 영화 역사에서 적지 않은 의미를 가진다. 그것은 이 영화가 획일적인 스탈린식 사회주의 창작법칙에서 벗어나 개인의 문제에 관심을 가지게 된 계기가 되었다는 점이다. 이것은 곧 헝가리 영화역사에서 새로운 시기가 도래했다는 신호탄이 되었다.

개인의 내면의 정서가 일상과 연결되고 그것이 사회적 의미로 환원될 수 있는 여지의 영화는 커린티 페렌츠Karinthy Ferenc의 소설을 토대로 한 파브리 졸탄의 가벼운 로맨틱 코메디 영화 〈미친 4월Bolond április, 1957〉에서 그 징후가 나타났다. 파브리 졸탄의 〈회전목마〉가 농촌을 배경으로 하고 있다면 〈미친 4월〉은 부다페스트 도시를 배경으로 젊은 남녀, 기더와 커틴카의 사랑을 토대로 소소한 일상 풍경을 내레이션과 대화를 통해 묘사하고 있다. 그러나 이들의 일상적 모습은 술과 음식을 폭식하면서 나타나는 정신적 혼란, 예컨대 천장에서 조명이 떨어지는 듯 한 착각과 하나의 사물이 두 개로 보이는 것처럼 환상적인 장면들을 통해 묘사된다. 이러한 비현실적 장면은 인간, 도시의 풍경일수도 있고 혼란스러운 사회의 한 단면일 수도 있다. 이러한 측면에서 〈미친 4월〉은 젊은 남녀를 통해 그들의 관계뿐 아니라 다양한 사회적 의미로의 확장성을 가지고 있다고 할 수 있다. 또한 파브리 졸탄의 영화 〈마지막 계절Utószezon, 1967〉에서는 다양한 사람들의 행위와 모습을 마치 첩보영화에서 접선하는 것처럼 코믹하고 관음증적 형태로 묘사하면서 헝가리인들의 일상적 모습을 다루고 있다.

개인의 문제가 사회적 문제를 겨냥하고 있는 특징은 고향으로 근무하기 위해 왔지만 고향의 가난과 비참한 삶에 충격을 받고 사회의 정의를 위해 투쟁하는 학교 선생님을 다룬 러노디 라슬로의 영화 〈심연〉과 사회적 갈등의 미묘한 관점을 제시하고 있는 〈누구를 위하여 종달새는 노래하는가Akiket a pacsirta elkísér, 1959〉를 들 수 있다.**36** 또한 계급적 장벽에 파괴된 사랑을 묘사한 페헤르 임레Fehér Imre의 〈일요일의 로맨스 Bakaruhában, 1957〉와 직업 없는 이스트반과 사랑에 빠진 댄서가 되고자 한 베라를 통해 헝가리 실업의 문제를 다루고 있는 헤르스코 야노시의 영화 〈철의 꽃Vasvirág, 1958〉에서도 나타난다.

이 시기 헝가리 영화에서 다루고 있는 개인의 문제가 선명하게 드러나는 영화는 머크 카로이의 〈바위 아래의 집Ház a sziklák alatt, 1959〉을 들 수 있다. 영화는 전쟁에서 부상당한 후 배를 타고 집으로 돌아오는 코시 페렌츠의 모습으로 시작된다. 그는 아내가 죽고 난 후 자신의 아들과 집, 포도나무 등을 곱사등이 형수 테라가 돌보았다는 사실을 알게 된다. 그러나 그는 젊고 아름다운 여인 쥬저를 만나 결혼하지만 그들의 관계는 테라에 의해 끊임없이 침범 당하게 되고 이를 참지 못한 페렌츠는 그녀를 산비탈의 낭떨어지로 밀어 살해한다. 그는 테라를 살해한 죄책감에 시달려 자신의 범죄를 아내, 쥬저에게 고백하고 경찰에 체포된다. 머크 카로이는 인간의 비극적 파국은 가족의 틀이 허물어지는 것과 인간의 욕망으로 비롯된다는 교훈을 배를 타고 집으로 돌아오는 영화시작 장면과 체포되어 떠나는 마지막 장면을 대비시켜 묘사하고 있다. 따라서 이 영화는 단순한 개인을 묘사한 것뿐만 아니라 가족의 문제, 인간의 욕망으로 그 영역을 넓혔다는데 의의가 있다고 할 수 있다. 일상에 대한 머크 카로이의 관심은 젊은 남녀를 통해 헝가리의 일상을 다소 유쾌하게 묘사한 영화 〈잔디밭 출입 가능함Füre lépni szabad, 1960〉에서도 나타난다. 그리고 얼마시 이스트반 Almási István의 소설을 토대로 사막과 같은 척박한 땅에 관리들과 갈등을 겪으면서 농수로를 건설하는 과정을 묘사한 영화 〈집착Megszállottak, 1962〉에서는 헝가리 사회에 내재되어 있는 비효율성의 문제로 옮겨간다. 따라서 머크 카로이는 인간의 내면의 문제와 일상을 사회적 현실로 연결시키려 하였다고 할 수 있다.

일상을 사회적 현실의 풍경과 연결시킨 것이 탁월하게 묘사된 영화는 갈 이스트반의 〈흐르는 물Sodrásban, 1964〉을 들 수 있다. 영화는 더운 여름날 작은 시골 마을을 배경으로 젊은 소년들과 소녀들이 더위를 피하기 위해 마을 근처 강가에서 즐겁게 노는 도중 발생한 한 친구의 죽음을 다루고 있다. 영화는 비발디의 음악과 함께 강의 물이 보여지고 난 후 자막이 등장하면서 길거리를 걸어가는 소년, 소녀의 모습이 차례로 등장한다. 그리고 그들은 마을 근처에 있는 강가에 이르게 되고 방학을 맞이하여 도시에서 마을로 내려온 소녀와 그녀의 남자 친구가 합류하여 즐거운 시간을 보낸다. 그러나 그들 중 화가가 되고자 한 거비의 모습이 갑자기 사라져 보이지 않는다. 즐거웠던 분위기는 일순간 무거운 침묵으로 변하고 친구들은 아무리 그를 찾아도 그의 모습은 보이지 않는다. 저녁 무렵이 되어서야 친구들은 경찰과 거비와 단둘이 살고 있는 할머니에게 거비의 실종을 알린다. 거비의 죽음을 직감한 할머니는 한밤중 저녁 배를 타고 촛불이 켜진 커다란 빵을 강위에 놓는다. 멀리서 할머니의 모습을 보고 있던 거비의 친구 루여는 그가 기억에서 사라질까 두렵다고 한다. 다음날 거비는 발견되고 그 동안 무표정했던 할머니는 그의 죽음을 확인하고 읊조리듯 노래를 부르면서 흐느낀다. 그리고 영화는 강둑 곳곳에 '수영금지'라는 팻말을 붙이는 경찰의 모습과 함께 다리를 건너 도시로 다시 가는 루여와 거비가 부재한 상태로 찍은 한 장의 친구들 사진이 보여지고 난 후 롱 쇼트로 강물의 모습으로 마무리 된다. 영화는 더운 여름날 헝가리의 한 마을을 배경으로 하고 있지만 매우 음울하고 우울한 기조를 띠고 있다. 이러한 분위기는 다양한 해석의 여지를 남기고 있다. 이것은 거비가 강에서 실종되었을 때 거비의 친구들과 일상에 바쁜 그들의 부모들을 보여주면서 슬픔의 침묵에 휩싸인 할머니의 모습과 대조를 통해 묘사되기도 하고 20살이 채 안된 소년 거비의 모습이 부재한 사진으로 마무리 된 장면을 통해서는 헝가리의 일상에 내재되어 있는 최근 헝가리의 역사와 사회와의 관계를 암시하고 있기도 한다. 즉 영화는 혁명의 좌절 이후 헝가리 사회를 무겁게 감싸고 있는 현실을 매우 상징적 의미로 드러내고 있는 것이다.

이처럼 현실 속에서 현실의 사회적 억압, 정의, 휴머니즘에 대한 갈이스트반의 테마는 〈봄에 내리는 큰 비Zöldár, 1965〉에서도 이어진다. 특히 〈봄에 내리는 큰 비〉에서는 시골 출신의 젊은 학생들이 대학 공부를 위해 시골 마을을 떠나 부다페스트에 도착하면서 마주한 다양한 문화적 충격을 다루고 있다. 이들은 정치적 집회에서 환호하는 사람들의 모습과 공공건물의 다양한 동상들을 매우 낯설게 바라본다. 이러한 이질적 풍경은 이들에게 심리적 갈등의 토대로 작용하게 되면서 헝가리가 직면하고 있는 현실의 사회적 분위기를 반영하는 요소로 작용한다. 이와 같은 특징은 영화 〈세례Keresztelő, 1968〉에서도 나타난다. 영화는 가족의 세례식 참석을 위해 시골을 방문한 조각가 멘헤르트와 그곳에서 어린 시절을 함께 보냈던 언드라시의 엇갈린 삶의 궤적을

통해 인간의 참된 도덕적 가치를 묘사하고 있다. 즉 조각가로서 유명
해진 멘헤르트는 정권과 결탁하였고 1950년대 정치범이었던 언드라
시는 시골 학교 교사로서 근무하면서 자신의 유의미한 삶을 살고 있
다. 이를 통해 영화는 인간의 도덕과 삶의 궤적을 사회적, 정치적 흐름
과 연결시키고 있다.[37]

　일상을 통해 일상에서 내재되어 있는 현실을 암시하고 있는 영화는
서보 이스트반의 영화 〈몽상의 시기Álmodozások kora, 1965〉에서도 나타난
다. 그는 영화에서 젊은 남, 여를 통해 일상적 현실을 매우 유머스럽
게 묘사하고 있다. 특히 다큐멘터리 방식으로 만든 영화 〈몽상의 시기
〉에서 이상과 꿈을 안고 대학을 졸업한 4명의 친구들은 텔레비전에서
자신의 미래에 대해 말하는 법학을 전공한 매력적인 여인 에버를 바
라본다. 그들 중 연치는 이후 젊은 여인 에버를 만나게 되고 그때까지
그는 이전에 그녀를 본적이 있다는 마술적 이미지에 빠진다. 그러나
그들의 사랑은 텔레비전에서처럼 환상적이고 일시적이었다. 이와 같
은 내용의 이 영화는 당시 젊은 관객들에게 많은 환영을 받았다. 이에
대해 헝가리 영화 역사가인 핀테르 유디트Pintér Judit는 이 영화가 헝가
리 젊은 관객들의 하위문화 속에 생생하게 흐르고 있는 것을 포착하
고 있었기 때문이라고 주장하였다. 그것은 젊은 관객들이 스탈린주의
하에서 성장하였고 1956년의 비극을 경험한 세대였기 때문이다. 관객
들은 이 영화에서 텔레비전 권력, 즉 미디어 권력에 대한 비판적 시각
을 비롯한 정치적 함축의 의미를 재빠르게 읽어낸 것이다.[38] 이러한 의
미는 서보 이스트반의 〈사랑 영화〉에서 부다페스트를 배경으로 연치
가 커터에게 전보를 보내는 화면과 함께 카메라는 우체국을 가로질러

외국으로 사랑하는 사람들에게 소식을 전하는 다른 헝가리 사람들의 모습을 보여주는 장면에서 헝가리의 사회적 풍경의 하나를 제시하고 있는[39]것과 같은 것이다.

이처럼 이 시기 헝가리 영화는 개인과 함께 현실과 연결될 수 있는 일상을 묘사하고 있다. 이것은 이 시기 헝가리 영화가 스탈린주의에 매몰되어 있던 사회주의 리얼리즘이라는 도식화된 창작법칙으로부터 벗어나기 시작했다는 것을 의미한다. 1956년 혁명의 좌절이후 제한된 범위에서 개인에 대한 관심은 곧 헝가리 영화의 다양성과 개별 인간에 대한 주의를 환기시켰다. 그리고 이러한 개인에 대한 관심은 개인의 일상과 결합되었고 그것은 헝가리 사회의 현실적 풍경을 드러내는 것으로 이어졌다. 특히 갈 이스트반과 서보 이스트반의 영화는 바로 이러한 흐름의 중심에 있다고 할 수 있다. 따라서 이 시기 헝가리 영화는 개인, 일상, 현실이라는 유기적 관계 속에서 정치적, 사회적 메시지를 함축하고 있으면서 헝가리 영화창작의 경향을 풍요롭게 하였다.

6. 맺음말

헝가리는 1918년 11월 16일 헝가리 공화국이 선포되기 이전 오랜 기간 동안 오스트리아 합스부르크의 지배를 받아왔고 제2차 세계대전 이후에는 소련의 공산주의 이데올로기의 벨트로 편입되면서 헝가리 민족의 정체성, 독자성이 심각하게 훼손된 역사적 경험을 가지고 있다. 이것은 역설적으로 민족의 정체성과 독자성에 대한 열망이 헝가리 민족에게 그 만큼 강하다는 것과 그것이 헝가리의 정치, 사회, 문화의 역사를 규정하는 핵심적 요소라는 것을 말하고 있다. 이러한 측면에서 1956년 10월의 민중혁명과 좌절은 그 동안의 헝가리 역사의 한 전형을 보여주고 있는 것이며 1956년에서 1967년까지 지속되었던 헝가리 영화의 특징과 발전도 헝가리의 역사, 문화적 토대를 깊이 고려해야 된다는 것을 의미한다.

이 시기(1956-1967) 헝가리 영화는 혁명의 좌절이후 너지 임레 대신 소련의 지원으로 등장한 카다르 야노시의 정책과 관련이 있다. 그것은 소련의 입장을 철저하게 지지한 외교 분야에 있는 것이 아니라 카다르 야노시가 일정한 자율권을 행사한 국내정치 분야와 연관되어 있다. 그러므로 1956년 혁명이 좌절 된 이후의 헝가리 사회는 억압과 타협이 공존하는 시기라 할 수 있다. 예컨대 혁명이 좌절 된 이후부터 1958년까지는 억압적인 통치의 기조가 유지되었던 데 비해 1959년부터는 정치범에 대한 사면이 점진적으로 이루어졌고 1961년에는 일정한 개혁적인 흐름이 유지되었다. 따라서 이 시기의 헝가리 영화는 정부로부터 일정한 통제를 받았지만 이전 시기에 비해 다소 유연한 창작의 자유가 존재하였다고 할 수 있다.

특히 1959년 설립된 벌라즈 벨러 스튜디오와 그룹별로 조직화된 전문스튜디오 제작 시스템으로의 개편은 이 시기 헝가리 영화가 새로운 흐름으로 나아가는 직접적인 토대가 되었다. 이 시기 헝가리 영화를 주도한 파브리 졸탄, 머크 카로이, 연초 미클로시, 갈 이스트반, 서보 이스트반, 헤르스코 야노시 등의 영화 창작가들은 이들 스튜디오를 통해 자신들의 창작목표와 수법을 다양하게 시도할 수 있는 가능성을 확보하였다. 이를 통해 이들은 헝가리 역사에서의 민족 정체성 확립의 열망과 성찰을 혁명과 전쟁의 역사를 통해 영화화 할 수 있게 되었고 과거에 일어났던 역사적 사건을 토대로 현실의 헝가리 사회를 비판적으로 암시하는 영화들을 만들 수 있게 되었다. 뿐만 아니라 획일화된 교조주의적인 스탈린주의의 창작법칙에서 탈피하여 개인의 운명과 내면, 일상을 묘사하기도 하였다. 이것은 헝가리 역사에서 내재되어 있는 헝가리 민족의 정체성과 독자성에 대한 강한 열망이 1956년 혁명과 좌절을 통해 혁명역사에 대한 테마로 발현되었고 헝가리 사회의 모순된 현실은 과거와 개인의 내면과 일상 속에서 묘사되었다. 따라서 이 시기 헝가리 영화의 특징은 1956년 혁명과 혁명의 좌절이후 도래한 헝가리의 정치, 사회, 문화적 변화와 밀접한 관계 속에서 형성되었고 그것이 헝가리 영화 역사에서 중요한 국면으로 인식하게 하는 요인이었던 것이다.

주석

1 이상협, 『헝가리사』, 대한교과서주식회사, 1996, 262쪽 참고.

2 김지영, 「1956년 헝가리 혁명에 대한 일 고찰」, 동유럽 발칸학 Vol.N.1, 한국동유럽발칸학회, 2001, 199쪽.

3 페퇴피 서클은 1848-1849년 헝가리 혁명기, 독립전쟁기의 시인이자 혁명가로서 헝가리인들에게 가장 사랑받는 민중시인 중 한 사람인 페퇴피 샨도르(Petőfi Sándor, 1823-1849)의 이름에서 유래된 것이다. 이 서클은 원래 대학생들의 토론 모임으로서 '근로 청년 동맹(Dolgozó Ifjúság Szövetsége, DISZ)'의 방계 조직체였다. 근로 청년 동맹은 대학 내의 문제뿐만이 아니라 전 사회적인 이슈들에 대한 청년들의 관심을 고양하고, 이들이 나아가 헝가리 공산당의 지도적 인물이 될 수 있도록 지원하는 공산당의 엘리트 양성 조직의 성격이 강했다. 페퇴피 서클이 공식적으로 활동하기 시작한 때는 1956년 3월이었다. 그러나 이 운동의 연원은 너지 임레 수상 집권 시절이었던 1954년이었고 대학, 전문단체, 학문 연구소, 경제단체 등 여러 분야의 지식인들뿐 아니라 공산당의 여러 기관과 부서에서 일하는 지식인들도 회원이 될 수 있게 널리 열려져 있었다. 그러나 이 조직은 1956년 혁명의 실패 이후 해체되었고 1957년 3월 '헝가리 공산주의자 청년 동맹(Magyar Kommunista Ifjúsági Szövetség, KISZ)'이 등장하면서 그것을 대체하였다.-위의 논문, 201쪽 참고.

4 이상협, 앞의 책, 263쪽 참고.

5 김지영, 앞의 논문, 202쪽.

6 위의 논문, 200쪽.

7 Melvin J, Laski, *Hungarian Revolution*, London, 1957, p.51.-Chris Harman, 김형주 옮김, 『Class Struggle in Eastern Europe:1945-1983(동유럽에서의 계급투쟁 1945-1983)』, 갈무리, 1994, 182쪽에서 재인용.

8 Vetter, Reinhold, Ungarn, *ein Länderporträt*, Christoph Links Verlag, Berlin, 2012, p.67.-장은주, 「너지 임레의 헝가리 식 사회주의와 카다리즘, 1956년 헝가리 혁명을 중심으로」, 인문학연구 통권 91호, 충남대학교 인문과학연구소, 2013, 350쪽에서 재인용.

9 Bezinger, Karl Philip, *The Funeral of Imre Nagy*, History & Memory, Vol.12, Issue 2, 2000, p.148.-위의 논문, 350쪽에서 재인용.

10 Feher, Daniel, *Die Revolution in Ungarn (23. Oktober-4. November) 1956*, Bonn

Universität, 1997, pp.6-7.-위의 논문, 352쪽에서 재인용.

11 김지영, 앞의 논문, 204쪽.

12 위의 논문, 206쪽.

13 이정희, 『동유럽사』, 대한교과서주식회사, 1986, 458쪽.

14 위의 책, 457-458쪽.

15 너지 임레의 '신노선'을 요약하면, 1. 중공업 부문에 집중적으로 투입된 자본과 특혜를 줄여 소비재 생산에 투입한다. 2. 농업 분야에서 집단화 속도를 조종하여 점진적으로 추진한다. 3. 소비재의 질 향상과 함께 상품 가격을 낮추고, 임금 상승을 유도하여 개인의 소비를 진작시킨다. 4. 전시행정과 관료 시스템을 축소하여 사회적 부담을 완화한다. 5. 정치, 경제, 사회적 개혁을 실천하기 위해 정치기구를 개편함으로써 일당독재를 포기하고 국민의 의견을 수렴할 수 있는 민주적인 기구를 수립한다.-장은주, 앞의 논문, 346쪽 참고.

16 이정희, 앞의 책, 459쪽.

17 이상협, 앞의 책, 270쪽.

18 한경민, 『헝가리 문학사』, 한국외국어대출판부, 2004, 324쪽.

19 위의 책, 326-327쪽.

20 위의 책, 325쪽.

21 John Cunningham, *Hungarian Cinema*, Wallflower Press, 2004, p.81.

22 *Ibid*.. p.82.

23 *Ibid*., p.87.

24 *Ibid*., p.90.

25 *Ibid*., p.91.

26 《영화세계(Filmvilága)》는 1930년부터 존속된 《영화문화(Filmkultúra)》로 1965년 통합되었다.

27 John Cunningham, *op. cit*., p.96.

28 István Nemeskürty, *History of the Hungarian Cinema*, Corvina Kiadó, 1980, p.16.

29 이푸 투안, 구동회·심승희 옮김, 『공간과 장소』, 대윤, 1995, 90쪽.

30 István Nemeskürty, *op. cit*., pp.17-18.

31 Graham Petrie, *History must Answer to Man*, Corvina Kiadó, 1978, p.22.

32 István Nemeskürty, *op. cit.,* p.10.

33 John Cunningham, *op. cit.,* p.105.

34 István Nemeskürty, *op. cit.,* p.14.

35 Graham Petrie, *op. cit.,* p.114.

36 Daniel J. Goulding, *Five Filmmakers(David Paul, Szabó)*, Indiana University Press, 1994, p.158.

37 Graham Petrie, *op. cit.,* pp.13-14.

38 Bryan Burns, *World Cinema: Hungary*, Fliks Books, 1996, p.85 참고.

39 Daniel J. Goulding, *op. cit.,* p.163.

40 Daniel J. Goulding, *Post New Wave Cinema in the Soviet Union and Eastern Europe(David Paul, Hungary: The Magyar on the Bridge)*, Indiana University Press, 1989, p.186.

참고문헌

단행본

이푸 투안, 구동회 · 심승희 옮김, 『공간과 장소』, 대윤, 1995.

이상협, 『헝가리사』, 대한교과서주식회사, 1996.

한경민, 『헝가리 문학사』, 한국외국어대출판부, 2004.

Chris Harman, 김형주 옮김, 『Class Struggle in Eastern Europe:1945-1983, 동유럽에서의 계급투쟁 1945-1983』, 갈무리, 1994.

Melvin J, Laski, Hungarian Revolution, London, 1957.

Graham Petrie, History must Answer to Man, Corvina Kiadó, 1978.

István Nemeskürty, History of the Hungarian Cinema, Corvina Kiadó, 1980.

Daniel J. Goulding, Post New Wave Cinema in the Soviet Union and Eastern Europe, Indiana University Press, 1989.

Daniel J. Goulding, Five Filmmakers, Indiana University Press, 1994.

Bryan Burns, World Cinema: Hungary, Fliks Books, 1996.

John Cunningham, Hungarian Cinema, Wallflower Press, 2004.

Feher, Daniel, Die Revolution in Ungarn (23. Oktober-4. November) 1956, Bonn Un-iversität, 1997.

Bezinger, Karl Philip, The Funeral of Imre Nagy, History & Memory, Vol.12, Issue 2, 2000.

Vetter, Reinhold, Ungarn, ein Länderporträt, Christoph Links Verlag, Berlin, 2012.

논문

김지영, 「1956년 헝가리 혁명에 대한 일 고찰」, 동유럽 발칸학 Vol.N.1, 한국동유럽발칸학회, 2001.

장은주, 「너지 임레의 헝가리 식 사회주의와 카다리즘, 1956년 헝가리 혁명을 중심으로」, 인문학연구 통권 91호, 충남대학교 인문과학연구소, 2013.

유고슬라비아				1961－1971
노비필름

두샨 마카베예프, 유기체의 신비(WR · Mysteries of the Organism, 1971)

1. 자주관리제와 영화제작토대 분산

1960년대 유고슬라비아의 새로운 영화인 노비 필름novi film은 유고슬라비아의 특별한 역사형성과정과 밀접한 관계에 있다. 이러한 전제는 1960년대 유고슬라비아 영화가 이 시기 유고슬라비아의 정치적, 경제적 지향과 그로부터 영향 받은 영화제작 토대의 구조 변화 속에서 파악될 수 있음을 의미한다.

유고슬라비아는 제2차 세계대전이후 소련으로부터 해방을 맞이한 여느 다른 중·동부 유럽 국가들과 달리 요시프 티토Jocиn Tиto를 중심으로 파르티잔 독립투쟁을 통해 독자적으로 해방을 쟁취했다. 특히 파르티잔 투쟁을 주도하면서 유고슬라비아의 독립정부를 이끌었던 티토는 1945년 11월 제헌의회를 통해 왕정을 폐지하고 유고슬라비아 연방 인민공화국을 수립했고, 1946년 1월 스탈린헌법을 토대로 신헌법을 채택하였으며, 1963년에는 유고슬라비아 사회주의 연방공화국임을 선포했다. 6개 공화국과 2개의 자치주로 구성된 유고슬라비아는 제2차 세계대전 이후 소련의 정책을 지지했으나 1948년 6월 28일 코민포름Коминформ, Информационное бюро коммунистических и рабочих партий 으로부터 "유고슬라비아 공산주의자들은 국내외 주요 정책에서 비마르크스주의 노선을 걷고 있다는 것, 소련과 동유럽 공산당에 대해 유고슬라비아 공산당이 비우호적이라는 것, 유고슬라비아의 농민 계급이 부농에 대해 적대적이 아니고 토지를 집단 농장화하지 않고 있다는 것, 유고슬라비아 공산당을 인민전선에 종속시키며, 마치 지하 조직처럼 활동을 비밀에 붙이고 있다는 것과 유고슬라비아 공산당 지도자들이 쁘띠부르주아적 민족주의 특징을 가지며 소련 공산당의 오류에 대해 지나치게 적대적이며 거만한 태도를 보인다는"[1] 이유로 축출 당했다. 이에 대해 "유고슬라비아는 자신들의 산업화 계획을 저지하고……경제를 지배하고 나아가 유고슬라비아를 정치적, 군사적으로 예속시키려는 의도"[2] 라고 하면서 소련을 강도 높게 비판했다. 이로 인해 유고슬라비아는 코민포름 국가들과 결별하였고 적지 않은 정치적 어려움에 처했지만 이를 계기로 더욱더 독자적인 정책에 의한 새로운 공산주의를 발전시켜야 하는 역사적 상황에 놓이게 되었다. 이것은 "경제계획에서, 공산정부 형태에서, 외교 정책 부문에서, 서방 측 국가와의 관계에서 중대한 변화를 의미했다."[3] 이는 유고슬라비아가 사회 공유체제를 강조했던 마르크스의 정신을 들어 일당독재체제를 고수하고 있던 소련을 비난함으로써 제2차 세계대전 이후 스탈린헌법과 소련을 통해 구축되었던 공산주의 노선의 궤도수정과 유고슬라비아의 상황에 맞는 새로운 공산주의 이념과 실천으로의 전환을 말한다. 그것은 "개인들의 자발적인 정치 참여를 통한 참다운 민주주의와 작업장의 노동자들에 의한 자치관리를 통해서 일체의 소외를 극복할 것을 목적으로 하는 노동자관리제도의 창안이었다."[4] '노동자 자주관리 Radničko samoupravljanje'로 불린 이 제도는 1950년 6월 26일 법으로 채택되면서 공식화되었고, 그것의 근본이념은 "인간이 자기 삶의 모든 면을 제어하기 위한 노력과 자기 결정을 의미하는 직접민주주의를 지향하고 국가나 어떤 경제적 이익으로부터 고통 없이 자신의 의지에 따라 수단과 자원을 통제하기 위한 기업이나 회사에서의 노동자들의 권리를 의미한다. 노동자들은 경제적 계획을 자신들이 만들고 스스로 자신들의 임금을 결정하고 자신들의 이익을 나누며 자신들의 책임자를 지명한다."[5] 따라서 "중앙정부에서는 단지 경제발전의 기본목표만을 설정하고 구체적인 계획은 각 공장이나 기업이 자유롭게 세워 수행하도록 했으며, 각 공화국 내의 인민위원회(1956년 이후 코뮌이라 칭함)는 각 기업의 경제계획과 운영에 대해 감독하고 조정할 권리를 가지나, 전적으로 기업의 재산을 관리하고 운영할 책임은 각 기업이 갖는다는 것이다."[6] 이것은 "국가 소유의 경제 기업의 권력과 권한이 사회집단에서 노동집단으로 이양되었다"[7]는 것을 의미한다. 이 제도는 1953년 1월 개정된 신헌법에 의해 모든 노동의 장으로 확대되면서 구체적 규정으로 명시되었다. 즉 "신헌법에는 노동집단, 노동자회의 및 운영위원회 등의 3개의 기구가 존재하였고, 노동집단은 한 기업에 근무하는 모든 노동자로 구성되었으며 노동자회의는 종업원이 30명 미만의 기업에서는 전원이 회의에 참가하여 의사를 결정하도록 하고 대기업에서는 규모에 따라 15-20명 정도로 이루어졌다. 운영위원회는 노동자회의에서 결정한 사항을 집행하는 기관으로 운영위원들은 노동자회의에서 선출, 해고되며 임기는 1년이었다."[8] 이것은 "자주관리제를 기본적 사회조직으로 인정하고 국가소유를 폐지하고 오직 사회적 소유와 개별적 소유만을 허용했다"[9]는 것이다. 그리고 1957년부터 1961년 사이 소비재 산업에 중점을 둔 제2차 5개년 경제개발계획이 추진되면서 유고슬라비아에서는 자주관리제의 확대와 시장사회주의 도입이라는 두 가지 목표를 실현하는데 주안점을 두었다. 특히 1963년 4월 유고슬라비아 사회주의연방 공화국Социјалистичка Федеративна Република Југославија으로 국가의 명칭이 개칭된 헌법에는 이러한 기조를 직접 또는 간접적으로 지원하는 내용들이 담겨있었다. 그것의 주요 내용으로는 "1. 중앙당과 연방정부의 권한을 대폭축소시킴과 더불어 입법 및 집행에 있어서 각 공화국에 많은 자치권을 부여하고, 각 지방정부의 하부단체인 코뮌 등에 더 많은 권한을 부여한다는 것, 2. 연방의회의 산하에 '4개의 전문위원회'를 두는데, 이는 정치행정, 경제, 사회복지, 국민보건 및 교육과 문화에 대한 제반 사항을 다루는 것 등이었다."[10] 이로써 유고슬라비아에서는 "자주관리제가 불가양의 권리로 헌법에 천명되었고 모든 사회영역의 조직 원리로 정착하게 되었다."[11] 이러한 일련의 정책으로 1960년대에 접어들면서부터 유고슬라비아는 이미 새로운 공산주의 길로 나아가고 있었다. 그것의 중심에는 자주관리제가 존재했고, 그것은 "탈소외라고 하는 정치적 목표뿐만 아니라 경제성장이라고 하는 실용적인 목표를 위해서도 필수적 요소로 강조되었다. (무엇보다) 이 제도가 산업화를 통한 경제성장의 수단으로 간주되면서부터 급진적인 사회개혁운동체로서보다는 개인적 영리추구를 위한 문화적 모형으로 이해되기 시작했다는 점이다."[12] 그리고 1968년에는 노동자자치관리의 조직형성권이 노동자총회에 맡겨졌으며, 1971년 6월 복수 대통령제가 확인된 헌법 개정을 통해서는 경제의 기초조직이 종전의 기업 내지 근로조직에서 노동자연합 기초조직으로 바뀌었다.[13] 이렇듯 자주관리제는 단순히 유고슬라비아의 경제적 상황의 타개와 개선에만 천착해 있는 것이 아니라 공산주의를 실현하는 이론적,

실천적 논리로 기능했다. 이로 인해 중앙정부의 역할은 크게 축소되었고 각공화국과 지방정부의 역할은 자치와 자율이라는 명분으로 확대되었다. 이러한 흐름은 유고슬라비아의 정치, 경제, 사회에만 제한되지 않았으며 이시기 영화의 제작 체계에도 적용되어 실험과 발전을 이룰 수 있는 토대로 작용했다.

　유고슬라비아의 영화는 1943년 10월 파르티잔 영화집단이 참모부 소속으로 개편되면서 해방투쟁과 함께 했다. 해방이후에는 연방정부의 부속으로 영화위원회가 설립되었고 몬테네그로Crna Gora를 제외한 각 공화국에 지역 영화위원회가 설립되었다. 연방위원회 차원에서는 2개의 영화제작소, 즉 영화저널(잡지처럼 영화를 제작, 상영한 것을 말함)로 특화된 세르비아Србија 베오그라드Београд의 즈베즈다 필름Звезда филм과 문화-교육영화로 특징화된 크로아티아Hrvatska 자그레브Zagreb의 조라 필름Zora film이 있었다. 그리고 각 공화국에 영화제작 센터가 설립되었는데, 1947년 4월 29일 브예코슬라브 아프리치Vjekoslav Afrić 감독에 의해 최초의 극영화 〈슬라비짜Slavica〉가 제작된 유고슬라비아에서 규모가 가장 큰 세르비아 베오그라드의 아발라 필름Avala film이 1946년 7월 15일 설립되었다. 같은 해 하루 뒤 7월 16일 크로아티아 수도인 자그레브의 야르단 필름Jardan film, 같은 날 슬로베니아Slovenija 류블랴나Ljubljana의 트리글라브 필름Triglav film, 거의 1년 후인 1947년 7월 1일 보스니아 헤르체고비나Bosna i Hercegovina 사라예보Sarajevo의 보스나 필름 Bosna film, 마케도니아Македонија 스코프예Скопје의 바르다르 필름Vardar film, 그리고 1948년 7월 3일 몬테네그로 부드바Будва에 설립된 로브첸 필름Lovćen film이 차례로 등장했다.[14] 이는 1950년 6월 27일 자주관리

제의 신헌법이 통과되면서 탈중앙화, 민주화의 진전과 함께 영화제작
체계도 마련되었다는 것을 의미한다. 이것은 영화 활동의 3개의 주요
영역이라 할 수 있는 영화제작, 영화무역, 영화배급과 극장상영에 관
한 것에서 알 수 있다.

그 중에서 영화제작은 조직에서 가장 진지한 내부적 변화를 겪었고,
1950년 말과 1951년 초에 도입된 그 변화들은 많은 교정을 거치면서
기본적 방향이 세워졌다. 특히 영화제작과 관련해서는 "경제적 활동과
그 관계를 통제하기 위해 세 개의 분리된 체계가 도입되었다. 첫 번째
부분은 영화의 기술적 토대를 다루는 것과 관련된 기업과 노동자들을
포괄하고 있다. 이들 기업들은 카메라, 사운드 장비, 그리고 영화촬영
을 위한 다른 기술적 수단들을 포함하는 제작 기술과 기구들의 위탁
된 소유권이나 독점적 권리를 인정받는다.....두 번째 부분은 실제적인
영화제작을 위한 영화 예술가들과 노동자들, 장비 임대, 개인, 기술 제
공과 관련된 계약을 포함하고 있는 사회경제적 자원을 운영하고 완성
된 영화의 유일한 소유권자가 되는 영화제작 기업들을 포괄한다.....영
화제작의 세 번째 부분은 각 6개 공화국으로 형성되었고 1950년 말에
설립된 유고슬라비아 영화노동자 조합Savez filmskih radnika Jugoslavije과 함
께 구성되었던 영화노동자들의 자유 연합의 범주에 속했다. 영화노동
자 조합은 영화의 예술 창작가들, 즉 시나리오 작가, 영화감독, 촬영감
독, 사운드 작곡가, 그리고 그들의 예술적 조력자들인 조연출, 카메라
맨, 장면 디자이너 보조, 사운드 기술자, 의상 담당자, 영화 편집가, 제
작 조력자를 포함하고 있다.....(이를 통한) 유고슬라비아 영화 산업의 새
로운 개혁의 목표는 과도한 관료적 책임으로부터 자유롭고 보다 합리

적 운영을 위한 인센티브 도입, 그리고 영화의 기술적, 예술적 자원의 경제적 운영에 있었다."[15] 이러한 영화제작 체계의 정비에도 불구하고 1956년 영화 기본법Osnovni zakon o filmu이 통과되기 전에는 이러한 조치들이 유고슬라비아 영화 발전에 크게 효과적이지는 않았다. 그러나 영화 기본법이 통과되면서 유고슬라비아 영화의 실질적 변화가 일어났다. 즉 국가보조금제도가 폐지되면서 극장 티켓에 세금을 부과한 입장 세금은 유고슬라비아 영화제작의 직접적인 지원을 위해 사용되었다. 그 결과 1954년에는 6편의 영화제작 비율이 1957년에서 1960년까지는 연간 평균 14편으로 상승했다.[16] 영화제작편수의 증가와 함께 영화에 대한 다양한 논의가 이론적, 실천적 차원에서 이루어졌다. 특히 1980년대 말까지 유고슬라비아의 중요한 영화 저널 중 하나인《영화문화Filmska kultura》와 1950년대 후반 가장 진보적인 잡지라 할 수 있는《영화오늘Film danas》은 이시기 중요한 역할을 했다.

"《영화오늘》은 스테보 오스토이치Stevo Ostojić와 페도르 한제코비치 Fedor Hanžeković의 편집으로 1957년 자그레브의 크로아티아 사회주의 공화국 영화협회Savez udruga kinematografije Socijalističke Republike Hrvatske에서 1년에 5회에서 6회 발행되었다.....이들 외에 이 잡지의 중요 인물로는 밀란 란코비치Milan Ranković, 빈코 라스포르Vinko Raspor, 안테 페테르리치 Ante Peterlić, 밀루틴 촐리치Milutin Čolić, 루돌프 스레메쯔Rudolf Sremec, 네델리코 드라기치Nedeljko Dragić, 두샨 스토야노비치Dušan Stojanović, 브란코 벨란Branko Belan, 페타르 크렐야Petar Krelja, 란코 무니티치Ranko Munitić, 파딜 하쥐치Fadil Hadžić, 드라고슬라브 아다모비치Dragoslav Adamović, 이고르 프렛나르Igor Pretnar, 미라 보글리치Mira Boglić, 슬로보단 노바코비

치Slobodan Novaković, 바트로슬라브 미미짜Vatroslav Mimica, 두샨 부코티치 Dušan Vukotić를 들 수 있다. 이들 중 몇몇은 유고슬라비아 영화의 이론, 실천, 그리고 1960년대 노비 필름의 흐름을 추동하여 세계적 경향으로 이끄는데 중요한 역할을 했다."[17]

그럼에도 불구하고 "이 시기 가장 활발하고 영향력 있는 영화 잡지는 영화예술의 대중화를 위한 1958년 4월 15일부터 1959년 말까지 13호를 출간한 《영화오늘》이라 할 수 있다....《영화오늘》은 절충주의적이고, 진보적이며 국제영화의 새로운 흐름에 대한 자유로운 탐구, 영화미학과 이론의 활발한 토론으로 유고슬라비아에서 만들어진 영화에 대한 비평과 리뷰를 다루었다.....1960년대 노비 필름의 가장 창조적인 주도자들과 영화 예술가들은 《영화오늘》에서 자신들의 시각과 미학적 관점을 표현하고 시험할 수 있었고 그 이후에는 예술적 실천으로 그러한 흐름에 참여할 수 있었다. 이러한 인물로는 두샨 마카베예프Dušan Makavejev, 브란코 부치체비치Branko Vučićević, 쥐보인 파블로비치Živojin Pavlović 등을 들 수 있다."[18] 이를 통해 유고슬라비아 영화는 1950년대 후반에 이르러 극단적인 모더니스트 대 전통주의자로 구분되기도 했다.[19] 이와 같은 1950년대의 다양한 논의는 단편영화, 다큐멘터리 영화에서 보다 집중적으로 이루어졌지만 장편 극영화에서도 나타나기 시작했다. 그것이 수면위로 등장한 것이 1961년 보슈티안 흘라드니크Boštjan Hladnik의 〈빗속에서 춤을Ples v dežju, 1961〉과 알렉산다르 페트로비치Aleksandar Petrović의 〈둘Dvoje, 1961〉이었다. 이 두 영화는 기존의 유고슬라비아 영화의 전형이라 할 수 있는 파르티잔 투쟁에 대한 깊은 이해와 사회주의 리얼리즘에 기초한 선전선동으로서의 영화,

나아가 개인보다 집단적이어야 한다는 국가로부터 부여된 영화창작
으로부터의 이탈의 가능성을 상징적으로 보여주었다. 그러므로 이들
영화에서 시도된 수법들은 유고슬라비아 전역에 새로운 영화적 흐름
이 형성될 수 있는 시발점으로 작용했다. 이와 같은 특징은 "자주관리
제와 연동된 영화사들의 탈중앙화와 함께 민주화가 진전되었고 영화
제작, 배급, 상영을 위한 조직과 재정자원이 각 공화국으로 더 많이 분
산, 이동했다는 것을 말한다. 1962년에는 이러한 변화를 반영하여 영
화법이 개정되었고 유고슬라비아의 6개 공화국을 통해 영화 활동의
상당한 재조직의 시기가 예측되었다. 그리고 1960년대 말 두 개의 자
치주인 보이보디나Војводина의 수도인 노비 사드Нови Сад, 1966와 코소
보Kosovo의 수도 프리슈티나Priština, 1970에 영화제작을 위한 개별 센터
가 추가로 설립되었다. 여섯 개의 공화국과 두 개의 자치주 센터로 이
루어진 유고슬라비아 영화산업의 탈중심화는 특별한 것이라 할 수 있
다."[20] 이것은 유고슬라비아가 다양한 민족, 종교를 기반으로 형성된
정치적, 이데올로기적 변화를 체험적으로 경험하면서 채택된 "자주관
리제가 공식적인 이데올로기로서 점차 중요한 표어가 되었고 그 결
과 모든 사회적 행위와 정책이 자주관리제의 기능으로 나타나면서"[21]
그 속에 함축되어 있는 "적극적인 경제활동, 정치참여를 통해 특정한
지배계급에 의한 일체의 억압과 통제가 배격되고 개인과 개인, 집단
과 집단 간의 갈등과 분쟁, 소외가 없는 협동적이고 화목한 사회의 건
설"[22]이라는 목표가 노비 필름의 지향과 밀접한 관계에 있음을 말하고
있는 것이다.

　이러한 변화는 소련과의 정치적 관계 속에서 혹은 파르티잔 투쟁을

통한 독자적인 해방의 자부심으로 선택된 것일지라도 6개의 공화국과 2개의 자치주를 구성하고 있는 유고슬라비아 국가 제도 속에 이미 내재되어 있다고 할 수 있다. 이로 인해 유고슬라비아 영화는 탈중앙화와 자율성의 토대를 형성할 수 있었고 영화제작, 배급, 상영에 이르는 체계에도 영향을 미쳤던 것이다. 이것은 1960년대를 가로지르는 유고슬라비아의 노비 필름이 이러한 흐름 속에서 각공화국 중심의 독자적인 자율성의 제작 체계 속에서 형성되었다는 것을 의미한다.

2. 영화창작과 프락시스(Praxis)

유고슬라비아의 노비 필름은 크게 세 시기로 구분할 수 있다. 첫째는 보슈티안 홀라드니크의 〈빗속에서 춤을〉과 알렉산다르 페트로비치의 〈둘〉이 등장하면서 기존의 관습적인 영화적 수법으로부터 새로운 창작 방식의 가능성을 보여준 1961년부터 1964년까지의 시기이고, 둘째는 두샨 마카베예프 영화의 등장과 1966년 비밀경찰 총수인 알렉산다르 란코비치Aleksandar Ranković가 축출됨으로써 보다 자유로운 사회 환경 속에서 과감한 실험이 시도된 1965년부터 1968년까지의 시기를 말하며, 셋째는 1969년 크로아티아의 풀라 영화제Pulski filmski festival 이후 1960년대의 혁신적인 영화들이 '검은 물결Crni talas'의 영화로 불리면서 비판받았던 1969년부터 1971년까지를 들 수 있다. 반면 다니엘 굴딩Daniel J. Goulding은 이 시기를 특정하게 구분하지 않았다. 그에 의하면 "첫 번째 시기인 1960년대 초기는 장편영화 제작에 있어 모더니스트 주제의 시각과 스타일 개혁이 들어가면서 강력하고 광범위한 저항과 공격이 유발되었던 시기이고, 두 번째 시기는 1960년대 중후반으로 새로운 영화 예술가와 비평가가 유고슬라비아 장편 영화 제작의 영향력 있는 선봉자로서 등장한 시기를 말하며, 세 번째 시기인 1960년대 후기와 1970년대 초기, '우리 영화에서의 검은 물결Crni talas u našem filmu'이라는 기조 하에 새로운 영화 경향에 대한 반격이 갱신되고 강화되어, 그 결과로 1973년 이 운동은 파편화되고 붕괴되는 시기로 나누었다."[23] 이와 같은 시기의 구분은 1960년대 유고슬라비아의 노비 필름이 창작법칙의 끊임없는 시도와 갈등, 극복의 과정을 통해 형성되었다는 것을 말하고 있다. 이는 제2차 세계대전 이후 해방된 유고슬라비아에서 선명한 영화의 기능과 목표 설정으로부터 이미 내재되어 있었다. 그것은 국가로부터 부여된 영화창작 지침, 즉 사회주의 리얼리즘에 기초하면서 추상적인 실험을 피하고 대중과 명확한 소통이 이루어져야 하며, 혁명투쟁에 대한 깊은 이해와 함께 선전선동의 목적을 이루어야 하고, 소련의 영화를 유고슬라비아 영화의 모범적 좌표로 설정해야하며, 개인적인 것보다 집단적인이어야 한다는 것이 유고슬라비아 영화의 기본적인 창작지침이었다.

그러나 유고슬라비아가 1948년 코민포름으로부터 축출되고 난후 자주관리제의 도입으로 각공화국으로의 정치적, 경제적 권한 이양과 민주주의 도입은 영화창작 논리 형성에 깊은 영향을 미쳤다. 이것은 '1948년 이후 유고슬라비아에서 사회주의 리얼리즘이 오래 지속되지 않았고 점차 약화되기 시작했다는 것을 말한다.'[24] 특히 "1961년 유고슬라비아 공산주의 연맹Savez komunista Jugoslavije의 세계시장과 금융시장의 재조직, 임금통제를 유연하게 하면서 유고슬라비아 경제를 개방함 으로써"[25] 시장사회주의 체제로의 전환은 이 시기 유고슬라비아 영화 의 다양한 시도의 흐름을 견인했다. 이는 "1963년 신헌법이 제정되고 유고슬라비아의 정치, 사회 제도의 기반이 사회 각 계층에 종사하는 일반노동자와 지역공동체에서 사회적 생산의 공급과 분배에 종사하 는 노동자들에 의한 자주관리제임을 천명하여 노동자 자율경영의 일 반원칙을 기업 등의 경제 분야뿐만 아니라 사회전체에 확산시키는 계 기가 되었다."[26] 이것은 1960년대의 유고슬라비아가 보다 발전된 형태 의 자주관리제를 통한, 이른바 시장사회주의[27]를 과감하게 추진하면 서 정치적, 경제적, 사회적, 문화적 영역에서 토론과 논쟁을 촉발시키 는 독창적이고 혁신적인 시기에 접어들었다는 것을 의미한다. 이러한 흐름 속에서 유고슬라비아 영화는 "사회주의 예술에서의 역할과 표 현의 한계에 대한 토론을 주도하면서 예술의 실험적 경계가 어디까지 확장되어야 하는지에 대한 논의의 중심적 역할을 하였다. 유고슬라비 아의 영화 이론가, 창작가, 비평가들은 이와 같은 토론을 통해 새로운 영화, 혹은 열린 영화라는 기조 하에 다양한 원칙들에 대해 일정한 공 감대를 형성했다. 비록 특정한 프로그램이나 일관성 있는 미학적 시각 은 부재하였지만, 새로운 영화의 옹호자들은 다음과 같은 몇 가지 현 실적이고 구체적인 의견으로 자신들의 입장을 정리했다. 첫째, 개인과 집단의 예술적 표현의 자유를 증진하고, 독단주의와 관료적인 통제로 부터 영화를 자유롭게 하도록 하였으며, 둘째, 프랑스 누벨바그나 이 탈리아 영화, 그리고 60년대 동유럽 국가들의 뉴 웨이브 경향과 연관 있는 1960년대 초기 영화에 영향 받은, 영화 형식과 영화 언어에서 스타일적인 실험을 촉진하도록 하였고, 셋째, 영화가 인간, 사회, 정치의 어둡고, 아이러니하고, 소외되고 우울한 면을 비판하는 권리를 포함하여, 동시대의 주제를 표현하기를 요구하였고, 넷째, 이러한 기조 속에서 맑시스트−사회주의 전제들의 범위 내에 모든 주제들을 추구했다..... (특히) 유고슬라비아의 대표적인 이론가이자 비평가인 두샨 스토야노비치는 새로운 영화 운동의 정신과 목표에 대해 영화의 가장 가치 있는 특징은 철학적, 이데올로기적, 스타일적 측면에서 그 가능성을 확장시킨 것이고, 이 가능성은 단일한 집단적 신화를 다수의 사적 신화로 변화시킨다는 가능성이라 말했다."[28] 이것은 6개의 공화국과 2개의 자치주로 구성되어 있는 유고슬라비아의 기본적인 특성과 그와 결부된 티토의 정책, 즉 "자주관리제로 상징화되는 탈중심화와 시장사회주의의 흐름에서 기존에 존재하는 모든 조건들을 비판할 권리와 영토, 국가, 사회, 그리고 그것을 이루고 있는 개인의 양심으로부터의 자유에 대한 권리를 요구한 것이다."[29] 이는 젊은 창작가들을 중심으로 그동안 터부시되어왔던 것들이 무너지기 시작한 하나의 상징이라 할 수 있다.

티토는 이에 대한 우려를 1963년 신년 메시지에서 유고슬라비아의 문화와 예술에 서구의 반사회주의적인 영향을 언급하면서 다음과 같이 비판했다. 즉 "유고슬라비아 사회 위에 자리를 잡고, 사회주의 현실 바깥에서 살고 있으며, 서구의 다양한 영향을 받으며 우리의 모든 개발의 결과를 부정하려는 친서구적, 부르주아, 반사회주의 이념을 전달하는 지식인들과 서구 세계의 데카당스décadence한 현상에 대항하는 투쟁을 요청했다."[30] 티토의 우려와 함께 1963년 세르비아 공산당 중앙위원회의 이념분과 대표인 벨리코 블라호비치Veljko Vlahović는 창작에 대한 직관적이고 사적인 접근 방식에 강하게 반대하면서, 특히 영화 미학과 창작을 문학과 미학, 철학, 그리고 더 넓은 사회적 가치로부터 단절된, 자주적인 영역으로 간주하는 영화평론가를 공격했다. 그는 평론가들은 작품의 내용이나 주제적 본질은 무시한 채, 작품의 시각적 형식과 상호지시적인 상징적 연결의 측면에서만 작품을 평가한다고 하면서 어떠한 가치도 사회적 가치와 분리되어 배타적으로 존재하거나 그것이 특별히 미학적일 수 없다고 주장했다. 그리고 영화 스튜디오의 자주관리제의 열린 분위기는 유고슬라비아의 사회주의 사회의 가치 사이의 접점을 더 깊이 이해할 수 있는 환경을 말한다고 하면서 사회에 대한 창작가의 책임의식을 강조했다.[31] 티토의 언급과 벨리코 블라호비치의 비판은 영화를 비롯한 문화, 예술로 확산되면서 오히려 논쟁을 촉발시킨 계기가 되었다. 그 결과 알렉산다르 페트로비치는 '유고슬라비아 영화와 우리의 현실Jugoslovenski film i naša stvarnost'이라는 주제로 발표한 한 컨퍼런스에서 "영화 스타일과 주제 측면에서 유고슬라비아의 새로운 영화적 경향이 전 세계적인 혁명의 일부였기 때문에, 단지 이러한 흐름을 모방한 유고슬라비아 영화는 비창의적이고 타성적이라는 시각과 인간존재의 친밀함과 비극적 차원을 비사회주의자 혹은 해외로부터 전염된 수입품으로 언급한 인위적으로 의도된 정의에 반대하였다. 특히 페트로비치는 이러한 이념적 구분이 사회주의에서 익숙한 심리적 갈등, 개인의 죽음, 사회적 소외 등이 존재할 수도, 존재하지도 않은 이상한 논리로 이끌었다고 비판하였다. 그리고 두샨 마카베예프는 세계를 있는 그대로, 문학적, 이념적 간섭 없이 바라보는 것과 개인적 삶과 사회의 주관적인 해석을 할 수 있는 권리, 관객이 그들 스스로 생각하고 느낄 수 있는 공간을 남겨두는 은유를 열어놓을 수 있는 권리를 요구했다."**32** 이 시기 영화를 중심으로 이루어진 이러한 논쟁은 자주관리제로부터 촉발된 정치, 경제, 사회적 변화에 힘입은바 크지만 무엇보다 1963년 등장한 마르크스 이론에 대한 새로운 해석과 실천을 담고 있는 '프락시스 학파Praxis School'가 노비 필름 창작의 논리를 정교하게 가다듬는 역할과 무관하지 않다.

프락시스 학파는 소련을 비롯한 여타 중·동부 유럽 국가들의 스탈린주의자들에 의해 자신들의 정치권력에 맞게 편협하게 해석되고 왜곡되었던 마르크스주의에 반대하면서 전통적인 초기 마르크스주의로의 복귀를 주장했다. 이것은 1845년 "포이어바흐에 대한 테제Theses on Feuerbach에서 프락시스를 중심적 용어로 사용한 마르크스의 초기저작에 근거하고 있다."**33** 마르크스는 실천을 아리스토텔레스, 헤겔처럼 이론과 실천의 분리 속에서 바라보지 않고 그것의 상호작용으로 인한 통일된 것으로 인식했다. 즉 "이론이 인간됨을 지향하게 될 때 대중의 마음을 사로잡을 수 있고, 이론이 대중의 마음을 사로잡으면 현실을 변혁할 수 있는 물질적 힘이 된다. 그는 이것을 변증법적 통일로, 또한 이것을 실천행위praxis라고 이해하고 있다. 이론이 실천을 지향하고 있고 실천이 이론을 전제로 할 때 비로소 실천과 이론이 통일되는 것이다."**34** 그러므로 "마르크스에게 있어 이론은 곧 실천이며 그것은 실천에 방향성과 타당성을 제공해 주고 힘을 부여하는 이론이다.....마르크스에게 있어서 이런 이론화는 실천적 차원에서 비판적 행위와 상호작용하여 나타난다. 비판이란 개별적 존재를 본질과 연관시켜 구체적 현

실을 그 이념과 연관시켜 판단하는 것으로"[35] 자기규명, 타자규명, 정
치적 행동이라는 삼중의 의미를 지니고 있다.[36] 따라서 마르크스 이론
의 기본적인 특징은 토론과 논쟁을 통해 사회비판을 할 수 있으며 그
것의 대표적인 것이 창작의 자유라 할 수 있다.

이와 같은 논리에 따라 크로아티아의 자그레브 대학교Sveučilište u
Zagrebu 사회철학과의 가요 페트로비치Gajo Petrović, 밀란 칸그르가Milan
Kangrga와 세르비아의 베오그라드 대학교Универзитет у Београду의 철학
과 미하일로 마르코비치Mihailo Marković의 주도로 프락시스Praxis가 결성
되었고, 여기에 브란코 보슈냑Branko Bošnjak, 단코 그를리치Danko Grlić,
루디 수펙Rudi Supek, 프레드라그 브라니쯔키Predrag Vranicki, 다닐로 페요
비치Danilo Pejović, 이반 쿠바취치Ivan Kuvačić가 참여했다. 이들은 진정한
의미의 마르크스 이론과 실천을 위한 심포지움과 저널의 출간 등을
통해 이를 구체화했다. 특히 프락시스 학파는 1963년부터 두브로브니
크Dubrovnik에 있는 코르출라Korčula 지역에서 에른스트 블로흐Ernst Bloch,
에리히 프롬Erich Fromm, 헤르베르트 마르쿠제Herbert Marcuse, 위르겐 하
버마스Jürgen Habermas, 앙리 르페브르Henri Lefèbvre 등과 같은 유명한 지
식인들이 참석한 '코르출라 여름학교korčulanska ljetna škola'를 매년 개최하
였고, '프락시스Praxis'라는 저널이 1964년 첫 호를 시작으로 1974년까
지 유고슬라비아에서 뿐 아니라 외국에서 병행 발행되었다. 유고슬라
비아에서는 1964년부터 1974년까지, 외국에서는 1965년부터 1973년
까지 출간되었다. 이를 통해 프락시스 학파는 왜곡된 마르크스 이론
을 초기의 전통적 관점에서 재해석하면서 유고슬라비아의 지배적 사
상적 흐름에 문제를 제기했다. 특히 프락시스 학파는 이 저널을 통해

"실용주의와 실천의 저속한 마르크스 개념과 달리 마르크스 고유의 독창적인 사상으로 되돌아가면서 철학은 존재하는 모든 것에 대해 가차 없이 비판하는 혁명적 사상이 되어야 하고 혁명적 활동의 힘을 자극하는 진실한 인간 세계의 휴머니즘적 관점이 되어야 한다"[37]고 주장했다.

이러한 마르크스 이론에 대한 프락시스 학파의 재해석은 유고슬라비아의 사회적 논리 기반에 미묘한 변화를 유발하였고, 그것은 정치적, 사회적, 예술적 토대의 변화를 동반했다. 영화는 이러한 흐름에 민감하게 반응했다. 이에 대해 리임M. Liem, A. Liem은 유고슬라비아의 노비 필름은 "스탈린의 수정주의와 반대로 창조적 마르크시즘이 사회주의 사회의 비판의 끊임없는 원천이 되어야 한다는 잡지 프락시스와 연관된 자그레브와 베오그라드의 철학자들처럼 사람들의 이상理想의 흔한 울림이었다고 했다."[38] 특히 노비 필름의 주요 인물인 쥐보인 파블로비치, 알렉산다르 페트로비치, 두샨 마카베예프는 프락시스의 새로운 마르크스 이론의 해석에 기반 한 철학적 지향과 밀접한 관계에 있었다. 그 중에서 단코 그를리치가 규정한 논리, 즉 "인간의 실천은 수동적이고, 명상적이고, 비창의적인 모든 것에, 세상과 특정 사회적 조건에 적응하는 모든 것에 반대하는 태도를 지닌다.....그는 창의적 실천을 이미 구축된, 독단적인, 엄격한, 정적인, 최종적으로 결정된, 고정된, 표준적인 모든 것에 반대하는 것: 과거를 파헤치고, 최면상태로 있는 모든 것에 반대하는 것으로 정의한다."[39] 이러한 철학적 논리와 연관된 이 시기 노비 필름의 흐름을 크로아티아의 프레드라그 브라니쯔키는 우리는 인간을 탁월한 실천의 존재로서, 자유롭게 그리고 의식적으로 삶을 변형시키는 존재로서 여긴다.....인간은 그의 자연적, 사회적 현실을 변형시킴으로써 존재하고 발전하며, 이러한 방식으로 그 자신도 변형된다고 하였다. 이들 뿐만 아니라 이 시기 노비 필름의 많은 영화창작가들은 예술 표현의 완전한 자유라는 원리와 사회적 참여의 다양한 변이들을 넘어 걸출한 개인적 참여를 재확인했다. 또한, 그들은 자유의 책임, 즉 창의적인 개인 예술가는 모든 존재하는 조건들의 비평가로서 기여해야하며, 모든 형태에서 독단과 신화에 지속적으로 반대해야함을 다시 확인한 것이다.[40]

이처럼 프락시스의 철학적 논리는 티토에 의한 유고슬라비아가 독자적 사회주의를 견지하기 위한 시장사회주의 정책 추진에 이론적, 논리적 토대를 제공했을 뿐만 아니라 공산주의와 사회구조에 대한 노비 필름의 다양한 해석과 비판을 가능케 함으로써 과감한 실험적 시도와 수법으로 나아가게 하는 이론적 프레임으로 작용했다고 할 수 있다.

3. 과감한 시도와 반격

3-1. 일상, 내면, 기억의 공존

제2차 세계대전이 끝난 이후 유고슬라비아의 영화는 반파시트와의 투쟁을 다룬 전쟁과 애국심이 중요한 테마였다. 여기에 다른 중·동부 유럽 국가들처럼 유고슬라비아도 사회주의 리얼리즘이 하나의 영화창작 규범으로 작용했다. 이로 인해 유고슬라비아 영화는 비교적 명확한 서술구조와 정형화된 인물로 특징화 되었다. 이것은 "사회주의 리얼리즘이 공산당의 지배 하에서 역사적이고 동시대적인 사건을 드러내고 있기 때문에 실제적 삶이나 역사적 객관성을 묘사할 수 없어, 어떻게 삶이 지속되어야만 하는지에 대한 이상화理想化된 당의 관점에 묶여있기 때문이다."[41] 그러나 티토의 자주관리제의 도입과 함께 진행된 민주화는 이러한 시각으로부터 벗어나 유고슬라비아 영화 창작의 범위를 확장, 변화시켰다. 이것은 그동안 특별한 주제와 제한된 형식 속에서 묘사된 현실과 인간에 대해 다양한 방식의 새로운 해석이 가능해졌다는 것을 의미한다. 이와 같은 상황 변화 속에서 영화 이론가, 창작가들은 관료주의 통제로부터 영화를 자유롭게 하여 영화의 내용과 형식에 실험을 적용하기 시작했다. 이를 통해 나타난 것이 현실묘사와 그와 관련된 인간의 내면세계, 역사적 경험에 근거한 기억의 공존을 들 수 있다. 이러한 특징은 노비 필름의 시작이라 할 수 있는 1961년 등장한 도미니크 스몰레Dominik Smole의 소설을 토대로 슬로베니아의 트리글라브 필름에서 만든 흘라드니크의 첫 번째 장편영화, 〈빗속에서 춤을〉과 아발라 필름에서 만든 알렉산다르 페트로비치의 〈둘〉을 통해 나타났다. 이들 영화는 등장과 함께 많은 논쟁을 불러 일으켰다. 한편에서는 동시대 주제와 형식면에서 유고슬라비아 영화의 돌파구를 보여준 영화라 평가하였고, 또 다른 측면에서는 동시대의 상황들과 이질적인 표현으로 프랑스와 이탈리아의 영화를 모방한 것에 지나지 않는다고 했다.[42] 그럼에도 불구하고 이들 영화는 영화 역사가들에 의해 새로운 주제와 형식에 대한 시도로 유고슬라비아 노비 필름의 시작을 알린 작품으로 간주되었다.

흘라드니크의 영화 〈빗속에서 춤을〉은 우울하고 무료한 일상에서의 화가 페테르와 연극무대에서 배역을 위해 애쓰는 여자 배우 마루 사를 통해 새로운 시기의 유고슬라비아 영화의 특징이 나타난다. 영화는 그들의 이상적 욕망과 꿈을 허름한 아파트, 방치되고 폐허가 된 건물과 길거리 모습의 일상적 현실의 풍경을 보여주면서 그들 내면에 숨어있는 의식, 꿈과 엇갈린 운명을 끊임없이 내리는 빗소리와 대비적으로 형상화하고 있다. 특히 사람들이 밀집되어 있는 카페 장면은 그들이 직면하고 있는 현실적 삶의 형태들, 즉 새로운 것과 낡은 것, 맨정신과 술 취함, 깨끗함과 더러움, 젊음과 늙음, 생동감과 음울함, 도시와 자연, 부유함과 가난함을 대비시키면서 그것으로부터 벗어나고자 한 그들의 현실적 바람과 함께 내면의 세계로 연결되는 기제로 사용된다. 이는 꿈속장면처럼 침대에서 자고 있던 페테르가 관을 이고가는 사람들 사이를 걸어가면서 뛰어가는 장면과 침대에서 일어나 거리의 수많은 군중 대열에 합류하는 마루사를 보여주고 난 후 갑자기텅 빈 공터에서 혼자가 된 그녀의 모습은 마치 도시와 군중 속의 외로움, 고독함을 묘사하고 있는 것처럼 그들이 현실과 내면의 경계에 위치하도록 견인하고 있다. 뿐만 아니라 영화는 영화 속 인물의 내면의세계를 내레이션을 통해 의식과 무의식, 현실과 비현실이 시공간 속에 혼재되어 나타남으로써 현실의 인과관계성을 파괴하기도 한다. 이런 측면에서 이 영화는 새로운 형식적 시도를 한 영화라 할 수 있다. 그러나 유고슬라비아에서는 이를 두고 "삶에 대해 부정적이고 철학이없는 미학주의, 시각주의라고 비판했다."[43] 그럼에도 불구하고 이 영화는 현실에 인간 내면의 세계를 배치함으로써 이 시기 유고슬라비아영화의 흐름에 하나의 전환기적 작품으로 인식되었다.

페트로비치의 영화 〈둘〉에서도 이와 같은 노비 필름의 특징을 엿볼수 있다. 영화는 젊은 남자가 우연히 만난 한 여인과 사랑에 빠진 이야기를 다루고 있다. 그러나 영화는 과거와 현재에 대한 시간적 요소를 개입시켜 내러티브의 일반적 흐름을 피하고 있다. 이는 이들의 만남과 이별의 다양한 시간을 스틸사진과 네거티브 필름을 통해 회상하고 거슬러 올라가는 기제로 사용함으로써 그들의 일상과 내면의 경계가 와해되는 형식을 취하고 있다. 이런 특징은 페트로비치의 영화도 유고슬라비아의 새로운 영화의 시기를 여는 영화로 평가될 수 있는 요소를 가지고 있다고 할 수 있다.

이후 흘라드니크는 영화 〈모래 성Peščeni grad, 1962〉에서 도시의 일상적 풍경 속에서 역사적 경험의 공존으로 발전된다. 영화는 철조망을 뚫고 탈출한 한 여인이 거리의 무너진 건물의 잔해를 보고 놀라는 모습과 지붕 위 옥상에서 도심거리를 무료하게 내려다보고 있는 젊은 남자와 대비적 모습으로 시작된다. 이 장면에 이어 영화는 지루한 일상을 벗어나기 위해 여행을 떠나는 젊은 남자와 이 여행에 합류하게 된 여인의 서로 다른 상황을, 바닷가에서 즐거워하는 남자들의 모습과 두려움에 사로잡힌 여인의 모습을 통해 보여준다. 이후 영화는 그녀가 독일 수용소와 관련되었다는 사실이 밝혀지고 자신을 잡으러 오는 사람들로부터 벗어나려 스스로 바닷가의 절벽으로 투신한다. 그리고 영화는 쇠창살 안의 여인의 모습으로 시작된 것과 달리 그녀가 부재한 쇠창살 이미지로서 마무리 된다. 이처럼 영화는 전쟁의 상처를 상징화한 여인과 평범하고 무료한 일상의 남자들의 모습을 대비시키면서 유고슬라비아의 일상 속에 내재되어 있는 과거의 역사적 경험을 드러내고 있다.

 반면 페트로비치의 일상적 풍경은 영화 〈일상들Dani, 1963〉에서 보다 직접적으로 묘사된다. 영화는 시작과 함께 도시의 거리를 무료하게 걷고 있는 한 여인의 모습을 보여주면서 길거리의 다양한 모습, 즉 수많은 사람들과 자동차, 공사장 소음 등과 같은 일상적 풍경을 다큐멘터리 방식으로 표현하고 있다. 그녀는 우연히 한 남자를 만나게 되고 그와 함께 젊은 남녀들이 경쾌한 음악에 맞춰 춤추는 카페와 극장의 평범한 일상을 보낸다. 그러나 그녀의 또 다른 일상에는 전쟁에서 사망한 남편의 묘지를 찾고 집으로 돌아온 후 컴컴한 조명 속에서 도시의 거리를 바라보는 장면으로 마무리되는 현실이다. 영화는 한 여인의 일상을 추적하면서 그녀의 우울함과 무료함을 드러내고 그 속에 내재되어 있는 한 인간의 삶을 표현하고 있다. 따라서 영화는 인간의 삶을 결정하는 것들을 현실의 일상적 풍경을 통해 묘사하고 있는 것이다.

 이러한 일상 속에서 인간의 삶의 애환과 슬픔을 드러내는 페트로비치의 영화는 1967년 〈깃털 수집가Skupljači perja, 1967〉에서도 엿볼 수 있다. 영화는 집시마을의 다양한 삶의 풍습과 함께 주인공 보라와 티사의 비극적인 사랑을 보여주고 있다. 나이 많고 거친 여자와 결혼한 보라와 아버지로부터 사랑하지 않은 남자와 결혼하도록 강요받은 티사는 서로 사랑에 빠진다. 티사는 아버지의 결혼을 거부하고 마을을 떠나 베오그라드로 떠난다. 그러나 그녀는 도시생활에 적응하지 못하고 고향으로 다시 되돌아온다. 마을로 돌아오는 도중 티사는 트럭운전자들로부터 강간을 당하고 보라 역시 자신의 명예를 지키기 위해 적대자들을 죽이고 그 마을을 떠난다. 이처럼 영화는 집시들의 비극적 사랑과 삶의 슬픔을 묘사하고 있다. 특히 다큐멘터리 방식으로 묘사된 티사의 도시 풍경은 모순투성이의 집시마을로 되돌아오게 하는 직접적 요인으로 작용함으로써 유고슬라비아의 현실적 삶의 어려움을 드러내고 있다. 페트로비치는 두 인물의 비극적 운명으로부터 수많은 동시대 삶의 메타포와 동시대의 세계를 보고자 했던 것이다.[44]

현실에 역사적 사실을 개입시킨 것은 페트로비치의 〈세상의 종말이 다가온다Biće skoro propast sveta, 1968〉에서 두드러지게 나타난다. 영화는 전통적인 노래, 악기 소리와 화면이 번갈아 보여지면서 시작된다. 이후 영화는 한 마을의 결혼식 축제와 말 못하는 여인 고차를 강간하는 남자들의 폭력적이고 부조리한 모습과 성당, 그리고 이 마을로 파견된 여자 미술선생 레자의 등장으로 모순된 의미의 장면들이 전개된다. 특히 레자를 둘러싸고 벌어진 돼지를 돌보는 젊은 남자 트리사와 마을에 불시착한 경비행기 조종사와의 관계, 그리고 트리사를 둘러싸고 레자와 말 못하는 여인, 고차와의 관계는 고차와 트리사의 죽음으로 이어진 이들의 비극적 사랑의 결말을 이끄는 서사의 축이라 할 수 있다. 이와 함께 영화는 경비행기에 부착된 유고슬라비아 국기, 스틸사진과 함께 1968년 8월 21일 소련 및 바르샤바 조약군에 의한 체코슬로바키아의 침공사건, 그리고 붉은 깃발과 유고슬라비아 깃발을 들고 행진하는 수많은 사람들의 모습과 인민위원회 선거로 이어지는 장면을 통해 유고슬라비아가 처한 소외와 공허한 현실을 빗대어 묘사하고 있다. 따라서 영화는 한 마을에서 벌어지고 있는 비극적 사건과 유고슬라비아를 둘러싸고 있는 다양한 역사적 사건들이 하나의 프레임 속에 존재하고 있음을 주지시키고 있다.

이와 같은 기조는 1920년대 모스크바를 배경으로 미하일 불가코프 Михаил Булгаков의 소설을 토대로 겨울 풍경의 성당과 거리의 사람들, 극장의 무대공연을 영화화 한 〈거장과 마르가리타Мастер и Маргарита, 1972〉에서 유지되고 있다. 여기서 그는 초기 스탈린 시기의 억압적인 분위기와 창작의 자유와의 관계를 유고슬라비아에서의 현재적 상황과 연관시켜 묘사하고 있다. 이를 통해 알렉산다르 페트로비치는 현실을 지배하는 것과 그로부터 형성된 의식, 내면의 세계가 다양한 역사적 사건, 현실과 결코 무관하지 않으며 그것과 공존하면서 전개되고 있다는 것을 묘사하고 있다.

현실과 역사적 경험에 대한 탐색은 베오그라드의 아마추어 영화집단인 키노 클루브kino klub의 쥐보인 파블로비치, 마르코 바바쯔Marko Babac, 코칸 라코냑Kokan Rakonjac이 만든 두 편의 영화에서도 나타난다. 첫 번째는 전쟁기와 동시대의 삶을 세 개의 에피소드로 구성된 옴니버스 영화 〈방울, 물, 전사들Kapi, vode, ratnici … 1962〉이고, 두 번째는 유고슬라비의 현실을 과연 삶의 가치가 존재하고 있는 살만한 곳인가에 대한 의문을 제기하고 있는 〈도시Grad, 1963〉를 들 수 있다. 특히 세 개의 에피소드로 구성된 영화 〈도시〉는 삶에 대해 비관적이고 냉소적인 시각으로 인해 유고슬라비아로부터 격렬한 비판과 상영금지를 당했다. 이에 대해 "알렉산다르 페트로비치는 풀라 영화제에서 유고슬라비아에서 만들어진 최고의 영화중 하나가 쓰레기통으로 버려졌다"[45]고 비판했다. 이와 같은 비판과 옹호의 극단적인 평가에도 불구하고 이들 영화는 일상적 삶을 구성하고 있는 요소들을 영화의 중심에 위치시키면서 그것에 대한 판단을 시도 하고 있다. 따라서 영화 속에서의 일상의 모습은 단순한 일상으로서의 의미가 아니라 다양한 의미의 층위를 가지고 있는 일상적 현재라 할 수 있다.

이러한 특징, 즉 현실의 일상 속에 내재되어 있는 내면과 경험, 기억과 같은 다양한 요소를 드러내는 것은 바트로슬라브 미미짜의 영화에서 두드러지게 나타난다. 그는 영화 속 인물의 일상과 과거의 다양한 경험의 기억들을 병치시키면서 현재의 유고슬라비아의 사회적 풍경을 묘사하고 있다. 1965년 풀라 영화제에서 최우수상을 수상한 〈비쉐비짜 섬에서 온 프로메테우스Prometej s otoka Viševice, 1964〉는 이러한 특징을 잘 드러내고 있다. 영화는 성공한 중년의 남자, 마테는 아내와 함께 파르티잔 영웅을 기리기 위한 제막식에 참석하기 위해 섬마을로 향한다. 마을로 가는 도중 배위에서 한 남자로부터 건네받은 파르티잔 시절의 흑백사진은 그를 과거의 파르티잔 시기로 회귀하게 하는 모티프로 작용한다. 섬에 도착한 주인공은 자신의 파르티잔 흔적을 찾아다니면서 무의식 속에 존재하고 있는 과거의 기억, 즉 독일군과의 전투, 첫사랑 마티나의 모습을 떠올린다. 따라서 영화는 현재의 일상과 과거의 개인적, 역사적 경험의 기억들이 공존하고 있음을 드러낸다. 이를 위해 영화는 현재와 과거의 시간적 경계를 다큐멘터리와 극영화를 혼재시켜 묘사하고 있다. 미미짜는 현실을 살아가는 인물 속에 단순한 현실의 모습뿐만 아니라 기억을 통해 그가 살아온 경험이 현실 속에 공존하고 있다는 사실을 영화 속에 드러내고 있다. 이러한 특징은 그의 영화, 〈월요일 혹은 화요일Ponedjeljak ili utorak, 1966〉에서도 나타난다.

영화는 이혼한 자그레브의 저널리스트인 마르코의 일상을 다루고 있다. 그리고 그 방식은 〈비쉐비짜 섬에서 온 프로메테우스〉에서처럼 현재의 일상적 모습의 주인공과 그것을 구성하고 있는 내면의 의식의 흐름을 함께 보여주는 방식을 취하고 있다. 따라서 영화는 주인공 마르코를 형성하고 있는 그의 총체성, 즉 과거와 현재, 나아가 미래에 대한 희망까지도 포함하고 있다. 이것은 그의 어린 시절에서부터 실패한 첫 번째 결혼, 현재의 여자친구, 제2차세계대전기 사망한 아버지, 그리고 자신의 미래에 대한 희망으로 구성된 것에서 알 수 있다. 영화는 이를 마르코의 하루 일상이 시작되는 첫 번째 장면, 즉 어린 시절, 첫 번째 아내, 현재의 여자 친구 라이카, 아버지 모습 등의 수많은 이미지를 통해 제시하고 있다. 따라서 영화는 저널리스트로서의 현실적 모습의 마르코와 그의 어린 시절, 전쟁의 참혹한 모습, 대규모 군중집회, 운동경기, 재즈 음악가 루이 암스트롱Louis Armstrong의 노래와 포스터, 원폭사진, 텔레비전 뉴스 장면 등이 함께 묘사된다. 그러므로 영화는 그가 살아가고 있는 현실의 모습과 그의 의식 속에 내재되어 있는 과거의 기억들이 병치되면서 개인적, 사회적, 역사적 층위로 발전한다. 이것은 마르코의 일상적 모습과 함께 영화 속에서 제시된 다양한 다큐멘터리 필름과 스틸 사진에 의한 역사적 사건들에 의해 그 의미가 강화된다. 미미짜는 이것의 의미를 보다 강력하게 드러내기 위해 흑백과 컬러의 관계를 전복시키고 있다. 즉 마르코의 일상적 현실은 주로 흑백으로 묘사되고 있고 과거의 경험, 기억, 무의식 속에 내재되어 있는 것은 컬러로 표현된다. 그리고 이것은 색깔, 음악, 뉴스필름, 소리 등과 어울리면서 새로운 실험적 시도로 나아가고 있다. 미미짜는 인간의 현실적 풍경은 현실로서만 존재하는 것이 아니라 무의식 속에 내재되어 있는 경험적 기억으로부터 벗어날 수 없다는 사실을 드러내고 있는 것이다.

미미짜는 현실을 현실 그 자체로서만 존재한다고 생각하지 않았다. 그에 의하면 현실을 구성하고 있는 것은 지나 온 수많은 시간과 경험의 축적으로 이루어지고 있으며 그것으로부터 결코 분리될 수도 없고 자유로울 수 없다는 것이다. 그 중에서 전쟁의 경험은 유고슬라비아 사회에서 무관한 듯 보이는 사람들의 현실적 풍경을 이루는 중요한 요소라 할 수 있다. 이런 측면에서 죽음의 세 가지 형태를 묘사한 알렉산다르 페트로비치의 영화 〈셋Tri, 1965〉은 매우 의미 있는 영화라 할 수 있다.

영화는 제2차세계대전시기 전쟁초기, 전쟁중기, 전쟁말기의 서로 다른 죽음의 세 가지 형태를 묘사하고 있다. 따라서 영화는 3개의 에피소드로 구성되어 있다. 첫 번째 에피소드에서는 전쟁초기의 풍경으로 비상경고음과 함께 스틸사진으로 비행기, 불타버린 건물 잔해, 베오그라드 표지판, 독일 군인들과 히틀러의 모습 등이 보여지고 난후 피난을 가기위해 집결한 한 작은 마을의 기차역이 묘사된다. 기차역에는 다양한 사람들이 모여들고 이를 지키고 관리하면서 한 남자를 사살하게 된 유고슬라비아 군인, 기차가 들어오고 난 후 떠나는 사람들과 남겨진 사람들, 그리고 이러한 전쟁초기 기차역의 전체 풍경을 창문으로 지켜 본 한 여인의 모습으로 마무리 된다. 즉 그녀는 기차역에서 벌어진 모든 상황의 목격자이자 관찰자인 것이다. 두 번째 에피소드는 숲속으로 도망치는 한 군인(이후 한 명이 합류하게 됨)과 이를 추격하는 독일 군인들을 다루고 있다. 도망치는 인물은 넓은 벌판 위의 숲속과 늪지대로 숨으려 애쓰지만 이들을 추격하고 발견한 독일 군인들의 표정은 이와 대조적으로 묘사되고 있다. 한쪽은 생사를 넘나드는 긴장되고 절실한 표정으로 또 다른 쪽은 이들을 추격하고 발견하면서 마치 동물 사냥하듯 여유 있는 모습이다. 이것은 독일군으로부터 벗어나려는 두 남자의 숨 막히는 두려움, 공포와 그들을 발견한 독일 군인들의 모습을 총구와 총신을 천천히 화면에 프레임 인 시켜 묘사하는 장면에서 그들의 관계를 상징적으로 묘사하고 있다. 그리고 짚 덤불 속으로 피신한 한명이 독일 군인들에 의해 총과 화염방사기에 의해 잔인하게 살해되는 장면과 이를 멀리서 지켜본 살아남은 주인공의 울부짖음과 괴로워한 모습으로 마무리 된다. 이 에피소드에서는 자신을 대신해 죽은 동료의 참혹한 장면을 목격한 죽음의 희생자로서 묘사되고 있다. 그리고 마지막 세 번째 에피소드는 죽음의 집행자로서 묘사된다. 한 마을의 공터에 처형을 앞둔 전쟁 중 이적행위를 하였거나 포로가 된 사람들이 끌려 나온다. 북소리와 함께 긴장된 분위기 속에서 그들이 숲 속으로 사라지고 난 후 건물의 창문을 통해 이 광경을 지켜 본 한 남자가 밖으로 나와 텅 빈 공터를 바라본다. 그리고 영화는 경쾌한 음악으로 마무리 된다. 이 에피소드는 한 여인이 창문을 통해 마을의 기차역 광장에서 일어난 것들을 관찰하고 지켜보는 첫 번째 에피소드와 동일한 방식을 취하고 있다. 그러나 첫 번째 에피소드가 수동적 관찰자에 지나지 않았던데 비해 이 에피소드에서는 죽음을 집행하는 적극적 관찰자로 묘사되고 있다. 이처럼 영화는 서로 다른 상황에 처해 있는 전쟁과 죽음, 삶을 세 가지 방식으로 묘사하고 있다. 그리고 이것은 전쟁초기, 전쟁중기, 전쟁말기를 지나온 유고슬라비아의 역사와 연결되고 있으며 동시에 인간의 본성을 결정하는 것이 무엇인지에 대한 질문을 던지고 있는 것이다.

현실과 전쟁이후의 역사적 풍경을 연결시킨 영화는 바흐루딘 첸기치Bahrudin Čengić의 〈작은 군인Mali vojnici, 1967〉에서도 나타난다. 영화는 고아원에 수용된 한 어린이가 전쟁으로 사망한 나치 장교의 아들이란 사실이 알려지게 되자 전쟁으로 부모를 잃은 많은 아이들은 그를 잡으려하고 그는 그들로부터 도망친다. 이와 같은 모습을 통해 영화는 어른들의 역사가 어린아이, 즉 미래 세대에게도 남겨지게 되는 현실 속에 존재하는 전쟁의 상처를 묘사하고 있다.

일상, 내면, 기억의 공존을 현실 속에 투영시킨 수법은 쥐보인 파블로비치에 의해 보다 비판적 흐름으로 나타난다. 그것은 이상을 현실에 적용시킴으로써 현실을 감싸고 있는 허위적 요소를 냉소적이고 직접적으로 묘사하면서 드러내고 있다. 이는 〈적대자Neprijatelj, 1965〉, 〈귀환 Povratak, 1966〉, 〈쥐들이 깨어날 때Buđenje pacova, 1967〉, 〈내가 죽고 하얗게 될 때Kad budem mrtav i beo, 1967〉에서 현실의 삶 속에서 실패할 운명을 지니면서 피폐해져 가는 인간 영혼의 모습을 통해 나타났고, 영화 〈매복 Zaseda, 1969〉과 〈붉은 호밀Rdeče klasje, 1970〉에서는 유고슬라비아 공산주의 정권을 지지하였지만 정치, 범죄와 연루되어 혼란에 빠진 젊은 이상주의자가 비밀경찰에 의해 길거리에서 외롭게 죽어가는 이야기를 통해, 그리고 전쟁직후 집단농장으로의 전환과정에서 범죄를 저지른 파르티잔 출신 정치인을 통해 현실과 지배체제의 이데올로기를 연결시키고 있다. 쥐보인 파블로비치는 이러한 영화적 특징을 "시적 자연주의 형식을 통해 현실에 관한 모든 신화의 정체를 드러냄으로써 노비 필름의 성공적 발전을 견인하고자 하였다고"[46] 역설했다. 특히 일상의 3부작-〈쥐들이 깨어날 때〉, 〈내가 죽고 하얗게 될 때〉, 〈매복〉-중

〈내가 죽고 하얗게 될 때〉는 그에게 매우 특별한 영화라 할 수 있다.

영화는 느슨하고 완만한 방식의 에피소드식 내러티브 구조와 로드 무비 형식으로 정처 없이 떠돌아다니는 20대의 젊은 주인공 지미 바르카와 4명의 여인, 즉 지미의 삶을 지탱해주는 역할을 한 소매치기 파트너 릴리사, 대중가수로서 자신의 경력을 도와준 가수 두스카, 일시적인 편안한 안식처 같은 미짜, 그리고 지미의 방황을 멈추게 한 치과의사 보조를 통해 전개되고 있다. 따라서 영화에서는 사실주의적 수법으로 유고슬라비아 세르비아 지역에서의 다양한 일상적 현실과 사회적 현상이 드러난다. 이러한 형식의 탁월함은 화장실에서 앉아 있는 상태로 죽은 지미의 모습을 카메라로 천천히 들어가면서 그의 얼굴에 흐른 피를 보여주고 마무리되는 마지막 장면을 들 수 있다. 이 장면은 마치 세르게이 에이젠쉬테인Сергей Эйзенштейн의 천재성, 위대함을 언급할 때 사용되는 '악마의 시학poetics of viciousness'으로 일컬어진 그의 견인 몽타주처럼 충격적으로 다가온다.[47] 이 장면은 유고슬라비아가 직면하고 있는 혼란스러운 젊은 청년들의 방황을 직접적으로 드러낸 것일 수도 남성성의 위기에 근거한 것일 수도 있지만 무엇보다 유고슬라비아가 직면하고 있는 현실에 대한 냉혹한 비판이라 할 수 있다.

이처럼 이 시기 노비 필름은 유고슬라비아의 현실을 묘사하면서도 현실 자체뿐만 아니라 내면과 역사적 기억으로 확대하고 있다. 그것은 현실을 이루고 있는 것이 단순히 현재에만 머물러 있는 것이 아니라 과거의 역사라는 시간과 공간, 그리고 인간의 의식과 경험, 기억 속에서 공존하고 있다는 것을 의미한다. 이는 영화의 내용과 형식이 자연스럽게 다양한 실험적 방식으로 향하게 하는 요인이 되었고 그것이

이 시기 노비 필름의 특징을 이룬 하나의 요인이 된 것이다.

3-2. 금기의 도전

유고슬라비아 노비 필름에서의 가장 혁신적인 시도는 프락시스 학파에서처럼 마르크스 이론에 대한 새로운 해석에 있다. 이것은 유고슬라비아 연방이 공산주의 이념을 기반으로 형성된 국가였다는 사실에 비추어 볼 때 그 의미의 도전성과 과감성은 더욱 크다고 할 수 있다. 이는 티토의 독자적인 사회주의 국가체제 확립과 사회주의 국가 블록을 형성하고자한 소련과의 관계 재정립 과정에서 나타난 갈등의 현상이 하나의 원인으로 작용했다. 이것은 현실 사회구조에서부터 사회주의 체제의 근본적 원리인 마르크스주의에 대한 새로운 해석을 촉발시켜 금기시되었던 성역을 허물어뜨리는 것으로 유고슬라비아 연방 공화국의 이념적 토대를 흔들 수 있는 것이었다. 특히 티토의 시장자유경제체제 도입과 민주화의 분위기는 마르크스 이론의 근본적 원리 강조와 함께 영화창작가들이 지속적으로 주제의 지평을 넓히고 보다 과감하고 직접적인 시도를 통해 동시대의 혁명 조건과 지배체제 이데올로기를 비판하는 요인으로 작용했다. 이러한 흐름의 선봉에는 두샨 마카베예프의 영화에서 가장 두드러지게 등장한다. 그는 자신의 영화에서 마르크스 · 레닌의 이론뿐 아니라 그로부터 촉발된 모든 억압적 요소인 지배체제 이데올로기를 공격하였다. 이러한 특징은 마카베예프의 첫 번째 장편영화 〈남자는 새가 아니다Čovek nije tica, 1965〉에서부터 나타난다.

그는 이 영화에서 이데올로기의 허구성, 그것이 본질을 호도하는 기제임을 풍자와 비유를 통해 제기하고 있다. 이를 마카베예프는 영화의 첫 장면, 최면술사의 최면을 통해 "여자와 남자가 사랑하게 될 때 나타나는 현상과 도덕과 매직은 넌센스이며 그것과 싸워야 한다고 주장한다"로부터 시작한다. 이와 같은 첫 장면의 선언적 의미와 함께 영화는 숙련된 기술자 얀과 미용실의 젊은 여자 라이카, 그리고 공장 노동자들과 트럭 운전자 카미오나를 통해 이를 증명해 나간다. 중장비 기계를 설치하기 위해 광산 도시에 온 얀은 몇 주일동안 묵게 될 방을 구하게 되는데 미용실의 젊은 여성 라이카로부터 도움을 받는다. 이를 계기로 그들은 친밀한 관계로 발전한다. 얀은 술집에서 싸우고 문제를 일으킨 바르부로비치와 같은 일반 공장 노동자들과 달리 노동의 중요성을 깊이 인식하고 있는 인물이다. 이를 영화는 그가 머물고 있는 공장 근처의 방에서도 끊임없이 들리는 공장의 소음 소리를 통해 묘사한다. 노동에 대한 얀의 태도는 공장에 견학 온 학생들에게 "노동자들과 노동계급에 대해 그들이 곧 역사의 기원이다"라는 의미의 내레이션이 이어지면서 강조된다. 그러나 이 장면에 이어 화면은 최면술에 의해 행동하고 반응하는 사람들의 모습을 보여준다. 이와 같은 화면구성은 얀과 노동자, 노동계급에 대한 인식이 집단 이데올로기에 의한 마치 최면술사에 의해 최면이 걸린 것과 같은 비유와 풍자를 암시하고 있는 것이다. 그리고 라이카는 얀에게 최면은 정말로 허황된 것이라 말하면서 그를 나이 먹은 늙은이라고 규정한다. 이는 공장에서 자유분방한 젊은 노동자들에 의해서도 동일하게 불린다. 이것은 얀에 투영된 노동의 집단 지배체제 이데올로기를 시대에 뒤떨어진 구세대의 전형적 형태임을 폭로하고 있는 것이다. 그리고 공장 책임자는 얀에게 수출을 위해 공사기간을 단축하도록 요구한다. 얀은 이를 받아들이지만 노동자들은 이에 대해 문제를 제기한다. 그러자 얀은 그들에게 상여금과 메달이 수여하게 될 것이라 말하면서 그들을 회유한다. 공사기간 단축은 성공적으로 수행되었고 당에 의해 얀의 공적이 치하되면서 상장과 메달이 수여되고 베토벤의 9번 합창곡 4악장 '환희의 송가'가 울려 퍼지는 노동자를 위한 음악회가 시작된다. 그러나 영화는 얀의 시상식에 참석하지 않은 라이카와 젊은 트럭 운전자 보작 카미오나와 정사장면으로 이어진다. 얀은 라이카가 자신을 사랑하지 않고 있다는 사실을 확인하고 텅 빈 파티장에서 자신의 머리를 빗는 빗과 메달을 만지면서 베토벤 곡을 연주하라고 하면서 맥주병을 창문으로 던진다. 깨진 거울 속에 비친 자신의 얼굴과 서커스 공연의 모습이 연속적으로 보이고 영화는 다시 내레이션을 통해 최면술은 일반적인 잠이 아니라 유도된 인위적 잠이라는 그것의 유래를 설명하면서 베토벤의 합창 교향곡과 함께 벌판을 혼자 걸어가는 얀의 모습으로 마무리 된다. 이처럼 영화는 최면술과 현실, 그리고 늙은이와 젊은이를 대비시키면서 시종일관 현실을 지배하는 이데올로기에 대해 비판 하고 있다. 영화는 최면술을 현실을 호도하는 것과 동일한 의미로서, 그리고 최면술에 따라 행동하는 사람들의 형태를 얀을 통해 비유적으로 드러내면서 비판하고 있다. 또한 라이카와 공장의 젊은 노동자들은 얀을 늙은이라고 규정함으로써 최면술, 현실호도, 늙은이라는 것과 동일화하면서 지배체제 이데올로기와의 연관성을 확인하고 그것의 고립, 허망함, 마취, 그리고 거대한 국가권력, 지도자에 의해 인위적으로 유도된 것이라는 것임을 드러내고 있다. 이것을 마카베예프는 다큐멘터리적 요소와 내러티브를 영화 속 곳곳에 삽입시키면서 화면에서 전 개되고 있는 인물들이 어떻게 작동되고 있는지를 폭로하고 그것의 실 체와 본질을 어떻게 인식해야 하는지를 제기하고 있다. 이처럼 선언적 의미의 문구와 과학적, 학술적 논리를 다큐멘터리 필름으로 제시하는 수법은 마카베예프 영화의 특징이라 할 수 있다.

이러한 특징은 그의 영화 〈연애사건 혹은 비극 전신전화Ljubavni slučaj ili tragedija službenice P.T.T, 1967〉에서도 나타난다. 영화는 남자들의 개혁이 있을 것이고 새로운 남자가 유지될 것이라는 자막과 함께 의학적 성 과 성적 지식의 저자인 학자가 등장하여 성의 역사와 관습에 대해 설 명한다. 그리고 영화제목이 등장하고 난 후 전화교환수로 일하는 여 성의 모습과 퇴근이후의 길거리 풍경을 보여준다. 이후 우물을 탐사하 는 장면이 보여지고 우물에서 여자 시체가 건져 올려지는 모습과 함 께 범죄연구소의 쥐보인 알렉시치Živojin Aleksić 박사의 범죄유형에 관 한 다큐멘터리 필름이 이어진다. 그리고 화면은 다시 영화의 주인공이 라 할 수 있는 이자벨라와 위생 검사관 아흐메드의 사랑과 죽음으로 끝나는 파국적 관계를, 또 다른 측면에서는 화면 중간 중간에 성과 관 련된 과학적 학술 논거를 다큐멘터리 방식으로 삽입된다. 따라서 영 화는 두 가지 방식으로 구조화 되어 있다. 하나는 이자벨라, 아흐메드 의 관계를 중심으로 이루어져 있고, 또 다른 것은 성과 관련된 다양한 학자들의 논리를 설명한다. 그러므로 영화는 극영화적 요소와 다큐멘 터리적 요소가 결합되어 있다. 즉 전체적인 이야기 구조 속에 다큐멘 터리적 요소가 삽입되어 있어 영화는 마치 콜라주처럼 구성되어 있다. 특히 이자벨라, 아흐메드, 루자, 미짜를 중심으로 이루어진 장면에서는 끊임없이 유고슬라비아의 현실과 그 현실과 관계 맺고 있는 이데 올로기적 공세의 표식들이 묘사된다. 즉 이자벨라와 루자의 길거리 장면에서 마오쩌뚱에게 꽃을 바치는 사진과 건물 벽에 레닌의 초상화가 걸리면서 유고슬라비아에 대한 찬양의 노래, 그리고 교회를 폐쇄하라는 문구를 들고 가는 소련 노동자들의 모습과 교회에 붉은 깃발을 세우는 장면, 아흐메드가 사온 독일제 레코드에서는 용감한 투쟁에 관한 노래 소리가 들리고 이자벨라와의 사랑이 파국으로 끝나가는 것에 괴로워한 아흐메드가 스스로 자살하려는 자신을 말리려다 오히려 그녀가 우물 속으로 빠져 죽게 됨으로써 그가 체포되고 살인 사건이 종결되는 시점에서는 유고슬라비아의 자부심과 함께 나태, 게으름을 비판하고 자신을 새롭게 갱신해야 한다는 노래 소리로 마무리되는 것 등이다. 이처럼 영화는 지배권력, 이데올로기에 대한 비판과 풍자를 성에 관한 학술적 논리와 함께 병렬시키면서 그것의 허구성을 묘사하고 있다. 지배 권력과 이데올로기에 대한 비판은 두샨 마카베예프의 영화 창작에서 가장 중요한 목표로 작용하고 있는 것이다.

이러한 기조는 1968년 〈보호받지 못한 무죄Nevinost bez zaštite〉에서도 나타난다. 영화는 현재의 관점에서 과거 유고슬라비아 최초의 유성영화인 〈보호받지 못한 무죄〉에 대한 제작과정과 그것의 역사적 의미를 시대적 상황과 결부시키면서 다양한 형식으로 묘사되고 있다. 마카베예프는 영화에서 이를 1942년 아크로바틱 선수인 드라고류브 알렉시치Dragoljub Aleksić가 유고슬라비아 최초의 유성영화를 만들었지만 점령 시기에 만들어졌다는 이유로 유고슬라비아 영화역사에서 언급되지 않은 이유와 해방될때까지 그것의 보관 과정, 독일군으로부터의 필름

공수, 카메라맨, 사운드 기록자 등의 무용담을 통해 영화가 어떻게 만들어졌고 일반인들에게 상영되었는지에 대해 말하고 있다. 그러므로 영화는 전쟁기의 열악한 상황과 전선의 전황, 그리고 점령기 시기로부터 해방된 유고슬라비아의 역사과정을 담고 있다. 이를 영화는 뉴스와 다큐멘터리 필름에 의한 전쟁의 실제 장면과 강인한 육체 소유의 남성에 대한 칭송을 여성들의 모습을 통해 언급된다. 그리고 또 다시 영화가 어떻게 만들어졌는지가 언급되고 해방이후 독일과 유고슬라비아에서 상영했지만 금지되면서 오히려 알렉시치 자신은 감옥에 가게 되었다는 사실을 언급한다. 이처럼 영화는 알렉시치를 비롯한 영화제작과정에 참여한 사람들의 다양한 언급과 전쟁기의 혹독한 상황, 그리고 독일군에 대한 것 등이 묘사되고 있다. 그렇기 때문에 영화는 많은 다큐멘터리와 뉴스필름, 각각의 분절된 에피소드와 자막을 통해 구성되어 있다. 또한 영화 곳곳에는 유고슬라비아를 상징하는 다양한 표식들, 즉 유고슬라비아를 찬양하는 노래와 서커스에서 펄럭이는 유고슬라비아 국기, 장례식 장면 이후 춤추는 여인의 치마에 유고슬라비아 국기가 컬러로 보여지는 것 등이 등장한다. 이처럼 영화 〈보호받지 못한 무죄〉는 마카베예프에 의해 현재의 관점에서 그 당시의 영화와 시대를 기억하면서 다큐멘터리, 뉴스영화, 영화 속 영화, 컬러와 흑백, 흑백 영화 속 컬러화 시도를 통해 육체와 정신, 유고슬라비아의 국가와 민족주의 등을 강조하고 있다. 특히 이 영화가 점령기에 만들어졌다고 간주되어 유고슬라비아 영화 역사에서 사라지게 된 이유와 이에 대한 항변을 아크로바틱 선수인 알렉시치에 의해 언급되고 마무리되는 장면을 통해서는 새로운 역사의 복원이 이루어져야함을 주장하고 있다.

이데올로기에 대한 마카베예프의 직접적이고 예리한 묘사는 1971년 〈유기체의 신비WR · Mysteries of the Organism〉에서 절정에 이른다. 영화는 자막으로 오르가즘 도달과정을 연구하고 지그문트 프로이드Sigmund Freud의 조력자로서 삶의 에너지를 발견했고, 자유의 두려움, 진실의 두려움, 사랑의 두려움의 근원을 드러내고 자유로운 노동과 사랑에 토대한 유기체적 사회에서 노동 민주주의를 믿은 성의학자 빌헬름 라이히Wilhelm Reich 박사에 관해 언급하고 난 후 남자의 내레이션과 함께 개 출입금지라는 팻말, 낫과 망치가 보여 지고 계란노른자위를 손으로 만지는 장면에 이어 '섹시 영화들filme der sexpel 1971.5.1.' 이라는 자막으로 이어진다. 자막에 의한 이러한 에피소드식 구조는 이 영화 전체를 이루는 하나의 특징이라 할 수 있다. 그리고 여자의 내레이션과 함께 자료필름, 굴절된 흑백사진과 성교장면이 보여지고 모든 사람들이 공산당을 좋아하고 사랑하며 향기로운 꽃이라는 이른바 공산당 찬양의 노래가 이어진다. 이처럼 영화는 빌헬름 라이히의 성 이론과 공산주의 이데올로기를 직접적으로 대응시키면서 전개된다. 따라서 영화는 빌헬름 라이히의 이론을 비롯한 몇몇 성의학자들을 등장시켜 성에 관한 다양한 이론과 실험을 보여주면서 그것을 공산주의 이론, 정치와 연결시키고 있다. 그러므로 영화는 다양한 이야기가 혼재되어 나타나면서 각각의 에피소드 방식으로 구성되어 있다. 그것은 빌헬름 라이히의 성의학적 이론에 근거한 실험과 이를 적용한 구체적인 사람들의 행위와 모습들인 것이다. 따라서 영화는 크게 두 축을 통해 형성되어 있고 그것은 또 다른 형태로 발전된다. 즉 오르가즘에 도달하게 되는 과정에 관한 빌헬름 라이히의 성의학적 이론에 근거한 다양한 성의학자들의 이론과 실험장면, 그리고 그것을 현실에 적용시키면서 자본주의, 공산주의 이데올로기에 대한 비판으로 연결시킨다. 특히 정치, 사회 속 곳곳에 내재되어 있는 자본주의와 공산주의 이데올로기는 개인의 자유를 억압하는 요인으로 간주된다. 이는 빌헬름 라이히의 미국에서의 일상생활을 추적하면서 그에 관한 인터뷰를 통해 드러난다. 예컨대 라이히가 수감되어 있던 감옥을 지나면서 '아메리칸 드림은 사망했다American dream is dead'라는 한 여성과의 인터뷰를 통해 자본주의 미국을 비판하고 있다. 그러나 영화에서 마카베예프는 공산주의 이데올로기 비판에 보다 집중하고 있다고 할 수 있다. 그것은 이미 다양한 성이론과 성교장면을 통해 역설적으로 모든 공산당을 사랑하고 향기로운 꽃으로 찬양하는 노래 소리와 함께 전개된다. 이러한 표현방식은 여성의 지위와 코뮤니스트 신문, 마르크스는 어떻게 사랑에 빠졌나와 같은 문제를 제기한 주인공 밀레나의 "자유로운 사랑 없는 공산주의는 무덤에서 깨우는 것과 같은 것이다"라고 하는 언급에서 제기된다. 이와 같은 밀레나의 시각은 그녀의 룸메이트인 야고다의 성교장면에 이어 자신의 아파트 사람들에게 그녀가 한 말, 즉 미디어를 신뢰할 수 없다고 하면서 "사회주의와 육체적 사랑은 갈등관계가 될 수 없고 사회주의 계획에서 그것을 배제하지 말아야 하며 10월 혁명은 자유로운 사랑을 거부했을 때 파괴된다고" 주장한다. 또한 그녀는 "모든 개인의 사랑에 대한 권리를 회복하고 개인을 위한 자유는 모두를 위한 자유다"라고 열변을 토한다. 그리고 마오쩌뚱을 환호하는 천안문 광장의 수많은 군중들, 구질서를 일소하고 새로운 질서를 건설했다고 하는 스탈린의 모습과 나치 깃발과 사람을 고문하고 실험하는 장면이 이어진다. 이처럼 마카베예프는 지배체제의 이데올로기를 개인과 집단적 광기로 묘사하면서 그것을 한 개인의 기본적이고 근본적인 자유라 할 수 있는 육체의 자유와 해방을 성을 통해 묘사하고 있는 것이다. 그의 목표에 의해 영화는 공산주의 이데올로기의 위험성, 즉 그것이 어떻게 정치, 사회, 개인의 자유를 억압하고 있는 기제와 육체 해방의 상징이라 할 수 있는 성적 자유를 번갈아 연속적으로 배치하면서 역설적 의미의 화면 구성을 통해 드러내고 있는 것이다.

이러한 역설적 의미의 화면구성은 베오그라드를 방문한 소련의 피겨 스케이트 선수인 블라디미르 일리치와 밀레나의 만남을 통해 이어진다. 마카베예프는 이들의 만남을 보다 근원적 문제로 발전시킨다. 이것은 이전의 내용이 현실사회 속에서 권력에 의한 지배체제 이데올로기와 인간의 해방과 자유를 억압하고 있는 것으로 묘사했다면 일리치와 밀레나와의 관계를 통해서는 보다 본질적인 사상과 이론에 대한 문제로 옮겨갔다는 것을 의미한다. 즉 레닌의 이름을 상징한 것과 같은 블라디미르 일리치는 견고한 사상과 이론으로 무장한 인물로서 묘사되고 밀레나는 그러한 사상과 이론에 대해 문제를 제기한다. 이는 무대 뒤 만남에서 그 일단이 드러난다. 즉 일리치는 나의 조국은 위대하고 우리는 수많은 재능 있는 사람들이 있다고 말하자 밀레나는 당신의 공연에서 많은 노동, 사랑, 과학을 발견했다고 하면서도 그것은 에로틱하다고 한다. 이어 일리치는 "자신은 인민예술가이고 사회주의 예술가이자 아이스 스케이트의 챔피언 이다"라는 말로 자부심을 드러낸다. 그러나 그의 자부심은 일리치를 초대한 밀레나의 방에서 논쟁적 상황으로 변한다. 즉 밀레나의 방에는 레닌Ленин, 지도자Вождь라고 씌어져 있는 흑백 포스터가 보이고 우스꽝스러운 모습을 한 남자를 보고 웃는 미국 시민들의 모습이 이어지고 난 후 일리치는 계속해서 자본주의 국가의 생산은 위대하지만 사람들은 행복하지 않다고 하면서 우리는 개인과 국가의 행복이 다르지 않다고 주장한다. 그러나 밀레나는 개인과 국가의 행복이 다르지 않다고 동의하면서 유고슬라비아는 그것을 구별하려 하고 개인의 행복이 무엇인지 거의 알지 못한다고 비판한다. 이어 일리치는 우리 러시아인들은 여러분들 자신들의 길을 찾기 위한 노력을 존중하다고 말한다. 그러나 히틀러 사진을 사이에 두고 밀레나는 사랑, 존경, 권위에 복종하는 주변의 사람들이라고 반박한다. 그러자 일리치는 결국 모두 공산주의자들 아니냐 하고 반문하자 밀레나는 공산주의자가 무엇이냐고 묻고, 그는 다시 코뮤니스트는 라틴어로 모든 보편적인 것을 의미한다고 말한다. 그리고 화면은 빌헬름 라이히의 흑백 사진을 가리키면서 그는 미국 감옥에서 사망했고 모스크바에서 그를 미국 감옥에 넣도록 했다고 하고 소련이 금기시했던 인물인 레프 트로츠키Лев Троцкий를 언급하자 일리치는 그녀의 입을 막는다. 이어 밀레나는 자유로운 사랑 없이 진정한 혁명도 없다고 주장한다. 그리고 영화는 미국 국기 앞의 여장 남자의 모습, 짐 버클리Jim Buckley와 낸시 고드레이Nancy Godrey의 남자성기를 만지면서 석고로 본 뜬 장면과 우리는 공산주의 첫 번째 단계를 성공적으로 완성했다고 하는 스탈린의 모습, 감옥에 갇힌 라이히 박사의 모습을 병치시킨다. 일리치는 "사랑을 위해 죽는다는 것은 불명예스럽고 이기적이며 부르주아적이다"라고 하고 밀레나는 그에게 키스한다. 그러나 밀레나를 때리는 일리치의 모습과 미하일 치아우렐리Михаи́л Чиау рéли의 소련 영화 〈맹세Кля́тва, 1946〉의 한 장면, 즉 한 여성이 스탈린에 게 편지를 전하는 장면이 이어지고 레닌의 초상화가 올라간다. 그리고 밀레나는 일리치에게 "너는 모든 사람을 사랑하냐"고 물으면서 "수많 은 거짓말은 너가 인민들과 당에 복무한다는 것이다"라고 말한다. 이 어 영화는 일리치에 의해 목이 잘린 밀레나가 웃는 모습으로 블라디 미르를 "낭만주의자, 거대한 야망의 소유자이고 에너지의 소유자이며 진정한 레드 파시스트다"라고 말하면서 종결된다. 일리치와 밀레나와 의 관계는 공산주의 이론에 대한 치열한 논쟁이자 이데올로기의 근본 성에 대한 서로 다른 해석인 것이다. 이를 통해 영화가 겨냥하고 있는 것은 궁극적으로 공산주의 파시스트의 실체와 위선을 비판하면서 공 산주의는 자유로움이고 그것은 곧 개인의 자유로움을 말하는 것이고 그것을 마카베예프는 빌헬르 라이히의 성의학 이론을 통해 드러내고 있는 것이다. 따라서 영화는 미국에서 죽음에 이르게 된 빌헬름 라이 히의 흔적과 그의 성의학에 근거한 이론, 즉 오르가즘에 도달하게 되 는 과정의 이론과 실험을 다큐멘터리 방식과 내레이션, 흑백과 컬러를 통해 보여주면서 이데올로기의 위험성을 묘사하고 있다. 이는 소비에 트식 사회주의와 미국식 자본주의를 상정하고 이들의 이데올로기가 현실사회에서 공존하지 못한 근본적 문제를 성을 들어 비판하고 있는 것이다. 특히 소련의 공산주의에 대한 문제제기는 성 해방과 개인, 사 회, 국가의 자유와 이어지는 것으로써 이는 공산주의 지배체제에 대한 근본적 문제를 제기하고 있는 것이다. 영화는 이를 영화 속 주인공 밀 레나의 논리를 통해 비판하고 있고 공산주의 이데올로기에 금기시되

었던 국가와 노동자, 개인과 동일시되었던 집단의 개념이 궁극적으로
공산주의의 근본적 보편성, 평등, 자유를 억압하고 변형되었다는 것
을 비판하고 있는 것이다. 이는 공산주의 이론의 근본 원리를 들어 유
고슬라비아, 소련에서 행해지고 있는 지배체제 이데올로기와 지도자
를 레드 파시스트로 비난하게 한 결정적 요인인 것이다. 이것은 남성
의 맹목적인 애국주의의 위험과 문화, 정치적 현실의 광범위한 스펙트
럼을 가로지르는 권위자의 숭배에 관한 탐구이자 공산주의 위기를 다
루고 있다.[48] 따라서 마카베예프는 자신의 영화를 통해 유고슬라비아
의 정치, 사회, 개인을 지배하고 있던 이데올로기를 구성하고 있는 근
본적 토대의 금기적 사항을 과감하게 비판하면서 도전한 것이다.

동시대 혁명의 조건과 지배체제 이데올로기 비판은 1971년 라자르
스토야노비치Lazar Stojanović의 영화 〈조형 예수Plastični Isus〉에서도 나타난
다. 검은 물결의 마지막 작품 중 하나로 인식된 이 영화는 "개인적 자
유의 문제뿐만 아니라 민족의 증오 문제인 남 슬라브 사이, 그리고 유
고슬라비아 대통령 티토의 우상화 등 고도의 민감한 과거의 문제(민족
의 증오)라 할 수 있는 주제를 비교적 선명하고 직접적으로 말하고 있
다."[49] 이를 스토야노비치는 크로아티아 영화감독 톰이라는 주요인물
의 모험을 허구적인 컬러 단편들과 함께 흑과 백, 주로 다큐멘터리와
자료영상-제2차 세계대전과 전후 유고슬라비아의 역사를 담고 있는
-을 통해 거대한 사회정치적 컨텍스트를 묘사하고 있다. 이런 측면에
서 마카베예프의 영화와 유사한 방식을 취하고 있다고 할 수 있다. 그
러나 마카베예프가 마르크스 이론에 대한 근본주의 해석을 통해 개인
의 자유와 해방, 지배체제 이데올로기 비판에 집중했다면 스토야노비

치는 억압적인 정치 체계위에 뿌리내린 권위주의와 집단주의에 대한 불신을 폭로하는 것에 더 집중했다고 할 수 있다.[50] 이것은 스토야노비치의 영화가 좀 더 보편화에 이를 수 있는 가능성을 내포하고 있다고 할 수 있다.

이처럼 마르크스 이론의 근본 원리를 들어 지배체제 이데올로기를 비판한 마카베예프와 스토야노비치의 영화는 "존재하는 모든 것의 냉혹한 비판을 지지하면서 사회와 정치적 이상들은 절대적이지도 않을 뿐만 아니라 그것들은 진보로서도 완전히 설명되지 않는다"[51]는 프락시스 철학과도 일맥상통한다고 할 수 있다. 이들은 그러한 명제를 실천함으로써 유고슬라비아 영화역사에서 노비 필름이 중요한 역사적 의미를 갖게 한 원동력이 되었다.

3-3. 검은 물결

1970년대 유고슬라비아는 1968년 사회적 불평등 요소를 시정할 것을 요구한 베오그라드, 자그레브, 류블랴나에서의 학생들의 시위를 거치면서 점차 새로운 정치적, 사회적 환경을 맞이하기 시작했다. 1970년 1월 15일부터 3일간 열렸던 크로아티아 공산당 중앙위원회 제10차 회의에서 본격화된 민족주의 분위기와 1971년 11월 자그레브 대학생을 중심으로 크로아티아의 민족국가 인정, 독자적인 방위군 창설 등을 연방정부에 요구한 대규모 시위와 연방군의 진압,[52] 그리고 1971년부터 1972년 사이 소련의 레오니드 브레즈네프Леонйд Бре́жнев와 티토 간의 상호 교환 방문은 이를 증명하고 있다. 이로 인한 역사적 변화의 민감성은 유고슬라비아에서 지배체제 권력에 의한 이데올로기의 엄격성이 재등장하는 계기가 되었고, 그것은 1969년 7월 26일부터 8월 2일까지 크로아티아에서 열렸던 풀라 영화제에서 이미 그 조짐이 나타났다.

영화제가 끝나자마자 공산당 기관지 〈보르바BORBA〉는 8쪽 자리 특별 부록을 통해 '우리 영화에서의 검은 물결'이라는 제목으로 유고슬라비아 영화를 비난했다. 부정적 의미의 이 용어는 보르바의 특별 부록의 저자인 세르비아의 블라디미르 요비취치Vladimir Jovičić에 의해 혁신적이고 새로운 1960년대 유고슬라비아 영화의 개념을 대체하면서 이후 유고슬라비아 영화에 반복적으로 사용되고 적용되었다. 요비취치가 유고슬라비아에서의 검은 물결의 영화로 규정한 것은 "주제의 모호함과 부적절한 비전, 폭력 이미지, 도덕적 타락, 비참함, 음탕함, 하찮은 것들을 보여주고 있는 것들을 지칭한다. 요비취치는 진짜 예술의 자유는 부정 그 자체를 표현할 권리를 포함하고 있지 않다고 경고하면서, 유고슬라비아 영화를 단색의 렌즈를 통해 바라본 현재에 대해 조직적인 왜곡을 보여주고 있다고 주장했다. 또한 그는 이와 같은 경향을 지지하고 적극적으로 선전한 베오그라드의 영향력 있는 몇몇 평론가들을 공격했을 뿐만 아니라 창작의 자유를 단순한 노예적인 모방이나 사진적인 문서화가 아니라 합리적인 신빙성으로 시대의 기본적인 사실성을 보여주기 위한 창작가의 책임을 보여주어야만 한다고 하였다."[53] 이러한 인식에 근거해 요비취치는 검은 물결의 영화를 다음과 같은 비판적 가설을 통해 단정했다. "첫째, 세계의 정치적 불안과 현재의 정치적 구조에 대한 환멸을 유행에 민감한 표현으로 치장했다고 비난한다. 이들 영화들은 유고슬라비아의 사회와 삶에서 사회주의 발전의 고유한 조건들에 그들의 표현을 근거하기 보다는 단지 세계시장에서 팔릴 수 있는 것들을 모방하고 있다. 둘째, 이 시기의 영화들은 이전시기 사회주의 리얼리즘과 순진한 낙관주의에 반동적이고 역행하는 반응들뿐이다. 그러나 이 영화들은 다른 측면에서 동일하게 독단적이라 할 수 있다. 이 영화들은 긍정적인 면보다는 부정적인 면으로 작용한 즈다노프주의Zhdanovism, 사회주의 국가에서 유일한 갈등은 좋은 것과 더 좋은 것 사이의 갈등의 이면을 반영한 것이다. (그렇기 때문에) 그 둘은 동일하게 거짓인 것이고, 둘은 진짜 예술에는 재앙이며, 수사학적이고 극단적이며, 삶의 복잡성을 정의하는데 거짓된 일차원성만을 제공한다. 셋째, 부정적 묘사를 위해 풍부한 토대를 제공한 유고슬라비아 사람과 지역의 사회적, 경제적 어려움과 차이는 지속되었다. 오히려 이런 어려움을 극복하기 위한 방법이나 인간적 비전을 제공하기 보다는, 검은 영화제작자들은 그들의 주인공을 밑바닥 계층에서 선택하기를 고집했다. 이와 같은 시각으로만 사회 질서를 바라보는 것은 비관주의와 패배주의의 무효한 영화, 그리고 모든 긍정적인 것을 거부하는 시도로 이끌게 된다. 마지막으로 요비취치는 검은 영화들을 관객들과의 소통력 부족을 들었다."⁵⁴ 결론적으로 요비취치의 검은 물결의 영화는 시대적 흐름에 대한 유행적 접근과 새로운 창작논리의 독단성, 왜곡된 현실, 관객의 소외를 겨냥하고 있다. 여기서 시대적 흐름에 대한 유행적 접근, 왜곡된 현실에 대한 문제는 자본주의의 상업주의와 연결될 수 있고, 창작논리의 독단은 필연적으로 사회주의 리얼리즘으로부터 완전히 이탈한 형식적 측면과 결부되며, 소통부족은 이들 영화들이 보편성을 벗어난 창작가들과 특정한 관객들만을 겨냥한 영화로 지칭된

다. 그는 이러한 경향의 영화들을 기존에 정립된 긍정적 가치와 이념
에 대해 의심과 혼란을 불러일으킨다고 했다. 이것은 유고슬라비아에
서 전통적인 이데올로기적 캠페인이 시작되었다는 것을 말하고 그것
이 검은 물결의 영화로 적용되었다는 것을 의미한다.[55]

이에 대해 쥐보인 파블로비치는 1970년 자신의 영화미학에 관한 책
『악마의 영화Đavolji film』에서 예술표현의 완전한 자유와 급진적인 개인
의 부정을 모든 기존의 신화와 교리뿐 아니라 모든 형태의 사회체제
에 대항하는 힘으로 주장했다.[56] 파블로비치가 창작본질의 논리를 들
어 요비취치의 비난에 저항했지만 1960년대 유고슬라비아 영화에 대
한 요비취치의 비판은 변화된 시대적 흐름과 결합되면서 점차 지배
적 논리가 되었다. 그 결과 1960년대 터부시 되었던 것으로부터 새로
운 주제와 과감한 표현수법의 유고슬라비아의 많은 노비 필름은 유고
슬라비아에서 부정적 의미의 자본주의 문화의 한 형태로 치부되기 시
작했고, 이는 이후 정치적, 이데올로기적 비판을 제어하는 역할을 하
였다. 이것은 역설적으로 이 시기의 많은 영화들이 지배체제와 이데올
로기에 대한 근본적 질문을 던지면서 과감한 주제와 표현을 시도했다
는 것을 의미하면서도 그 반대편에서는 자본주의 문화, 윤리, 도덕과
연관된 영화들이 존재했다는 것을 말하기도 한다. 이러한 특징의 영화
들은 주로 자본주의 문화의 한 형태라 할 수 있는 도덕적 경계가 없는
자극적인 성적 묘사와 일상적 삶과 무관한 형식적 실험에만 몰두한
영화들에서 확인된다. 이와 같은 영화들은 1960년대 과감하고 혁신적
인 시도와 실험을 통해 현실과 지배체제 이데올로기를 비판한 유고슬
라비아 영화 전체를 비난할 수 있는 여지를 주었고 1969년 풀라 영화

제는 새로운 정치적 환경의 도래와 함께 이들 영화들이 검은 물결의 영화로 간주될 수 있는 근거를 제공했다. 따라서 검은 물결의 영화로의 규정은 자주관리제, 시장사회주의, 유고슬라비아의 독자적인 자주노선, 그리고 민주화를 지향했던 1960년대의 지배적인 정치적, 사회적 기류로부터 벗어나는 것을 의미한다. 이러한 역사적 환경 변화에 근거하여 검은 물결의 영화는 비록 1960년대 혁신적인 방식으로 터부시되어왔던 새로운 주제를 다룬 유고슬라비아 영화를 겨냥하고 있지만 현실로부터 유리되면서 지나치게 형식적 요소에만 탐닉하는 것, 그리고 자본주의, 상업주의 문화가 영화 속 깊이 투영되어 있는 것들을 가장 핵심적 비판의 대상이 되었다고 할 수 있다.

이와 같은 경향의 영화들은 초현실주의적 영감을 통해 전쟁과 자유에 대한 4부작 영화를 만든 푸리샤 죠르제비치Puriša Đorđević의 〈소녀Devojka, 1965〉, 〈꿈San, 1966〉, 〈아침Jutro, 1967〉, 〈정오Podne, 1968〉와 전쟁기의 독특한 시각적 표현과 복잡한 심리를 통해 유고슬라비아 공산주의를 묘사한 화가이자 영화감독인 미차 포포비치Mića Popović의 〈용맹한 남자들Delije, 1969〉에서 나타난다.

그리고 쥐보인 파블로비치의 영화, 〈내가 죽고 하얗게 될 때〉에서는 요비취치의 비판 속에 내재되어 있는 특징들이 내포되어 있다고 할 수 있다. 이는 유고슬라비아의 현실과 역사적 상황을 배경으로 클럽에서의 오디션 장면을 들 수 있다. 이 장면은 베오그라드의 오디션에서 팝송을 부르는 가수와 이를 환호하는 젊은이들의 모습과 세르비아 전통적인 노래를 하는 가수를 비난하는 젊은 청중들의 대비적 모습을 통해 드러낸다. 특히 시네마 베리테 방식으로 촬영된 유고슬라비아의 록 밴드 '검은 진주들Black Pearls'의 등장[57]은 서구대중문화에 열광하는 유고슬라비아의 젊은이들을 통해 역설적으로 경직된 사회주의 대중문화에 대한 비판을 내포하고 있는 것으로 묘사된다.

이런 측면에서 보슈티안 흘라드니크의 영화, 〈태양의 함성Sončni krik, 1968〉은 매우 특별하다고 할 수 있다. 영화는 밝고 활기찬 젊은 청소년들의 모습, 플레이보이 잡지를 보고 있는 남자, 비틀즈와 록 밴드, 풍만한 가슴의 여성 카툰과 함께 경쾌한 음악으로 시작된다. 이는 영화속 인물들의 옷차림, 머리 스타일, 여성의 육체적 몸을 강조하면서 대중문화와 자유로운 성적묘사를 통해 유고슬라비아 사회에 대한 풍자와 더 많은 창작의 자유를 시험하고 있는 것처럼 보인다. 이러한 특징은 학생들의 공장 견학 장면에서 관리자가 공장에 관해 설명하면서 유고슬라비아의 사회주의 특징을 언급하고 있을 때 그들 머리위로 여성의 몸을 그린 카툰이 걸려있는 장면을 통해서 나타난다. 그리고 영화는 전혀 다른 이야기인 50만 달러를 훔친 도둑들이 경찰을 피하기 위해 전시되어 있는 수많은 냉장고 중 한 냉장고 속에 그 돈을 숨겨놓음으로써 벌어지는 코믹한 장면으로 이어진다. 따라서 이야기는 50만 달러를 다시 회수하기 위한 도둑들과 증거를 찾기 위한 경찰, 이러한 상황을 우연히 알게 되는 학생들을 축으로 전개된다. 이야기의 코믹성과 함께 영화는 젊은이들의 다양한 문화를 묘사한다. 즉 록 밴드, 자유분방한 학교생활, 다양한 색상의 옷차림, 머리스타일, 섹슈얼한 여성사진 등이 이야기 중간에 빈번하게 등장한다. 영화는 이를 통해 기성세대, 관료사회를 코믹하게 풍자하고 있다. 특히 한 여성이 'I am Sexy'라는 이름표를 붙이고 남자 주인공에게 다가오는 장면과 바닷가와 침대에서의 남자와 여자가 번갈아 묘사되는 장면은 이러한 영화의 특징을 드러내는 요소라 할 수 있다. 궁극적으로 영화는 도둑들이 잡히고 바닷가에서 젊은 여자들을 뒤쫓는 남자들의 모습으로 마무리 되지만 이는 성적 해방을 통해 지배체제의 정치와 이데올로기를 폭로한 마카베예프 영화의 특징과 그 결이 다소 다른 것이라 할 수 있다. 유고슬라비아는 영화 속에서 묘사된 이러한 청소년들의 문화와 성에 대한 묘사를 지배체제 문화와 사회적 가치를 노골적으로 부정하는 자본주의 문화 이데올로기로 치부하면서 비판한 것이다.

이와 같은 특징은 보슈티안 흘라드니크의 〈마슈카라다Maškarada, 1971〉에서 보다 노골적으로 나타난다. 영화는 흑백필름으로 우주선, 비행기, 전투기의 격추와 폭격, 폭발 장면과 컬러로 남녀의 격렬한 키스, 애무, 정사 장면이 번갈아 보여지면서 시작된다. 그리고 영화는 젊은 남자 농구선수 루카와 결혼한 여자 디나와의 부적절한 관계가 전개된다. 특히 농구경기 후 루카의 샤워 장면에서 성기를 노출시키면서 카메라를 향하는 장면과 즐거워 보이지 않은 디나 부부의 식사장면에 이어 자신의 아이를 재우고 카메라를 향하는 수법, 이후 수영장에서의 노골적인 정사장면으로 이어지는 것은 그들이 욕망에 사로잡힌 부적절한 관계라는 것을 드러내고 있다. 그리고 영화는 이들 관계와 그것의 변화, 즉 루카의 새로운 젊은 애인의 등장과 디나의 남편, 간타르와의 정사장면을 통해 전개된다. 따라서 영화는 그들의 욕망과 질투, 이별을 다루고 있으면서도 마카베예프 영화에서처럼 정치적, 이념적 근본의 문제로의 확산은 이루어지지 않는다. 이것은 영화가 욕망을 겨냥하고 있는 매우 감각적이고 자극적인 표현에 머물러 있다는 것을 의미한다. 유고슬라비아는 이러한 부적절한 관계를 통한 노골적인 성적 묘사가 욕망을 대상화하여 성을 상품화한 자본주의의 전형적 영화 형태의 문화라 우려 한 것이다.

이러한 기조는 두 명의 매력적인 여성, 한명은 상냥한 여자, 미하엘라이고 또 다른 한 명은 성적매력의 여자, 마르예티짜 사이에서 결정을 하지 못한 한 남성을 묘사한 영화 〈사자가 올 때Ko Pride Lev, 1972〉에서도 나타난다. 이 영화에서도 성적 요소는 한 남성의 가치와 판단의 중요한 구성요소로 작용한다. 이러한 측면에서 1969년 풀라 영화제 이후 등장한 흘라드니크의 영화는 지배체제, 이데올로기에 대한 근본적인 문제를 제기하기 보다는 남성과 여성사이의 사랑과 욕망을 대상화함으로써 서구대중문화의 프레임 속에 위치시키는 근거를 제공했다고 할 수 있다.

이처럼 1969년 풀라 영화제는 1960년대 유고슬라비아 영화를 자본주의 문화 이데올로기라는 특정한 프레임으로 연결시키면서 검은 물결의 영화로 비판 한 후 다시 사회주의 국가의 전통적인 영화 개념으로 전환시키는 계기가 되었다. 이것은 유고슬라비아 내부의 민족주의자의 분리 독립운동과 함께 소련과의 관계 재정립을 통해 이미 예견된 상황이었다. 이는 1970년대에 접어들면서 요비취치를 비롯한 밀루틴 촐리치Milutin Čolić와 같은 인물들이 《영화문화》와 같은 저널을 통해 많은 유고슬라비아의 영화 창작가들을 비판하면서 공론화되었고, 1973년 풀라 영화제에서 스티페 델리치Stipe Delić에 의해 제2차 세계대전기 보스니아-헤르체고비나의 숫예스카Cyrjecka 지역에서 벌어진 파르티잔 전투를 다룬 영화 〈숫예스카SUTJESKA, 1973〉가 '위대한 황금 아

레나Velika zlatna arena'상을 수상하면서 이러한 흐름의 변화를 확인하는
것에 지나지 않았다.

4. 맺음말

1960년대 유고슬라비아의 노비 필름은 다양한 형식적 시도와 지배체
제 이데올로기에 대한 과감한 비판을 현실 속에 투영시킴으로써 유고
슬라비아 영화 역사에서 의미 있는 경험으로 존재하고 있다. 이것을
가능케 한 것은 티토의 시장사회주의라 일컫는 자주관리제의 도입과
각 공화국의 자치를 견인하는 분권화로부터 비롯되었다. 이로 인해 정
치적 민주화의 분위기는 유고슬라비아 사회 전체 영역으로 확산되었
고 프락시스 집단에 의한 새로운 철학적 논리와 문화, 예술 전반에 과
감한 주제와 실험을 할 수 있는 역사적 조건이 형성되었다. 이러한 사
회적 환경은 유고슬라비아에서 다양하고 독창적인 영화들이 등장할
수 있는 계기가 되었다. 특히 시, 공간의 경계를 와해시키면서 인간의
내면, 역사가 현실 속에 공존하고 있다는 것을 묘사하기 위한 형식적
시도와 지배체제 이데올로기에 대한 비판은 노비 필름을 더욱 다양한
흐름으로 유도했다. 그 중에서도 마르크스 · 레닌주의에 대한 근본적
문제를 제기하면서 지배체제 이데올로기와 지도자들을 레드 파시스
트로 규정한 두산 마카베예프의 영화는 유고슬라비아의 노비 필름을
풍요롭게 하는 정수라 할 수 있다.

그러나 이 시기 노비 필름은 두 가지 영향을 통해 점차 퇴조해 갔

다. 첫 번째는 텔레비전 수상기의 확산으로 인한 영화의 사회적 역할 변화를 들 수 있다. 이것은 관객 수의 변화를 통해 확인된다. 즉 유고슬라비아에서의 "영화관객은 1960년 1억3천12만4천명이었지만 이후 관객 수는 지속적으로 하락하여 1971년에 이르러서는 38%의 하락으로 8천8십7만4천명을 기록하는데 그쳤다."[58] 이는 영화 역사에서 가장 일반적인 현상으로 이 시기 노비 필름뿐만 아니라 유고슬라비아 영화 전체에 영향을 미쳤다고 할 수 있다. 그리고 두 번째는 노비 필름의 등장과 관련된 사회적 환경의 변화를 들 수 있다. 노비 필름은 티토에 의한 사회 곳곳에 스며든 시장사회주의를 통한 민주화의 분위기와 밀접한 관계 속에서 등장할 수 있었다. 이것은 역설적으로 노비 필름이 유고슬라비아의 정치적 변화로부터 결코 자유로울 수 없었다는 것을 의미한다. 이는 소련과의 관계 재정립, 체코의 민주화의 좌절, 연방 내의 민족주의 팽배 등으로 인한 유고슬라비아 내부의 엄격한 통제의 시기와 맞물리면서 1969년 풀라 영화제이후 노비 필름이 공개적으로 검은 물결의 영화로 비판 받은 것에서 증명된다. 이것은 유고슬라비아 영화가 사회주의 국가에서의 전통적인 영화의 목표와 기능으로 다시 복귀했다는 것을 의미했으며, 한편으로는 1970년대 초 노비 필름이 검은 물결에 의해 진압되기 시작하였고 이데올로기적 혼란이 감소한 시기로 진입했다는 것을 말한다. 이와 같은 상황 변화는 "쥐카 미트로비치Žika Mitrović, 프레드라그 골루보비치Predrag Golubović와 미오미르 스타멘코비치Miomir Stamenković와 같은 감독들이 액션으로 포장된 파르티잔 전쟁 스펙터클, 긴장감 넘치는 비밀경찰 이야기, 그리고 도시의 범죄 드라마로 대중들의 인기로 성공을 이루었다는 것으로 확인, 증명된다."**59** 이러한 정치적, 사회적 기류의 변화로 노비 필름이 검은 물결의 영화로 비난받고 격하되었어도, 현재 유고슬라비아가 6개의 공화국과 2개의 자치주로 분화되었어도, 과감한 주제와 형식으로 지배체제 이데올로기의 근본을 뒤흔들었던 1960년대의 노비 필름은 유고슬라비아 영화 역사 속에서 여전히 혁신적 발전을 이루었던 역사적 경험으로 존재하고 자리매김 하고 있다고 할 수 있다.

주석

1 이정희, 동유럽사, 대한교과서주식회사, 2001, 483쪽.

2 김달중, 헝가리, 유고슬라비아 : 정치, 경제, 사회문화구조와 정책, 법문사, 1988, 162쪽.

3 이정희, 앞의 책, 484쪽.

4 김달중, 앞의 책, 227쪽.

5 Sharon Zukin, Beyond Marx and Tito, Cambridge University Press, 1975, p.49.

6 김달중, 앞의 책, 163쪽.

7 Sharon Zukin, *op. cit.*, p.57.

8 김달중, 앞의 책, 164쪽.

9 김수행·신정완편, 자본주의 이후의 새로운 사회, 서울대학교출판문화원, 2007, 176쪽.

10 김달중, 앞의 책, 167쪽.

11 위의 책, 218쪽.

12 위의 책, 217쪽.

13 위의 책, 218쪽.

14 Daniel J. Goulding, Liberated Cinema, Indiana University Press, 2002, p.4.

15 *Ibid.*, pp.35-36.

16 *Ibid.*, p.37.

17 *Ibid.*, p.42.

18 *Ibid.*, p.42.

19 *Ibid.*, p.40.

20 *Ibid.*, p.62.

21 Sharon Zukin, *op. cit.*, p.62.

22 김달중, 앞의 책, 235쪽.

23 Daniel J. Goulding, *op. cit.*, p.67.z

24 Pavle Levi, Disintegration in Frames Aesthetics and Ideology in the Yugoslav and Post-Yugoslav Cinema, Stanford University Press, 2007, p.14.

25 Sabrina P. Ramet, Eastern Europe, Politics, Culture, and Society since 1939,

Indiana University Press, 1998, p.165.

26 김달중, 앞의 책, 184쪽

27 시장사회주의는 자본주의의 중요한 요소인 '시장'과 사회주의의 중요한 요소인 '노동자들에 의한 기업의 자주관리'를 결합한 것으로 자본주의와 기존의 사회주의에 대한 대안으로 제시한다. 이 이론에서는 시장이라는 요소가 경제적 효율성을 높여주며, 노동자들의 기업소유가 경제적 형평성을 높여주는 것으로 가정된다.-김수행·신정완편, 앞의 책, 174쪽.

28 Daniel J. Goulding, *op. cit.*, p.66.

29 *Ibid.*, p.66.

30 *Ibid.*, p.70.

31 *Ibid.*, p.71.

32 *Ibid.*, p.72.

33 William L. McBridge, From Yugoslav Praxis to Global Pathos, Rowman & Littlefield Publisher, Inc. 2001, p.75.

34 채진원, 프락시스(praxis) 관점에 있어서 아렌트와 마르크스간의 횡단성(transversality), 철학사상 제33권, 서울대학교 철학사상연구소, 2009, 296쪽.

35 위의 논문, 294-295쪽.

36 마르크스, 홍영두역, 헤겔 법철학 비판, 아침, 1989, 214쪽.

37 William L. McBridge, *op. cit.*, p.21.

38 M. Liehm, A. Liehm, The Most Important Art, University of California Press, 1974, p.430.

39 Daniel J. Goulding, *op. cit.*, pp.81-82.

40 *Ibid.*, p.81.

41 Sabrina P. Ramet, *op. cit.*, p.332.

42 Daniel J. Goulding, *op. cit.*, p.68.

43 *Ibid.*, p.69.

44 M. Liehm, A. Liehm, *op. cit.*, p.420.

45 *Ibid.*, p.416.

46 *Ibid.*, p.421.

47 Pavle Levi, *op. cit.*, pp.36-40.

48 Sabrina P. Ramet, *op. cit.*, p.343.

49 Pavle Levi, *op. cit.*, p.48.

50 *Ibid.*, p.47.

51 *Ibid.*, p.5.

52 김성진, 발칸 분쟁사, 우리문학사, 1997, 156쪽.

53 Daniel J. Goulding, *op. cit.*, pp.79-80.-Milan Ranković, Društvena kritika u savremenom jugoslovenskom igranom filmu, 1970, pp.20-23.

54 *Ibid.*, p.80.

55 Pavle Levi, *op. cit.*, p.16.

56 Daniel J. Goulding, *op. cit.*, p.82.

57 Pavle Levi, *op. cit.*, p.39.

58 Daniel J. Goulding, *op. cit.*, p.64.

59 Pavle Levi, *op. cit.*, p.57.

참고문헌

단행본

김달중, 헝가리, 유고슬라비아: 정치, 경제, 사회문화구조와 정책, 법문사, 1988.

김성진, 발칸 분쟁사, 우리문학사, 1997.

이정희, 동유럽사, 대한교과서주식회사, 2001.

김수행·신정완, 자본주의 이후의 새로운 사회, 서울대학교출판문화원, 2007.

마르크스, 홍영두역, 헤겔 법철학 비판, 아침, 1989.

Milan Ranković, Društvena kritika u savremenom jugoslovenskom igranom filmu, 1970.

M. Liehm, A. Liehm, The Most Important Art, University of California Press, 1974.

Sharon Zukin, Beyond Marx and Tito, Cambridge University Press, 1975.

Sabrina P. Ramet, Eastern Europe, Politics, Culture, and Society since 1939, Indiana University Press, 1998.

William L. McBridge, From Yugoslav Praxis to Global Pathos, Rowman & Littlefield Publisher, Inc. 2001.

Daniel J. Goulding, Liberated Cinema, Indiana University Press, 2002.

Pavle Levi, Disintegration in Frames Aesthetics and Ideology in the Yugoslav and Post-Yugoslav Cinema, Stanford University Press, 2007.

논문

채진원, 프락시스(praxis) 관점에 있어서 아렌트와 마르크스간의 횡단(transversality), 철학사상 제33권, 서울대학교 철학사상연구소, 2009.

현실에 대한
풍자와 혁신
체코슬라바키아 영화

1963 – 1968

밀로스 포르만, 경연대회(Konkurs, 1963)

1. 개혁의 시기에서 인간의 얼굴을 한 사회주의로

체코슬로바키아 영화의 혁신은 국립 영화대학인 파무FAMU[1]를 졸업한
밀로스 포르만Miloš Forman, 베라 히틸로바Věra Chytilová, 야로밀 이레Jaromil
Jireš가 장편 영화로 데뷔한 1963년부터 소련이 주축이 된 바르샤바 조
약 5개국의 수십만 군대가 체코슬로바키아를 침입하여 '프라하의 봄
Pražské jaro, 1963-1968년'으로 상징되는 민주화를 무너뜨린 1968년까지의
기간에 만들어진 특별한 영화들을 지칭 한다.[2] 이것은 이 시기 체코슬
로바키아 영화의 혁신이 정치, 사회 변화와 밀접한 관계 속에서 이루
어졌음을 의미한다. 이러한 이유로 체코슬로바키아 영화 혁신은 불가
피하게 체코슬로바키아의 다양한 정치, 사회, 문화, 예술의 역사적 흐
름에 영향 받지 않을 수 없었다.

그중에서도 1953년 스탈린의 사망, 1956년 흐루쇼프의 스탈린 개인
우상화 비판으로 인한 체코슬로바키아의 정치적 기류 변화와 1950년
대 후반부터 급속하게 침체되기 시작한 경제 상황 악화는 정치, 경제,
문화, 예술의 민주화와 자유화를 촉발시키고 체코슬로바키아 영화 혁
신의 중요한 토대가 되었다.

이와 같은 분위기를 반영한 현상으로는 1956년 4월 제2차 작가 대
회에서 시인인 야로슬라브 사이페르트Jaroslav Seifert와 프란티세크 흐루
빈František Hrubín의 연설이 있은 후 정치적 탄압에 대한 공개적인 비판

과 함께 창작의 자유와 사회의 전반적인 민주화에 대한 요구를 들 수 있다. 이들에 의해 제기된 창작의 자유와 민주화에 대한 요구는 공산당 간부들의 강한 불만을 일으켰고 작가들에 대한 탄압의 빌미가 되었다.[3] 특히 1957년에는 안토닌 노보트니Antonín Novotný가 대통령으로 선출되고 난 후, 계급적으로, 정치적으로 신뢰할 수 없는 자들을 제거한다는 명분으로 지식인들과 문화, 예술인들에 대한 대대적인 숙청과 탄압을 하였다. 그리고 그는 1960년 권력의 중앙 집권화의 일환으로 당의 지도적 역할에 대한 규정을 담고 있는 새로운 사회주의 헌법을 제정하였다. 이 헌법을 통하여 체코슬로바키아는 사회주의 토대 건설의 종료를 선언함과 동시에 아울러 사회주의 공화국의 시작을 선언하였고 국가의 공식적인 명칭도 체코슬로바키아 사회주의 공화국 Československá socialistická republika, ČSSR으로 바뀌었다.[4] 중앙 집권적 당의 역할 강조를 위한 헌법이 제정되었음에도 불구하고 체코슬로바키아 사회주의 공화국은 억압과 탄압으로 통제할 수 없는 직접적이고 강력한 뇌관이 이미 작동하고 있었다.

그것은 1950년대 후반부터 진행되고 있었던 심각한 경제 침체였다. 특히 "공업 성장률은 1958-1961년 사이에 연평균 11%에서 8.9%로 하락했고, 1962년에는 2%, 1963년에는 마이너스 0.4%를 기록하였다."[5] 이러한 경제 성장의 후퇴는 체코슬로바키아의 경제가 심각한 위기 상황에 처해 있을 뿐만 아니라 그 동안 야심차게 추진하여 온 제3차 5개년 경제 계획(1961-1965)도 완전히 실패하였음을 의미했다. 이러한 상황은 개혁적인 성향의 지식인들에 의해 사회주의 경제 체제 자체에 대한 문제 제기로 이어졌다. 이들 중 "경제학자 라도슬라브 셀루츠키Radoslav Selucký는 1963년 2월 사회주의의 중앙 계획 경제 자체에 대한 의문을 제기했다. 그는 '계획의 우상화the cult of the plan'를 '개인의 우상화the personality cult'로 빗대면서 그 폐해를 지적함으로써 계획 경제와 스탈린주의를 동시에 공격하였다. 또한 11월의 한 세미나에서는 사회주의 경제 체제의 개선책으로 시장 경제 원리의 도입을 조심스럽게 제기하였고, 12월의 당 중앙 위원회에서는 과학 아카데미 경제 연구소 소장인 오타 시크Ota Šik가 소련 경제 모델의 포기와 더불어 계획 경제와 시장 경제의 혼합형을 제시하였다."[6] 이러한 "경제 개혁에 대한 요구는 개혁 운동 그 자체의 촉매로서 작용하였다.……경제적 탈집중화의 요구는 중요한 정치적 함축성을 지니고 있었다. 경제 개혁가들은 경제가 정치적 민주화를 동반할 것으로 느꼈다."[7] 그들의 예측처럼 전후 최악의 경제 상황은 경제적 측면에서뿐만 아니라 정치, 사회, 문화, 예술 분야에서도 개혁에 대한 요구가 봇물처럼 쏟아져 나온 계기가 되었다.

그 중에서 정치 분야에서는 1963년 4월 슬로바키아당 제1서기 카롤 바칠레크Karol Bacílek를 숙청의 책임자로서 파면시키고 젊은 지방 정치가인 알렉산더 두브체크Alexander Dubček를 선출하면서 막이 올랐다. 그리고《문학신문Literární noviny》과《문화생활Kulturní život》과 같은 신문과 잡지가 개혁 세력을 대변하여 주면서 체코슬로바키아 사회는 개혁적 분위기로 접어들었다. 이와 같은 분위기 속에서 체코슬로바키아에서는 "마르크시즘Marxism에 대한 새로운 해석을 포함한 신사고들이 회자되기 시작하였고 전통적인 가치들의 회복과 서구와의 관계 개선, 소련의 경직된 이데올로기의 굴레로부터의 탈출이 논의되기 시작하였다. 이러한 논의와 비판이 1960년대 전반기 체코슬로바키아 사회의 모습이었고, 프라하의 봄으로 가는 개혁 운동의 시작이었다."[8] 개혁에 대한 요구와 자유화의 효과는 즉각적으로 문화와 지적 분야에 전해 졌고, 작가, 사상가, 예술가들과 영화 창작가들은 체코슬로바키아 사회에서 진행되고 있던 이와 같은 변화에 대해 감각적으로 그것을 구현하였다. 따라서 체코슬로바키아 영화의 혁신이 본격화 된 1963년은 이데올로기적, 미학적 제한에 반대해 싸우는 용감한 공격의 서막을 제공하는 체코슬로바키아 문화의 분수령이었다.[9] 이 시기를 기점으로 체코슬로바키아 사회는 다양한 영역에서 민주화, 자유화의 분위기로 접어들었다. 이를 통해 정치 체제, 역사에 대한 날카로운 평가가 뒤따랐다.

특히 "1967년 6월에 개최된 체코슬로바키아 작가동맹Československý svaz spisovatelů 제4차대회에서는 작가와 언론인을 당의 시종으로 전락시킨 정치체제를 고발하는 하나의 법정이 되었다."[10] 여기서 작가동맹 의장단의 한 사람인 밀란 쿤데라Milan Kundera는 프로파간다의 수준으로 전락한 체코 문학을 비난하였고, 극작가인 파벨 코하우트Pavel Kohout는 스탈린주의와 네오 스탈린주의자들의 상황 하에서 수많은 소련 문학의 비극을 묘사한 알렉산드르 솔제니친Александр Солженицын의 편지를 낭독했다. 1년이 지난 1968년 8월 그 당시의 상황에 대해 쿤데라는 작가동맹 대회에서 솔제니친 편지의 낭독에 대해 모스크바의 비난이 있었다고 폭로하였다. 또한 영화 비평가인 안토닌 리임Antonín Liehm은 문화 정책이 권력과 시장의 지배로부터 자유로워지기를 요구하기도 했다.[11]

그리고 1968년 1월 두브체크가 공산당 제1서기로 취임하면서 민주적인 사회주의의 새로운 모델을 창조하기 위해 '인간의 얼굴을 한 사회주의Socialismus s lidskou tváří'를 공식적으로 주창하면서 체코슬로바키아를 새로운 국면으로 이끌었다. 그는 4월 5일 '행동 강령Akční Program'[12]이라는 개혁 프로그램을 통해 인간의 얼굴을 한 사회주의를 구체화 하였다. 그르제고르즈 에키에르트Grzegorz Ekiert에 따르면 행동 강령에는 기존의 동유럽에서는 상상할 수 없었던 파격적인 조치들로 구성되었다. 그 세부적인 것들로는 "정치 개혁의 필요성, 공산당과 다른 조직 내에서의 민주적 절차, 새로운 선거법에 대한 필요성의 시사, 모든 시민들을 위한 기본적인 정치적 자유 보장과 민족 전선 내에 다른 사회적, 정치적 조직화에 대한 필요성을 포함하고 있었다.....뿐만 아니라 경제 개혁과 경제 기구의 민주화를 지지하였고 소규모의 사적 기업의 가능성들을 암시하였다."[13] 두브체크의 인간의 얼굴을 한 사회주의는 급기야 1968년 6월 27일 작가 루드비크 바출리크Ludvík Vaculík가 기초한 '2000어 선언Dva tisíce slov'을 통하여 행동 강령 실행을 더욱 선명하게 드러내면서 체코슬로바키아의 최종적 개혁의 목표로 설정되었다.

두브체크에 의해 주창되고 바출리크에 의해 대외적으로 선언된 인간의 얼굴을 한 사회주의가 개혁의 목표로 설정된 것에는 소련을 비롯한 동유럽과 체코슬로바키아와의 사회주의 역사 이행 과정에 대한 근본적인 시각차가 존재했기 때문이다. 그것은 레닌에 의해 제기된 역사 발전 과정에 관한 것이었다. 레닌은 프롤레타리아 독재는 오직 자본주의적 사회 질서에서 사회주의적 질서로 이행해가는 과정을 위한 프롤레타리아의 지배 형태로서 과도기적 성격으로 규정한 바 있다. 따라서 프롤레타리아 독재는 사회주의 건설에 반대하는 자본가 계급의 저항이 꺾어지면 소멸되어야 한다는 것이 그의 예상이었다. 1968년에 두브체크는 체코슬로바키아 공산당의 나라 발전 단계가 바로 그러한 시점에 이른 것으로 인식하고 있었다.[14] 그렇기 때문에 체코슬로바키아에서는 프롤레타리아 독재 체제를 유지할 수 있는 역사적 명분이 사라졌다는 것이다. 뿐만 아니라 마르크스주의자이면서 휴머니스트인 "카렐 코시크Karel Kosík는 자신의 대표저작인 『구체성의 변증법Dialektika konkrétního』에서 마르크스-레닌주의에 대한 스탈린주의자들의 왜곡만이 아니라 레닌주의 그 자체의 몇몇 근본적인 가정들을 비판하고 있다. 즉 마르크스 휴머니즘의 중심 개념은 응용이다. 그것은 창조적이고, 그러므로 스스로를 이해하는 인간 활동인 것이다. 코시크에 따르면 모든 인간에게 선천적으로 가지고 있는 창조력은 혁명적 활동을 확장할 수 있고 그것은 단지 당만이 역사의 주체이거나 집행자일수 있다는 것에 따른 레닌의 사상과도 충돌한다."[15] 이와 같은 사회주의 역사 이행 과정에 있어 독자성과 개별성의 논리적 관점은 체코슬로바키아의 정치, 경제, 사회, 문화, 예술 영역으로 스며들어갔다. 그리고 그것은 계급적 집단성과 당으로 획일화 되는 것이 아니라 인간의 존재와 가치가 우선하는 이른바 휴머니즘의 확장을 의미하였다. 따라서 "공산당의 일당 독재를 시정하여 정치적으로 다원주의와 민주주의를 도입하고 경제적으로 시장 경제적 원리 도입"[16]에 토대하고 있는 인간의 얼굴을 한 사회주의 건설은 가장 기본적인 인간의 존재와 가치에 기반 한 휴머니즘에 토대하고 있는 것이다. 그러나 인간의 얼굴을 한 사회주의 건설은 1968년 8월 20일 소련을 비롯한 바르샤바 조약 군대의 프라하 침입으로 좌절되었다. 체코슬로바키아 사회의 모순들을 해결하기 위해 개혁을 기치로 시작되었고 인간의 얼굴을 한 사회주의로 그 개혁을 완성하고자 하였던 꿈이 실패한 것이다.

이 시기 체코슬로바키아에서 진행되었던 정치, 사회, 문화, 예술의 현상과 가치는 체코슬로바키아 영화 혁신에 중요한 영향을 미쳤다. 그것은 단순히 체코슬로바키아 영화 혁신의 시작과 끝이 동일하다는 역사적 시기의 일치뿐만 아니라 개혁의 기치와 인간의 얼굴을 한 사회주의라는 역사 발전 과정에서 발생한 다양한 현상들이 영화 속에 내포되어 있기 때문이다. 따라서 체코슬로바키아 영화의 혁신에서 보여주고 있는 다양한 창작의 내용과 시도, 결과는 이 시기 체코슬로바키아의 새로운 사회주의의 가치 지향과 연결되어 있다.

2. 문학적 토대와 영화

1960년대 체코슬로바키아 영화 혁신에 있어 가장 중요한 문제는 소련으로부터 이식된 사회주의 리얼리즘으로부터 벗어나는 것이었다. 이것은 문화, 예술 창작 영역에서 뿐만 아니라 1960년대 체코슬로바키아 영화의 혁신을 이루는 핵심적 요소였다. 이러한 시대적 화두는 당시의 시대적 상황을 벗어날 수 있는 계기와 함께 체코슬로바키아의 문화, 예술적 전통을 복원시키고 영화 역사를 새롭게 발전시킬 수 있는 요인으로 작용하였다.

그 중에서 문학의 중요성은 주목할 만 한 것이었다. 특히 1963년 체코슬로바키아에서 오랫동안 퇴폐적이고 자본주의적인 것으로 배척당하면서 논의조차 금지되었던 프란츠 카프카Franz Kafka에 대한 재평가 작업은 하나의 분기점이 되었다. 집단주의와 특권, 부조리에 대한 개인의 소외와 저항을 상징하는 프란츠 카프카에 대한 재평가는 프라하 근교 리블리체Liblice에서 국제 심포지움인 카프카-콘페렌즈Kafka-Konferenz가 개최되면서 그에 대한 복권이 이루어지면서 본격화되었다.[17] 그의 작품들은 1920년대 초 카프카의 연인이었던 밀레나 예젠스카Milena Jesenská가 몇몇 단편 작품들을 체코어로 번역하여 평가를 받은 이후 새롭게 조명되기 시작하였다.[18] 이와 함께 카프카의 작품들은 체코슬로바키아 문학을 비롯한 연극, 영화로 각색되어 공연되거나 상영되었다. 카프카에 대한 재조명은 체코슬로바키아 사회가 과거로부터 진행되어 온 스탈린주의와 같은 역사적 유산 등으로부터 혁신적 변화를 이루겠다는 하나의 상징이었다. 무엇보다 카프카에 대한 재평가적 분위기는 체코슬로바키아가 당면한 계획 경제에 대한 비판과 함께 정치 영역에 있어서도 공산당의 관료적 통제와 이데올로기적인 획일성에 대한 비판을 불러일으킨 방아쇠가 되었다. 특히 "리블리체 콘페렌즈를 조직한 사람 중 한 명인 알렉세이 쿠사크Alexej Kusák는 카프카-콘페렌즈 이후 문화에서 모든 것이 얼마동안 허용되었고, 허용할 수 있는 문학의 범위를 상당히 확장시켰을 뿐만 아니라 사회주의 사회 내에서 소외의 문제를 제기하는 데 있어서도 중요하였다"[19]고 했다.

이러한 카프카에 대한 재평가의 분위기는 체코슬로바키아의 문화, 예술 분야에 깊은 영향을 미쳤다. 그것은 체코슬로바키아 문화, 예술에 있어 다양한 실험과 시도, 즉 부조리 극, 수정주의 마르크시즘, 블랙 유머 등의 기조가 유지되는데 중요한 역할을 했다는 것을 의미한다. 이로 인한 체코슬로바키아의 문화, 예술 분야의 발전은 놀라운 것이었다. 창작가들은 그동안 침묵을 강요받았던 것으로부터 모든 영역에서의 테마와 형식에 대해 거침없이 묘사했다. 그들은 서방세계의 재즈 음악을 소련의 지령 문화와 대비시키거나, 공산당에 대해 거짓말과 침묵을 강요받았던 경험뿐 아니라 심지어 사회주의 체제 자체를 비판하기도 했다. 또한 창작 형식에 있어서는 사회주의 리얼리즘에 근거하지 않고 그로테스크하고 코믹한 유형의 인물을 통해 묘사하거나 극단적인 초현실주의적 수법 등을 통해 묘사하기도 하였다.

1965년 무렵에는 체코슬로바키아의 아방가르드적 특징을 담고 있는 조세프 토폴Josef Topol과 바크라브 하벨Václav Havel의 작품이 등장하였다. 특히 하벨은 유럽 평단에서 매우 빠르게 알려졌다. 그 이유는 그의 작품에는 서구 연극 연출가와 희곡작가들이 관심 갖지 않았던 정치적 연관성에 대해 주목할 만한 가치가 있다고 평가받았기 때문이다.[20]

여기에 "야로슬라브 하섹Jaroslav Hašek으로부터의 코믹적 전통, 블라디슬라브 밴추라Vladislav Vančura, 비테슬라브 네즈발Vítězslav Nezval과 같은 아방가르드 작가들의 귀환, 그리고 보후밀 흐라발Bohumil Hrabal, 조세프 스크보레츠키Josef Škvorecký, 밀란 쿤데라, 아르노스트 루스티그Arnošt Lustig와 같은 소설가들은 자신들 작품의 각색에 협력하였고, 에스터 크룸바초바Ester Krumbachová와 얀 프로차즈카Jan Procházka는 독창적인 시나리오를 썼다."[21] 이처럼 카프카에 대한 재평가와 함께 문학 창작가들의 활발한 활동은 1960년대의 영화 창작가들이 자신들이 어떠한 사회적 컨텍스트 내에서 존재하고 있는지를 스스로 알게 했다. 이로 인해 문학과 영화와의 관계는 매우 중요한 것이 되었고 문학 작품을 토대로 한 영화들이 이 시기에 등장했다. 그 중에서도 가장 핵심적 인물로는 8편의 작품이 영화화 된 보후밀 흐라발을 들 수 있다. "특히 이리 멘젤Jiří Menzel은 그의 작품 중 다섯 작품을 각색하고 영화화하여 체코슬로바키아 영화 혁신에 중요한 기여를 하였다.....심지어 1963년 처음으로 출간된 흐라발의 단편 이야기 모음집《심연의 진주Perlička na dně, 1965》는 체코슬로바키아 영화 혁신의 성명서로 간주되었을 정도이다."[22]

카프카에 대한 재평가로부터 시작되어 체코슬로바키아 문학 창작가들의 작품과 창작은 이 시기 영화 혁신에 깊은 영향을 미쳤다. 이로 인해 다양한 영역, 즉 현실을 토대로 한 일상을 사실주의 수법을 통해 쾌활한 웃음과 유머, 아이러니를, 아방가르드적 수법을 통해 인간에 대한 휴머니즘에 기반 한 영화들이 본격적으로 등장하였다. 그러므로 "체코슬로바키아 영화 혁신의 양식은 사실주의에서 초현실주의, 즉흥적인 것에서 고전적 내러티브에 까지 걸쳐있다. 그리고 거기에는 많은 양식적, 테마적 연관성이 존재하고 있다."[23] 이것은 체코슬로바키아 영화 혁신이 카프카의 재평가로부터 시작된 창작의 자유와 문학 전통의 역사와의 긴밀한 협력 속에서 이루어졌음을 말하고 있다. 이로 인해 1960년대 체코슬로바키아 영화는 인간의 보편성에 대한 문제, 인간의 존재론적 문제가 자리 잡게 되었고, 그것은 일상적 현실에 대한 묘사와 아방가르드적 실험, 개인과 사회와의 긴장 관계를 통해 나타나고 있다.

3. 일상적 현실과 창작수법에 대한 새로운 실험

3-1. 일상적 현실에 대한 풍자와 비판

체코슬로바키아의 새로운 영화에서 나타난 특징 중 하나는 현실에서 일어나고 있는 일상에 대한 풍경 묘사를 들 수 있다. 이러한 특징은 그 동안 체코슬로바키아 사회를 짓누르고 있던 사회주의 리얼리즘이라는 도식적인 창작 법칙으로부터 벗어나 일상적 현실을 통해 그에 대한 논의를 확장시키고 사회에 대한 일정한 비판적 시각을 유지하려는 의도에서 비롯되었다. 이것은 창작 과정에 있어 사회주의 리얼리즘에 대한 반작용이 일상적 현실에 대한 관심을 강하게 견인했다고도 볼 수 있다. 이로 인해 이 시기 체코슬로바키아 영화는 내용적으로는 일상적 현실에서 일어나고 있는 일들에 기반 하게 되었고, 형식적으로는 시네마 베리테와 같은 사실주의적 경향을 띠게 되었다.

이와 같은 특징을 가진 영화로는 1963년 체코슬로바키아 영화 혁신의 중심 인물인 밀로스 포르만의 작품에서 확인할 수 있다. 그는 일상적인 현실을 통해 체코슬로바키아의 사회를 보고자 했다. 이를 위해 그가 취한 수법은 평범한 인물들을 영화 속에 끌어 들이는 것이었다. 포르만은 그들을 통해 일상에서 일어나고 있는 다양한 사회적 현실을 제시하고 그것의 이면을 드러내고자 했다. 이러한 측면에서 1963년 〈경연대회Konkurs〉는 매우 특징적이다. 이 영화는 클래식 오케스트라 연습장면 에피소드와 팝송 오디션 에피소드로 구성되어 있다. 첫 번째 에피소드는 전깃줄, 건물 등의 새벽 전경이 보이고 멀리서 지저귀는 새소리가 들리면서 정적을 깨는 오토바이 경주 소리와 함께 중년 지휘자와 오케스트라 단원들의 연습장면으로 시작된다. 이 장면에 이어 또 다른 젊은 지휘자와 오케스트라 단원들의 연습장면이 이어진다. 중년 지휘자의 오케스트라 음악은 완만하고 우아한 반면 젊은 지휘자의 오케스트라 음악은 그에 비해 빠르고 경쾌하다. 화면은 이들의 연습 장면을 번갈아 보여주고 음악이 흐르는 동안 오토바이 경주 대회와 일상적인 거리의 풍경, 공원에서 산책하고 있는 다양한 사람들의 모습을 보여준다. 첫 번째 에피소드에서는 두 지휘자들 사이의 서로 다른 오케스트라 단원들의 연습과 음악을 배경으로 오토바이 경주, 일상적인 거리와 사람에 대한 풍경이 수평적으로 교차하면서 부분과 전체와의 상관관계 속에서 조화가 이루어진다는 함축적인 의미를 보여주고 있다.

두 번째 에피소드에서는 첫 번째 에피소드와 달리 현대적인 음악과 함께 스케이트장, 경연대회 매표소 앞에 모여 있는 젊은이들의 모습으로 시작된다. 그리고 영화는 오디션에 몰려든 소년, 소녀들과 공장장에게 거짓말을 하고 경연대회에 나갔지만 탈락한 후 다시 일상으로 돌아간 베라를 통해 일상적 현실과 그로부터 탈출을 꿈꾸는 현실이라는 서로 상반된 두 영역을 대비시키고 있다. 이를 위해 포르만은 일상적 현실의 사람들을 마치 실제 장면을 찍은 것처럼 사실주의 수법으로 묘사했다. 그럼으로써 그는 체코슬로바키아 사회가 갖고 있는 실제적 현실의 문제를 역설적으로 제기하고 있는 것이다.

일상적 현실을 통해 체코슬로바키아의 사회적 분위기를 꼬집는 포르만의 창작 목표는 영화 〈검은 페트르Černý Petr, 1963〉에서도 나타나고 있다. 이 영화 역시 경쾌한 음악과 함께 물건을 사기 위해 상점에서 기다리고 있는 다양한 사람들의 일상적 모습으로 시작된다. 이곳에서 열일곱 살의 페트르는 물건을 훔치려는 사람들을 감시하는 일을 하고 있다. 그러던 어느 날 그는 물건을 훔쳤다고 생각한 노신사의 뒤를 쫓아가지만 그를 놓치고 만다. 그리고 영화는 다시 일상에서 일어나고 있는 다양한 장면들, 즉 길거리에서의 오케스트라 연주장면, 레스토랑의 다양한 사람들의 모습과 춤추는 장면, 다투고 있는 젊은이들의 모습, 술 마시고 있는 사람들을 차례로 보여준다. 페트르의 아버지는 그가 지금 하고 있는 일이 얼마나 가치 없는 일인지를 설명한다. 그럼에도 불구하고 페트르는 또 다시 상점에서 일을 하게 되고 사람들이 물건을 만지는 행위 자체마저도 훔쳐가지 않을까 의심하고 감시한다. 포르만은 이러한 그의 태도를 통해 당시 체코슬로바키아에 만연해 있는 불신의 사회적 분위기를 우회적으로 풍자하고 있는 것이다.

포르만의 이와 같은 일상적 현실에 대한 탐구는 1965년 〈금발의 사랑Lásky jedné plavovlásky〉에서 소년 밀라와 소녀 안둘라의 사랑과 이들의 관계를 불안하게 바라보는 부모들 세대와의 갈등을 통해 묘사하고 있다. 특히 안둘라가 밀라와의 하룻밤 사랑으로 인해 무작정 프라하에 있는 남자친구 집을 찾아오게 됨으로써 발생하는 부모들 간의 말다툼과 갈등은 이것들의 전형을 보여주고 있다. 이들의 모습을 통해 포르만은 체코슬로바키아 사회에서 벌어지고 있는 젊은이들의 사랑의 형태와 이별, 부모들과의 세대 갈등 등을 묘사하고 있는 것이다. 또한 영화는 다양한 유머로서 사회적 풍자를 내포하고 있다. 이것은 예비군들을 환영하는 밴드와 플래카드 장면이 보여지고 난 후 댄스홀에서 소녀들을 향한 결혼한 예비군들의 모습에서 볼 수 있다. 커다란 댄스

홀 한 쪽에는 세 명의 예비군들이 앉아 있고 그 반대편에는 안둘라를 포함한 공장에서 일하는 젊은 소녀 세 명이 앉아 있다. 그리고 소녀들 바로 옆에 좀 더 나이 들어 보이는 듯 한 세 명의 여자들이 앉아 있다. 여자들의 모습은 젊은 소녀들과 시각적으로 대비되면서 예비군들의 주목을 전혀 받지 못하게 되는 우스꽝스러운 상황이 연출되기도 한다. 특히 예비군들 중 한 명이 젊은 소녀들을 유혹하기 위해 자신의 결혼 반지를 호주머니로 숨기다가 바닥에 떨어트리고 찾는 모습은 유머러스하기도 하지만 풍자적이기도 하다. 따라서 영화 〈금발의 사랑〉은 젊은이들의 사랑, 도덕적으로 혼란스러운 중년들의 모습, 세대 간의 갈등을 유머와 풍자적 상황을 통해 체코슬로바키아 사회의 일상적 현실의 한 단면을 묘사하고 있다.

일상적 현실과 그에 대한 풍자를 묘사한 또 다른 포르만의 영화로는 〈소방수들의 무도회Hoří, má panenko, 1967〉를 들 수 있다. 퇴임 한 전임 소방수 위원장의 생일 파티를 준비하면서 벌어지는 다양한 해프닝을 다루고 있는 이 영화는 포르만의 이전 영화에서보다 체코슬로바키아 사회와 사람들에 대해 직접적인 풍자를 내포하고 있다. 이와 같은 장면들로는 무도회가 시작되기 전 부주의로 불이 붙은 현수막을 끄는 장면, 준비한 술과 음식들이 사라지자 이를 위해 감시해야 한다고 하는 사람, 모든 여성에게 끊임없이 관심을 표하는 사람, 위원장에게 선물을 증정할 예쁜 여성을 뽑기 위해 미인 대회 선발을 방불케 한 수영복 심사, 그리고 무도회가 열리고 있는 도중 근처 집에서 불이 나자 그 불을 끄는 소방대원들, 불타는 집을 보고 맥주를 마시는 사람, 기도하는 집 주인, 집 잃은 주인을 위해 모금하고 있는 사람의 모습을 들 수 있다. 이러한 장면들은 이 영화 전체를 혼란스럽고 유머와 풍자가 풍부한 아이러니한 상황으로 몰아가는 요소들이다. 그리고 이것들은 관객들의 예상을 전복하고 있을 뿐만 아니라 그 이면의 감춰진 체코슬로바키아의 현실을 드러내고 있다. 즉 소방수들의 제복, 감시, 파티, 미인 대회와 여성, 불타는 집, 침대 위에 혼자 남은 노인 위로 내리는 눈 등으로 상징화 된 장면들은 체코슬로바키아 사회에서 벌어지고 있는 현실을 매우 은유적으로 표현하고 있다. 이러한 특징은 포르만이 〈경연대회〉, 〈검은 페트르〉, 〈금발의 사랑〉에서 보여준 일상적 현실에 대한 가벼운 풍자 속에서 보다 진지한 체코슬로바키아 사회에 대한 논평으로 옮겨가는 능력을 보여주고 있는 것이다.[24] 이처럼 포르만은 일상에서 일어날 수 있는 일들을 도식적인 사회주의 리얼리즘으로부터 완전히 벗어난 사실주의적 수법으로 일상적인 사람들의 모습을 통해 체코슬로바키아의 현실을 풍자하고 있다.

일상적 현실에 토대하면서 다양한 사회적 비판에 초점이 맞추어진 영화는 밀로스 포르만의 영화와 함께 등장한 야로밀 이레의 영화 〈외침Křik, 1963〉에서 확인할 수 있다. 이 영화는 루드비크 아스케나지Ludvík Aškenazy의 소설을 각색한 것으로 주제는 비교적 단순하다. 첫 번째 출산을 앞둔 부인, 이반나와 텔레비전 수리공 남편, 슬라벡 사이에서 벌어지는 일상을 다루고 있다. 영화는 해가 뜨고 침대 위에 잠들어 있는 젊은 부부인 슬라벡과 이반나의 모습이 보이고 어린 아이의 울음소리와 함께 만삭인 이반나가 일어나 창문틀 위의 우유를 마시는 아침 풍경으로 시작된다. 그리고 부인은 출산을 위해 병원에 입원하게 된다. 영화는 출산을 위해 그녀가 입원한 시점에서부터 출산하고 난 이후

까지의 이들 부부, 즉 슬라벡과 이반나의 기억의 파편들과 현실로 구
성되어 있다. 영화는 현재에 이르게 되는 그들의 과거와 현재의 일상
적 모습을 다양한 사진과 다큐멘터리 필름, 뉴스영화, 내레이션 등을
통해 제시한다. 이러한 이유로 영화는 젊은 부부인 슬라벡과 이반나
의 일상적 모습에서 나타난 삶의 서정성을 담고 있으면서도 체코슬로
바키아의 사회를 비판하는 함축된 의미로 발전하게 된다. 따라서 영
화는 과거의 일상적 모습이 현재의 일상적 모습과 연결되면서 현재
체코의 일상을 묘사한다. 이것은 곧 이 영화가 체코슬로바키아의 사
회가 직면하고 있는 다양한 사회적 현실에 대한 근본적 의문과 풍자
를 내포하고 있다는 것을 말한다. 그럼에도 불구하고 이 영화는 체코
슬로바키아 사회를 직접적으로 비판하고 있지는 않다. 왜냐하면 영화
속 인물들이 어떤 사회적 사건에 연관되어 있지 않기 때문에 역사적
흐름과 변화에 무관한 것처럼 보이기 때문이다. 뿐만 아니라 사회적
요소들을 드러내는데 있어 병원, 개인의 일상생활, 판타지 등으로 구
성된 장면들 역시 비판적 요소들을 무디게 하는 요소라 할 수 있다.[25]

일상적 현실을 관조적으로 묘사하면서 그것이 지닌 의미를 드러내
고 풍자하는 경향은 블라디슬라브 밴추라의 소설을 토대로 만든 이리
멘젤의 두 번째 장편 영화인 〈변덕스러운 여름Rozmarné léto, 1968〉에서도
확인할 수 있다. 이 영화는 여름날 강변에서 물놀이하고 있는 세 남
자, 즉 상업에 종사하고 있는 뚱뚱한 남자 안톤 두라, 성직자 캐논 로
치, 군인 메이저 휴고의 일상생활에 관한 이야기다. 이들은 끊임없이
건조한 대화와 함께 먹고 마시고, 낚시하면서 여름날의 무료함을 달
래고 있다. 영화는 이를 땅 위의 나무펜스 그림자, 절반 정도 비어 있

는 와인 병 등과 같은 상징적 쇼트를 통해 마치 부르주아들의 세계를 탐구하듯이 묘사하고 있다. 그러나 이들의 일상은 유랑단의 마술사와 아름다운 금발 미녀의 도착으로 방해 받는다. 즉 세 남자들이 철학을 토론할 때 주변의 여자들은 추억에 잠기면서 그들의 토론을 방해하기도 한다. 그들은 먹고, 마시고 말하는 것을 제외하고는 아무것도 하지 않고 주변의 소녀들과 젊은 커플들을 지켜본다. 그리고 그들은 유랑 극단에 속해 있는 안나라는 여인을 유혹하지만 누구도 성공하지 못한다. 그들의 모습은 개인이 되는 것을 멈추고 각자는 그들의 사회적 역할의 특징에 의해 정의된다. 정적인 사회의 게으른 표본으로서, 그들은 활동하는 능력을 잃어버렸고 환상과 말을 할 수 있는 능력만 있는 것이다. 그들의 나태한 삶의 모습은 전복적인 예술가들의 생활과 나란히 배열되면서 더욱 부각된다.[26] 이리 멘젤은 이 영화에서 최소화된 행동반경과 움직임으로 일상적 현실의 무료함과 활동력 없음을 보여주고 체코슬로바키아 사회의 지배세력의 무기력한 모습을 연상시키면서 체코슬로바키아의 사회를 풍자하고 있는 것이다. 이런 특징에 근거하여 "비평가들은 이리 멘젤을 밀로스 포르만과 자주 비교했다. 두 감독은 평범한 사람들에 집중하였고, 유머적 상황을 사용하였으며 비슷한 테마, 즉 전형적으로 사회에서 통용된 사랑과 태도에 초점을 맞추고 있다."[27]

체코슬로바키아 영화에서 일상적 현실과 사회구조와 사회에 대한 비판적 시각은 이반 파세르Ivan Passer의 영화에서도 나타나고 있다. 그의 영화 〈친밀한 불빛Intimní osvětlení, 1965〉은 중산층에 대한 이야기로 체코슬로바키아 사회의 현실에 대한 진단을 담고 있다. 영화는 클래식 음악가인 페트르가 시골 음악 학교의 교장으로 있는 친구 밤바스의 집을 방문하면서 벌어지는 사건들을 묘사하고 있다. 파세르는 이야기가 아니라 상황을 제시함으로써 최소한의 내러티브 내용만으로 영화를 전개시킨다. 주말 동안 페트르와 밤바스는 마을 장례식에 참석하기도 하고, 과거와 현재를 비교하기도 하며 취중 속으로 빠져들면서 환경, 나이, 삶으로부터 탈출을 시도한다. 그러나 그들은 다음 날 아침 다시 일상의 현실로 되돌아온다.....음악을 통해 밤바스와 페트르가 인생의 방향과 의미를 찾는다는 내용을 지니고 있는 이 영화에서 파세르는 어떠한 비판도, 처방도, 치료도 없는 현실을 진단하고 있다. 이것은 개인으로서, 사회로서 사실의 진술이고, 우리들은 영원한 위기에 처해 있는 것을 말하고 있는 것이다. 영화의 논리는 연대기적 진행에 의해 결정되고, 인물들은 전형적으로 토요일 아침, 저녁, 이른 저녁, 그리고 늦은 저녁에 움직인다.....그것은 문제에 대한 비판적 분석보다는 전형적인 현실의 완고한 탐구인 것이다. 그리고 이것은 밤바스와 페트라가 50대의 사람들이라는 것에 주목할 가치가 있으며 전쟁 전 형성된 인물들과 스탈린 시기의 경험을 하지 않은 성인들 사이의 병렬을 통해 역사적 흐름과 사회적 구조에 대한 비판을 던지고 있는 것이다.[28]

히네크 보칸Hynek Bočan은 블라디미르 파랄Vladimír Páral의 작품을 각색하여 〈개인적 폭풍Soukromá vichřice, 1965〉을 만들었다. 그는 양식화된 프라하의 현실과 다양한 체코슬로바키아 인들을 등장시켜 반복적이고 순환적인 생활 패턴의 일상생활 모습을 유머와 관조를 통해 풍자적인 관점으로 묘사하고 있다. 이런 특징은 토요일 중년의 커플들이 쇼핑을 하면서 끝나는 영화의 마지막 장면을 통해 알 수 있다. 이는 생활의 순환과 회전이 또 다시 반복된다는 것을 의미하고 있다.[29] 이 것은 체코슬로바키아 인들의 단조로운 일상의 모습들을 통해 현실과 그 문제들을 묘사하고 있는 것이다.

다양한 인물을 통해 현실을 묘사한 영화로는 야로슬라브 파푸세크 Jaroslav Papoušek의 첫 번째 장편 영화 〈최고의 시기Nejkrásnější věk, 1968〉를 들 수 있다. 이 영화는 예술학교에서 조각가로 공부한 적이 있는 파 푸세크가 다양한 인물들의 관찰을 통해 만들어 졌다. 영화에는 학생 들, 결혼한 젊은이들, 중년의 남자, 나이 먹은 연금 생활자와 같은 인 물들이 나온다. 이들은 체코슬로바키아 사회의 다양한 스펙트럼을 상 징하고 있을 뿐만 아니라 다양한 측면에서 체코슬로바키아의 사회적 풍경을 반영하고 있다는 것을 말하고 있다. 그리고 연금 생활자와 어 린이들, 러시아 민요와 같은 그 시기의 의미를 함축하고 있는 노래 등 을 통해 세대와 그 당시의 이데올로기적 균형을 유지하고 있다. 이런 균형적이고 우회적 수법은 이 영화가 때론 체코슬로바키아 사회의 일 상적 현실로부터 다소 벗어나고 있는 것처럼 보이기도 하지만 그것이 오히려 체코슬로바키아의 일상과 사회적 현실에 대한 사실 탐구로 이 어지고 있다고 할 수 있다.

이처럼 이 시기 체코슬로바키아 영화의 새로움은 일상적 현실을 관 조적으로 묘사하면서 그 속에 체코슬로바키아의 사회적 현실을 투영 시키고 풍자하고 있는 것이다. 따라서 체코슬로바키아 영화의 새로움 은 사실주의적 수법으로 일상적 현실을 유머와 풍자를 통해 현실 속에 감춰진 사회와 인간의 깊은 의미들을 드러내는데 있다고 할 수 있다.

3-2. 아방가르드 전통과 실험

1960년대 체코슬로바키아 영화의 새로운 경향과 혁신에는 영화 표현에 있어 과감한 실험이 중요한 위치를 차지하고 있다. 이것은 "체코슬로바키아 영화의 혁신이 확실히 새로운 시각으로 내러티브를 접근하였다는 것과 사실주의에서 부조리주의에 이르기까지 접근의 다양함을 채택했을 뿐만 아니라 초현실주의와 아방가르드 전통을 부활시키고 있다는 의미이다."[30] 이와 같은 특징은 제1차 세계 대전과 러시아 혁명 이후 체코슬로바키아가 유럽과 러시아 등지에서 몰려든 많은 언어학자와 형식주의자들로 인해 모더니즘과 아방가르드의 중심지 중 하나가 되었고, 그러한 전통을 자연스럽게 반영할 수 있는 토대가 형성되었기 때문이다. 따라서 이 시기 체코슬로바키아 영화는 체코슬로바키아의 아방가르드 문화 전통으로부터 깊은 영향을 받았다고 할 수 있다. 특히 "1920년대 체코 아방가르드는 '아홉 개의 세력nine strengths'이라는 의미로, 야생화, 머위 등으로부터 이름을 따왔던 데베스틸Devětsil, 1920-1931[31] 집단이 중심이 되었다. 이들의 활동은 문학, 조형 예술, 디자인, 음악, 건축, 연극, 영화 그리고 비평 등 전 영역에 걸쳐 있었다."[32] 이러한 측면에서 1930년대에 체코 아방가르드의 작품은 원칙적으로 국제적 아방가르드의 관심과 연결되었다고 할 수 있다.[33] 이것은 1920년대 카프카를 중심으로 형성되었던 아방가르드적 전통이 1930년대 앙드레 브르통André Breton의 프라하 방문으로 더욱 활성화되었다는 사실에서 알 수 있다. 그는 당시 사실상 무명이었던 카프카를 발견하였고 이에 자극받은 프라하의 초현실주의자들은 '초현실주의자 소설surrealist novel'이라는 부제로 〈캐슬The Castle〉이라는 체코판 출간을 준비했다. 그러나 카프카의 작품은 나치 점령기 동안에는 금지되었고, 전쟁 전과 전쟁 후 번역 출간에도 불구하고 그의 작품의 충격은 카프카에 대한 본격적인 재조명이 이루어지기 시작하면서 점차 피부로 느끼기 시작하였다. 저널리스트이자 철학자인 알렉세이 쿠사크는 이러한 "카프카적 상황은 사회주의 국가들에서 잘 알려진 개인숭배시기에 어떤 상황의 모델이었다"고 했다.[34]

이 시기 카프카를 둘러싸고 벌어지고 있던 이러한 사회적 분위기는 1960년대 체코슬로바키아 영화뿐만 아니라 문화, 예술 형성에 중요한 모티프와 돌파구가 되었다. 특히 카프카의 작품이 프라하의 분위기를 무겁게 묘사하였고 그의 잘 알려진 작품들이 체코와 직접적으로 연결되어 있다는 것은 의문의 여지가 없다. 이것은 이 시기 체코슬로바키아의 정치적, 사회적 분위기와 맞물려 문화와 예술 창작의 주요 원천으로 작용하였다.[35] 이에 대해 에발드 쇼름Evald Shorm과 같은 영화감독은 카프카를 중심으로 형성된 문학 정신보다 일반적인 체코슬로바키아의 문화에 영향을 받았다고 주장하면서 문학과 문화를 구분하기도 했다. 그러나 피터 해머스Peter Hames에 따르면 '체코슬로바키아의 새로운 경향의 실험적이고 판타지적인 영화들을 고려하는데 있어 전쟁 이전 문학의 영향이 명확해 보인다'고 주장했다. 거기에는 카프카, 밴추라, 네즈발, 그리고 시인들과 초현실주의자[36]들의 전통과 매우 밀접하게 연결되어 있다는 것을 그 예로 들기도 했다. 그의 시각처럼 이 시기 체코슬로바키아 영화 창작가들은 현대 문학과의 새로운 관계에 대해 호의적이었던 것만은 분명했다. 그리고 그들의 전통이 1960년대에 다시 나타났다. 이와 같은 체코슬로바키아의 경향과 특징에 직접적으로 연결될 수 있는 이 시기 영화창작가로는 베라 히틸로바를 들 수 있다.

그녀는 체코슬로바키아의 아방가르드적 전통을 이어 받으면서 영화의 새로운 흐름에 있어 가장 혁신적이고 과감한 실험을 한 영화감독이다. 히틸로바는 이미 철학과 건축을 통해 인식과 구조에 대한 깊은 이해를 가지고 있었다. 이것은 그녀의 영화가 형이상학적 내용에 형이상학적 형식으로 구성되어 있다는 것을 말한다. 이와 같은 그녀의 영화적 실험은 1963년에 만든 그녀의 첫 번째 장편 영화인 〈뭔가 다른 것O něčem jiném〉에서부터 시도되었다. 영화 〈뭔가 다른 것〉은 서로 다른 두 여성의 삶을 시네마 베리테적 수법과 픽션으로 수평적 형태로 비교하면서 묘사하였다. 즉 "한 여성은 체조 세계 챔피언인 에바 보사코바이고 다른 한 여성은 평범한 가정주부 베라이다. 에바의 이야기는 다큐멘터리 수법으로 촬영하였고, 가정주부 베라는 관습적인 픽션으로 묘사되었다. 히틸로바는 금메달리스트에 부가된 희생과 한계, 훈련 프로그램의 혹독함, 그리고 존재의 미미함을 탐구하고 있다. 반면 가정주부 베라는 물신 숭배의 소비와 일상의 연애를 통하여 가정과 어머니로서의 단조로움으로부터 탈출하려한다. 영화의 논리는 두 인물의 생활 방식의 불완전함을 지적하고 있지만, 각각의 여성은 그녀가 살고 있는 범위 내에서 한계를 인식하게 하는 위기를 경험하고, 히틸로바는 어떤 적당한 결론을 피한다. 거기에는 해결책이 없고 두 여성들은 마침내 잘 알지 못했던 인생에서 스스로의 역할을 선택한다."[37] 이 영화에서 특징적 요소는 단선적인 하나의 내러티브 구조에서 발생하는 의미보다는 서로 다른 두 가지 이야기를 사실성과 비사실성으로 충돌시켜 영화의 형식적 측면에서 발생하는 의미 발생에 대한 실험을 하였다는데 있다.

히틸로바의 영화 표현과 형식에 대한 과감한 시도는 영화 〈데이지 Sedmikrásky, 1966〉에서 더욱 강하게 나타난다. 이 영화는 세상이 망가지고 있다고 판단하고 더 망가뜨려야 된다고 생각한 두 소녀, 즉 마리 I, 마리 II를 통해 다양한 표현적 실험과 시도를 하고 있다. 영화는 거친 입자 화면으로 커다란 기계 바퀴가 돌아가고 거대한 폭발과 총탄 세례 장면이 번갈아 보이면서 시작된다. 이러한 이미지는 영화의 마지막 장면과 대응된다. 이 장면들이 지나고 나면 화면은 비키니 복장을 하고 천진난만한 모습으로 인형처럼 앉아있는 두 소녀가 있는 수영장으로 전환된다. 그리고 두 소녀는 트럼펫을 불고, 코를 만지면서 다음과 같은 파편적인 상징적 의미의 말을 한다. "나는 잘 할 수 있는 것이 아무것도 없다. 그렇다면, 우리가 할 수 있는 것은 무엇일까? 우리는 아무것도 할 수 없다." 그리고 앙상한 건물이 무너진 장면이 보여지고 난 후, 인형-"나는 인형이다. 너는 이해하니? 이해하는 이는 아무도 없다. 우리를 이해하는 사람은 아무도 없다." 그리고 태엽 감는 소리와 함께 두 소녀는 말하기를 "이 세상 모든 것이 망가졌다. 모든 것이 망가졌다면! 글쎄! 우리도 망가지겠지" 라고 하면서 영화는 전개된다. 특히 수영장 장면은 영화에서 파편적으로 던져졌던 흐트러진 부분 부분의 주제 내용을 정리해 주고 새로운 곳으로 전환해 주는 기능을 한다.

그리고 장면이 바뀌면 뒤이어 치마를 입은 두 소녀가 사과와 복숭아가 함께 달린 나무를 배경으로 마치 에덴동산을 형상화한 것과 같은 꽃밭에서 춤을 춘다. 그곳에서 마리 I 은 복숭아를 딴다. 이 장면은

191

영화 시작과 함께 보여 준 이미지와 인과 관계를 형성함으로써 인간의 근원적 욕망과 탐욕을 폭로한다.[38] 이를 효과적으로 드러내기 위해 영화는 수영장, 아파트, 클럽, 공중 화장실, 기차역을 중심으로 이루어진다.

예컨대 길거리/침대, 길거리/옷장에서 무더기로 떨어지는 사과를 흑백, 컬러로 번갈아 보여주고 있는 아파트 장면은 두 소녀가 인간의 존재와 탐욕, 근원에 대해 성찰하는 곳이다. 반면 공중 화장실, 클럽은 두 소녀들이 인식하고 느끼는 사회적 대상들이다. 즉 이들 장소는 두 소녀들의 모습을 다양하게 보여주면서 징벌과 회복, 진탕 마시고 떠드는 곳이다. 그리고 기찻길과 역은 레스토랑에서 만난 남자들을 떠나보내는 곳이다. 따라서 이들 장소는 사람들이라는 집단에 의해 초래된 현대 사회의 발전, 새로운 의미의 창출, 소비, 파괴, 이별 등을 함축하고 있다. 이러한 의미는 시계 초침 소리, 타이프 소리, 벨소리 등에 의해 부가되고 강화된다. 그리고 중간 중간에 파란 초원과 초원에서 뒹구는 두 소녀의 장면과 자연 풍경은 이 영화가 지향하는 것이 무엇인지를 엿볼 수 있는 하나의 실마리가 되기도 한다. 반면 뭔가를 태우거나 일하는 농부 등의 장면에서는 성스러운 음악이 흐르면서 그것의 의미와 대비된다. 그리고 강에서 배를 타고 있는 두 소녀는 '왜 물은 여기에 있을까! 왜 강은 거기에 있을까!' 하면서 존재에 대한 근원적 질문을 던진다. 이것은 '우리는 존재 한다'라는 일련의 철학적 내용의 대사와 함께 길거리에 잠겨 있는 수많은 대문의 자물쇠 인서트를 보여주면서 존재와 소통의 불가분의 관계를 의미하기도 한다.

또한 가위로 옷을 자르는 모습과 사람의 얼굴, 손, 몸이 각각 따로 해체되고 배치되는 장면은 두 소녀들이 레스토랑에서 음식을 짓이기고 장난을 하면서 망쳐 놓았던 식탁의 음식을 다시 원상복구하려 한 모습과 대응된다. 그리고 그러한 자신들의 행위를 스스로 행복하다고 식탁 위에 드러 눕는 순간 천장 위의 샹들리에가 떨어지면서 전쟁 자료 필름으로 이어지는 장면은 현대 사회가 직면하고 있는 소통 부재, 이별, 죽음, 존재, 행복 등에 관한 것을 묘사하고 있는 것이다. 물론 이것은 체코슬로바키아의 정치적 상황과 관련된 컨텍스트와 연결되어 있다. 이를 위해 히틸로바는 전통적인 영화 수법에 기대지 않고 영화에서 보여줄 수 있는 모든 요소들, 즉 하나의 화면 내에서도 변화무쌍하게 끊임없이 변하는 다양한 사운드, 그리고 흑백, 칼라, 모노크롬 등으로 이루어진 색깔, 현실을 진단하고 예언적인 의미의 상징성을 함축하고 있는 파편적인 대사, 다양한 인서트 등으로 인한 화면의 불연속성을 강조한 화면 구성 등 모든 면에서 인과 관계성을 파괴하면서 실험적 형태로 만들었다. 이것은 "히틸로바가 영화 존재에 관한 자신의 관점을 철학적 다큐멘터리의 존재, 몰입으로부터 관객을 전환시키는 것, 심리를 파괴하는 것 그리고 유머를 가속화 시키는 것으로 만들었다는 것을 의미한다. 이런 모든 것들이 그녀의 영화 속에서 행해졌는 데 의문의 여지가 없다. 전통적인 내러티브는 리듬의 파편화에 대한 선호로 거부당했다. 거기에는 사실주의 환상을 창조하기 위한 어떠한 시도도 없었다."³⁹ 히틸로바 자신은 "이 영화를 익살극의 형식에서 철학적 다큐멘터리로 불렀고 그 의도는 인물들의 심리로부터 관객들의 주의를 전환시키기 위해서였다.....(이러한 수법은) 히틸로바의 사회적 비판이 광범위하게 걸쳐 있고, 남성/여성의 고정관념에 대한 비판,

소비의 파괴적인 결과, 전체적인 사회의 이데올로기적 특성을 포함하고 있다."[40] 또한 "히틸로바는 창작가로서 자신의 자유를 방어하면서, 그녀 역시 관객들이 자신의 영화를 보았을 때, 그들이 보았던 데로 해석에 대한 관객의 자유 또한 존중하였다."[41]

이러한 히틸로바의 영화 표현 수법과 창작의 태도는 체코슬로바키아의 아방가르드 문화, 예술적 토대로부터 기인한 실험에 기반 한 것이고 전통적인 내러티브와는 전혀 다른 차원으로 체코슬로바키아 영화의 혁신을 이끌었다는 것을 말한다.

히틸로바가 〈뭔가 다른 것〉이라는 작은 이행기를 거쳐 〈데이지〉에서 직접적이고 노골적으로 아방가르드 전통과 실험을 통하여 자신의 창작 수법을 구축해나갔다면, 얀 네메치Jan Němec는 자신의 첫 장편 영화 〈밤의 다이아몬드Démanty noci, 1964〉에서부터 초현실주의와 아방가르드적 실험을 적용했다. 그렇기 때문에 혹자들은 얀 네메치가 체코슬로바키아의 새로운 혁신적 경향의 감독들 중에서 가장 개인적 스타일에 집중한 감독이라 부르기도 한다. 이는 한 인터뷰에서 그가 말한 영화감독이라는 정의와 개념에서 잘 드러나고 있다. 얀 네메치는 "감독은 현실의 독립된 세계, 즉 자신의 세계를 창조해야 한다. 화가들은 그들의 세계를 창조하고 작곡가들 역시 마찬가지다. 그러나 몇몇 영화감독들만이 이런 목표를 달성하고 있다. 만약 내가 현실의 표면을 닮은 영화를 만들려고 한다면, 나는 많은 에너지를 소비하게 될 것이고 문제의 핵심으로부터 벗어나 관객들의 관심을 이끌게 될 것이다"[42] 라고 하였다. 따라서 얀 네메치는 드러난 현실 자체를 기반으로 표현하는 수법에 중심을 두지 않았다. 이러한 특징에 의해 얀 네메치는 대사가 거의 없는 두 편의 영화-〈밤의 다이아몬드〉, 〈사랑의 순교자Mučedníci lásky, 1966〉-를 만들었고, 또 다른 한 편의 영화는 이전의 영화와 전혀 다른 대사와 이미지가 결합된 일반적 성향의 영화-〈파티와 손님들O slavnosti a hostech, 1966〉-를 만들었다.

이들 영화 중 〈밤의 다이아몬드〉는 두 명의 젊은 유태인이 나치의 죽음의 열차로부터 탈출하여 숲 속으로 도망치면서 벌어지는 아르노스트 루스티그의 소설 『어둠은 그림자를 드리우지 않는다Tma nema stin』에 토대하고 있다. 이 영화에서 얀 네메치는 관습적인 내러티브와 심리학적 동기를 끊임없이 파괴한다. 그는 이야기를 말하거나 인물들의 행위를 설명하는데 흥미를 가지고 있는 것이 아니라 인물들의 정신적 상태와 동일화의 느낌을 창조하는데 흥미를 가지고 있다.

영화는 자막과 함께 교회 종소리가 들리면서 숲 속 기슭을 달리는 거친 숨소리의 두 남자의 모습과 기차소리, 총소리로 시작된다. 두 남자의 달리는 모습과 기차소리, 총소리는 이 두 남자가 현재 어떤 긴박한 상황에 처해있는가를 암시하면서 영화의 긴장감을 지속시키는 역할을 한다. 그러나 이 장면은 궁극적으로 영화에서 그들의 운명에 대한 결론을 향한 선언과 같은 것이 된다. 이것을 영화는 두 남자가 나무 숲 속에서 어딘가를 향해 달려가고 있는 그들의 움직임을 카메라가 수평으로 따르면서 전개된다. 따라서 이 영화는 이들 두 남자가 겪는 다양한 긴장된 상황들을 보여주고 있다. 그 과정에서 이들 두 남자는 발 크기와 맞지 않은 부츠, 숨을 헐떡이고 지쳐 누워 있으면서 뒤척이는 모습, 그들 손 위로 지나가는 수많은 개미, 숲 기슭을 지나 나타나는 작은 마을, 거기서 만난 여인과 농부들, 사냥꾼들, 식당에서 춤추고 있는 노인들을 차례로 바라보고 만난다. 이 장면들이 두 남자를 중심으로 보여준 표면적 화면들이다. 그러나 영화는 이들 주요 장면 사이사이에 두 남자들의 심리와 정신적 상태, 과거의 경험들이 플래시 백으로 보여준다. 그것은 환상적 이미지로, 때론 사실적 이미지로, 때론 욕망의 발현으로 끊임없이 화면과 화면 사이를 번갈아 보여주고 있다. 이러한 방식은 "불완전하고, 실질적으로 거의 잠재의식적인, 육체와 정신적인 현재의 요구에 의한 의식의 혼란스러운 불빛이다. 이것은 단순히 화면의 리듬뿐만 아니라 시적인 의미로까지 확장되고 있다. 그리고 영화 마지막에 그들이 죽었는지 살았는지에 대한 애매모호한 결말은 얀 네메치가 사실주의의 완전한 반대쪽에 있다는 것을 확인해주고 있으며 관객들에게는 두 개의 가능성을 제시하고 있거나 그들 중 하나를 자유롭게 선택하도록 남겼다."[43] 이처럼 얀 네메치는 영화를 이야기의 연속성에 기반을 둔 단순한 내러티브에 의지하지 않으면서 표면적으로 지속되고 있는 화면과 인물들의 물리적 경험, 인물들의 심리와 정신적 영역을 동시에 표현하였다. 그렇기 때문에 얀 네메치의 〈밤의 다이아몬드〉는 이전의 영화에서 볼 수 있는 내러티브에 종속된 이야기와 화면구성과는 본질적으로 다르게 표현되었다. 이것은 이미지를 내러티브로부터 독립시켰을 때 표현의 영역에서 뿐만 아니라 의미의 영역에서도 다양성을 획득하여 발전할 수 있다는 것을 보여주고 있는 것이다. 이것이 얀 네메치가 지향하고 있는 창작수법이고, 그것은 체코슬로바키아 영화의 전통이 아방가르드적 실험에 있다는 것을 보여주고 있다.

얀 네메치의 영화 창작에 대한 실험적 탐구는 영화 〈사랑의 순교자

〉에서도 지속되고 있다. 이 영화는 화이트칼라 노동자, 웨이트리스 나스텐카, 그리고 고아 루돌프로 대표되는 세 인물의 세 가지 에피소드로 구성되어 있다.

이들 에피소드에는 각각 '화이트칼라의 유혹Pokuseni manipulanta', 부유한 사람과 결혼하는 꿈을 꾸는 '나스텐가의 공상Nastenciny sny', 가족에 속해 있지 않아 그것을 그리워하고 상상하는 '고아 루돌프의 모험Dobrodruzstvi sirotka Rudolfa'이라는 구체적 이야기를 담고 있다. "얀 네메치는 이들 세 인물에 의한 에피소드를 세 가지 음울한 익살극이라 불렀다. 그는 대부분 성공하지 못한 사람들의 불합리한 유머를 사용함으로서 채플린과 같이 감수성이 강한 영화를 만들려고 했다. 그런 의미에서 〈사랑의 순교자〉는 포에티즘Poetism, 즉 시적주의의 전통과 결합되어 있다고 할 수 있다."[44] 일반적으로 "체코 영화의 서정주의 논의에서 가장 본질적인 요소들은 시각적 이미지, 긍정적 힘으로서 풍경의 환기와 고향으로서의 시골, 잃어버린 파라다이스, 그리고 회귀의 느낌을 포함하고 있다."[45] 이러한 창작 목표와 영화적 특징에 근거하여 "스크보레츠키는 〈사랑의 순교자〉야말로 가장 서정적인 영화라고 하였다. 그는 이 영화를 체코예술의 위대한 전통의 유기적인 부분으로서 간주하였고, 현실의 시적이고 서정적인 제시라고 규정했다.....〈사랑의 순교자〉에서 얀 네메치는 대중 노래의 판타지와 같은 꿈의 세계를 창조하였다."[46] 얀 네메치의 영화에서 나타나고 있는 이미지 중심과 언어의 중의적 의미, 시적주의는 상징이라는 창을 통해 자신만의 세계를 창조하고 있다는 것이다. 이러한 얀 네메치 영화의 특징인 상징적 표현은 "얀 잘만Jan Žalman이 카프카에 관한 막스 브로드Max Brod를 인용하게 한다.

즉 상징은 정신적 돌파구이다. 그것은 개인적 이미지나 무한한 범위의 생각을 주는 긴장 상태를 유지하는 것이다.”[47] 얀 네메치 영화에서 나타난 창작적 실험은 바로 이러한 상징이 가지는 무한성에 기반하고 있다. 이것은 자신의 영화 양식을 스스로 '꿈의 리얼리즘'의 하나라고 규정한 것과 일맥상통하다고 할 수 있다.

이러한 아방가르드적 실험은 매우 날카롭고 예리한 정치적 함의를 지니고 있는 영화 〈파티와 손님들〉[48]을 통해 이미지 중심에서 대사 중심으로 변모하였다. 얀 네메치는 이 영화에서 처음으로 많은 대사를 사용했다. 영화 〈밤의 다이아몬드〉에서 나타나는 이미지 중심의 실험은 체코슬로바키아의 정치적 현실에 대한 비판과 결합되면서 보다 직접적 의미를 드러내기 위해 대사 중심의 영화로 변모하였던 것이다. 물론 영화 〈파티와 손님들〉에서도 의식 속의 두려움과 낯설음을 묘사하기 위해 비내러티브적 요소들이 등장하기도 한다. 그러나 영화에서의 대사는 외형적 현실만을 전달하는 대사 자체의 의미보다 대사가가지는 정치적 의미를 지닌 중의적 의미로서 작용한다. 따라서 정통 내러티브 구조 속에서의 화면과 대사와의 관계 속에서 대사에 의존하기 보다는 오히려 언어적 의미의 변용에 두고 있다고 할 수 있다. 이러한 측면에서 이 영화 역시 화면과 대사와의 관계에 있어 새로운 시도와 실험을 했다고 할 수 있다.

표현에 대한 실험은 야로밀 이레와 유라이 야쿠비스코Juraj Jakubisko의 영화에서도 발견된다. 그러나 이들의 수법은 베라 히틸로바의 〈데이지〉나 얀 네메치의 〈밤의 다이아몬드〉에서처럼 이미지 중심의 영화 표현적 혁신과 과감함에 있는 것이 아니라 정서적 측면에서의 시적주의와 전통적 민속에 근거하고 있다는 점에서 차이가 있다. 특히 항상 새로운 것에 대해 자신을 변화시키고 변화시킬 준비가 되어 있는 1920년대 데 베스틸 정신은 이러한 시적주의에 적지 않은 영향을 미쳤다.

체코의 초현실주의자 시인인 비테슬라브 네즈발의 동명 소설을 각색한 야로밀 이레의 〈발레리와 그녀의 황홀한 한 주Valerie a týden divů, 1970〉는 이런 측면에서 매우 의미 있는 영화라 할 수 있다. "이 영화는 여성에 초점이 맞추어져 있다. 그것은 뱀파이어, 레즈비언, 그리고 음탕한 성직자들이 포함되어 있는 여성의 첫 번째 월경에 관한 이야기다. 내러티브 그 자체는 모호하지만 사춘기의 시작을 경험하고 있는 젊은 소녀의 환상을 암시하고 있는 성적 상징과 상상은 에로틱한 연상으로 과장되어 있다. 그 결과 영화는 마음을 불안정하게 하고 흥분시킨다.....영화는 네즈발의 초현실주의가 영화의 실험적 특징으로 재현되고 있다. 그것은 모호하고 전통적인 내러티브의 일관성으로부터 다소 벗어나 있다.....발레리의 개별 장면들은 색깔, 상징, 그리고 연상으로 충만하고, 인물들은 고딕풍의 민속 문화로 물들어 있으며, 파편화된 내러티브는 어떤 일관성을 가지고 있다."[49] 이와 같은 특징의 야로밀 이레의 영화는 1924년 카렐 티지Karel Teige가 쓴 '포에티즘' 이라는 글에서 시적주의를 삶의 한 스타일이라고 하면서 그것은 장난기 많고, 비영웅적이며 비철학적인, 짓궂으면서 환상적인 것으로 예술 성장에 호의적이다"[50]라고 한 측면에 부합하고 있다. 이런 측면에서 이 영화는 체코슬로바키아 영화의 새로운 형태를 보여주고 있다고 할 수 있다.

이처럼 체코슬로바키아 영화 혁신의 한 축을 이끌었던 베라 히틸로바, 얀 네메치, 유라이 야쿠비스코, 야로밀 이레 등의 영화들은 영화 표현에 있어 1920년대부터 활성화되었던 아방가르드 전통과의 연속성 속에 있음을 알 수 있다. 그들은 1960년대 체코슬로바키아 영화 표현의 혁신을 아방가르드적 전통을 창작의 근원으로 인식하고 그것으로부터 영화의 혁신을 찾았던 것이다.

3-3. 개인과 사회 사이의 긴장, 불안과 유머

체코슬로바키아 영화의 혁신은 웃음과 유머를 통해 개인과 사회 사이에서 벌어지는 긴장감과 도덕적 불안감을 표현하고 있다는 점이다. 이것은 체코슬로바키아 정부에 의해 개인의 존재 가치가 훼손됨으로써 개인과 사회 사이의 도덕적 불안감과 긴장감이 존재하게 되었음을 말한다. 이러한 현상은 "1960년대의 체코슬로바키아 문화가 그로테스크, 비극, 부조리, 죽음, 웃음, 양심과 도덕적 책임을 통해 공식적인 사회주의 이데올로기로 인정되었던 것을 거부함으로써 인간 존재의 기본적인 측면들을 강조하기 시작하면서 나타났다."[51] 이러한 문화, 예술적 현상들로 나타나고 있는 요소들은 어쩌면 1960년대 체코슬로바키아 영화 혁신의 궁극적 목표라 할 수 있다. 개인과 사회 사이의 불균형 속에서 발생하는 도덕적 불안과 긴장감은 영화 속에서 평범한 한 개인이 처한 딜레마적 상황으로 묘사되기도 하고 영화의 표현 수법을 결정짓는 중요한 형식적 요소로 작용하기도 하였다. 그러므로 영화 속에서 개인은 개인을 넘어 사회를 언급하고 있고, 사회는 개인의 존재 가치를 규정하는데 중요한 요인인 것이다. 그리고 이러한 긴장감과 불안감을 해소하는 것으로 웃음, 유머는 매우 효과적인 수단

으로 작용하고 있다. 따라서 개인과 개인, 개인과 사회, 이들 사이로부
터 발생한 긴장, 불안은 웃음과 유머와 결합되면서 해소되기도 하고
그 자체를 의미하기도 한다.

이러한 측면에서 보후밀 흐라발의 문학 작품을 토대로 만든 이리
멘젤의 〈가까이에서 본 기차Ostře sledované vlaky, 1966〉는 가장 적절한 예
라 할 수 있다.

이리 멘젤은 이 영화의 주된 표현 요소인 아이러니와 웃음, 유머, 풍
자를 통해 개인이 지니고 있는 문제와 체코슬로바키아의 사회적 현실
을 동시에 묘사했다. 이러한 특징은 기차역으로 첫 출근하는 주인공
밀로스 흐르마를 설명하기 위해 증조할아버지, 할아버지, 아버지의 사
진이 담겨있는 액자를 보여주면서 시작된다. 그의 가족의 역사, 즉 증
조할아버지는 학생들로부터 돌을 맞아 연금을 받게 되었지만 일하는
노동자를 놀리다가 결국 맞아 죽었고, 할아버지는 염력으로 독일군을
저지하려 하다가 죽었다는 다소 엉뚱한 가족의 역사를 보이스 오버
내레이션으로 설명하고 있는데서 알 수 있다. 가족의 역사가 소개되는
동안 화면은 밀로스가 기관사였던 자신의 아버지가 근무하였던 간이
기차역에 출근하기 위해 새 유니폼을 입고 있는 모습을 보여준다. 이
를 카메라는 잘 닦여진 신발, 바지 발목, 빛나는 버튼, 모자 그리고 그
의 이마 위에 행해진 어머니의 종교적 의식 등을 차례로 보여준다. 이
러한 행위는 그의 우아한 유니폼과 기차 간이역에서 그가 담당하는
일의 중요성과 대비되어 웃음을 자아내게 한다. 그리고 이러한 가족의
역사에 대한 설명과 묘사는 밀로스라는 인물의 특징과 영화를 전개시
켜 나가는데 있어 근본적 토대로 작용한다. 이것은 밀로스가 간이역에

출근한 이후 사회에서 겪게 될 문제와 행동, 해결 방법에 대한 것을 예측할 수 있는 시금석이라 할 수 있다.

밀로스는 간이역에 출근하면서 뜻하지 않게 두 가지 문제에 직면하게 된다. 하나는 이성과의 성적性的 문제이고, 또 다른 문제는 독일군으로부터의 해방이다. 전자는 개인의 문제일 수 있고 후자는 체코슬로바키아 전체인 국가와 사회의 문제일 수 있다. 특히 밀로스가 성적 문제로 호텔에서 자살을 시도한 것은 개인이 겪고 있는 불안정성을 극대화한 것이며, 그를 구출하는 과정에서 벽면을 스쳐지나가면서 보인 낫과 망치로 상징화된 소련과 공산주의에 대한 포스터는 밀로스의 자살이 다양한 의미로 해석될 수 있는 여지를 생산해내고 있다. 이러한 장면은 개인과 사회가 대비되어 불안하고 혼돈스러운 사회적 상황과 비교되면서 이미 구조화되어 있는 사회를 드러내고 있다고 할 수 있다. 그리고 이것은 독일군의 점령 상황으로 치환되면서 마치 체코슬로바키아의 역사를 파노라마로 제시하고 있는 것처럼 보인다. 이리 멘젤은 이렇게 양립하기 어려운 문제들을 밀로스 개인이 안고 있는 성의 문제와 체코슬로바키아의 역사를 비유적이고 아이러니하게 결합하였다. 뿐만 아니라 이러한 아이러니는 밀로스가 자신의 성적 문제를 해결하기 위해 신부님에게 상담을 요청할 때 신부님은 교회가 6백년 동안 정신분석을 관장했다고 주장한 장면을 통해서도 유머와 풍자의 아이러니를 확인할 수 있다. 이러한 개인과 사회, 역사와의 아이러니를 유머러스하고 풍자적으로 보여주고 있는 또 다른 인물은 바로 역장이다. 여기서 역장은 전통적인 미덕의 구현이고 가식이 없는 재미있는 인물로 설정되어 있다. 그는 겉으로 애국주의, 군사주의, 종교, 권위에 대한 존경과 과거 오스트리아-헝가리의 위대한 시절에 대한 끊임없는 향수를 바치면서 자신만의 도덕적 가치로 살아가고자 한다. 그의 이러한 태도가 주어진 현실 상황에 의해 번번이 실패함으로써 역장은 시대착오적이고 유머러스한 인물로 묘사된다. 무엇보다 개인과 국가, 사회관계 속에서 아이러니와 유머의 극단을 보여주고 있는 장면은 성적 결함을 가지고 있는 밀로스가 탄약을 실어 나르는 독일군 기차를 애초의 목표와 다르게 폭파시키는 장면을 들 수 있다. 이것은 밀로스의 성적 결함과 국가의 해방을 결합시킨 것으로 가장 전복적이고 고상한 저항과 투쟁의 관습을 잘라내 버리는 혁신적 표현이라 할 수 있다.[52] 다시 말하자면 이 영화는 개인이 안고 있는 성적 문제를 사회나 국가가 안고 있는 문제와 결합시켜 아이러니하게 해결하고 만 것이다. 이것은 개인과 사회 사이에서 벌어지고 있는 문제를 일체화시키면서 그것이 안고 있는 문제와 도덕적, 정신적 불안감을 아이러니와 유머, 웃음, 풍자를 통해 표현한 것이라 할 수 있다.

개인과 사회, 권력과의 사이에서의 도덕적 불안과 긴장은 라디슬라브 그로스만Ladislav Grosman의 소설에 토대한 얀 카다르Ján Kadár와 엘마르 클로스Elmar Klos의 영화 〈중심가의 상점Obchod na Korze, 1965〉에서도 나타난다. 이 영화는 이 시기 많은 체코슬로바키아 영화에서 나타나고 있는 것처럼 평화로운 거리 모습을 배경으로 악단이 연주하는 음악과 함께 시작된다. 그 음악과 함께 '1942'년이라는 자막이 등장하고 기차와 독일군 병사들의 모습을 통해 시대를 설명하고 있으며 슬로바키아의 작은 도시를 배경으로 하고 있다. 그리고 작은 도시에는 독일군들이 보이고, 약간은 긴장되고 불안한 거리 풍경이 이어진다. 이러한 분위기 속에서 상점을 운영하고 있는 귀가 잘 들리지 않은 유태인 할머니와 목수인 토노 브르트코와의 관계가 전개된다. 유태인 할머니는 유태인 집단의 지원을 받고 있고, 토노는 그녀 가게의 조력자이다. 그들 상호간의 오해는 처음에는 코믹으로 이루어지고 있지만 유태인 강제추방이 이루어지면서 그들의 관계는 변한다.[53] 토노는 이러한 상황 변화에 관해 그녀와 소통할 수 없다는 것과 그녀에게 진실을 말할 수 없다는 사실을 알고 있다. 이러한 상황은 그 도시에서 모든 유태인이 추방될 때 까지 지속된다. 그러나 몇 몇 관료들의 실수로 그녀가 추방 명단에서 빠지게 되자 토노는 은신해 있는 유태인을 숨겨두고 있다는 이유로 고발당할 것에 대한 두려움으로 그녀가 추방 대열에 합류되도록 노력했지만 실패하고 그녀를 상점의 작은 방에 가두어 버린다. 추방이 모두 끝났을 때, 그는 그녀가 죽어있는 것을 보고 자신도 목매어 자살한다. 그리고 영화는 환상적인 장면으로 양복과 드레스를 입은 토노와 할머니의 모습이 음악에 맞춰 춤추면서 거리를 거니는 장면으로 끝이 난다. 영화의 긴장감은 듣지 못하는 유태인 할머니와 독일군과의 직접적인 관계를 통해 지속되고 있지만 인간과 권력, 사회와의 그것은 오히려 토노와의 관계 속에서 더 진지하게 드러나고 있다. 영화 속에서는 이러한 긴장감이 음악을 틀어놓고 음악에 따라 흥얼거리면서 노래 부르는 할머니의 모습과 독일군이 작은 광장에서 격렬하게 연설하는 장면을 보고 뒷걸음치면서 물러나는 토노의 모습 뒤로 두 사람이 한가로운 오후 날씨를 함께 즐기는 장면 등을 통해 영화 속 상황이 주는 긴장감을 노래와 환상적인 장면으로 이완 시키고 있음을 알 수 있다. 이러한 것들을 통해 이 영화는 기본적으로 전쟁기 인간의 야만성에 초점이 맞추어져 있지만, 작은 집단에서 파시즘의 성장이라는 문제도 동시에 겨냥하고 있다. 어쩌면 영화는 잔혹한 도덕적 우화의 묘사일 수도 있다.

인간과 사회, 권력과의 사이에서 일어나는 불안과 긴장의 특징은 체코슬로바키아 영화 혁신기의 철학자로 불리는 에발드 쇼름의 영화에서도 확인할 수 있다. 쇼름은 1964년 안토닌 마사Antonín Máša의 시나리오로 첫 번째 장편 영화인 〈일상의 용기Každý den odvahu, 1964〉를, 세르게이 마코닌Sergej Machonin과 공동 시나리오로 〈탕자의 귀환Návrat ztraceného syna, 1966〉을, 그리고 〈다섯 소녀에게 지워진 책임Pět holek na krku, 1967〉을 만들었다.

영화 〈일상의 용기〉에서는 스탈린주의 시기의 인간의 오만함을 다루었다. 그로 인해 이 영화는 혁명에 대한 비난으로 비판받기도 하였다. 특히 시나리스트인 마사는 중심인물인 자르다를 친구와 연인을 잃은 협량狹量의 당 도그마티스트로 묘사했다. 즉 마사는 자르다를 얼간이와 도그마티스트로 간주하였고, 쇼름은 그를 거의 영웅으로 다뤘다. 사실 마사는 긍정적 영웅도 아니고, 지적인 것 보다는 오히려 본능에 민첩하고, 지성적이거나 도덕적인 힘 보다는 오히려 육체적 힘을 소유하고 있다.[54] 이처럼 쇼름은 인물의 불균형적 특징을 통해 사회를 비판하고 그 과정의 불안과 긴장을 묘사하였다.

또한 쇼름은 인간과 사회의 불균형과 도덕적 불안을 자살을 시도한 건축가를 통해 묘사했다. 특히 자살에 직면해 있는 건축가의 문제를 다루고 있는 〈탕자의 귀환〉은 이에 대한 적절한 표본이 될 수 있다. 이 영화에서는 "모든 것이 왜곡되고 과장되어 나타난다. 인생은 그와 같지 않다"라로 하면서 시작된다. 이 말이 뒤따르고, 쇼름은 의도적으로 시각적 양식과 관습화된 대사를 강화했다. 예컨대 영화는 자막이 올라가는 도중에 앰뷸런스의 움직임, 병원, 환자, 벤치, 테이블, 열려있는 문과 계단 등과 같은 병원의 부정적 이미지들을 보여준다. 그리고 의사가 주인공 얀에게 어떤 신념을 가지고 있는지 질문한다. 이에 대해 얀은 인간은 결과에 관계없이 자신만의 원칙을 지켜야만 한다고 대답한다. 이것은 영화에서 다루고 있는 중심 문제로 그러한 믿음이 사회와 양립할 수 있는 수준이어야 한다는 것을 말한다. 영화 속 인물인 얀에게는 일반 사람들처럼 똑같은 종류의 많은 비슷한 문제들을 가지고 있다. 이것은 그가 체코슬로바키아 사회 전반의 평범한 인물로 환원될 수 있다는 것을 의미한다. 그리고 쇼름은 영화의 주요 시각적 특징을 빛과 어둠 사이의 대조로 묘사했고, 외부 존재의 세계의 공포는 번쩍 번쩍 빛나는 하얀 불빛의 창문과 문간에 의해 표현되었다. 이러한 장면들은 사회주의 사회에서 고립된 개별을 보여주고 있으며 그로부터 발생된 불안은 그 사회에 의해 요구되어진 타협과 연결된다. 즉 얀이 갖고 있는 문제는 체코슬로바키아의 보편적 사람들의 보편적 문제로, 그 표현 수법은 끊임없는 사회로부터의 타협적 요구로 강제된 속에서의 불안감으로 묘사되었다. 이런 측면에서 근본적으로 쇼름의 영화는 교육받고 사고하는 사람들 사이에 존재하는 도덕적 불안의 초상화이다. 그것의 표상을 쇼름은 얀을 통해 부정직하고 타협적인 얼굴일 수는 없지만 사회 속에서 위치를 발견하기 위해 살아야만 하는 미덕으로 표현 한 것이다.....원칙과 타협의 문제들은 체코슬로바키아에서 삶의 중심이다. 그것은 곧 개인과 사회 사이의 관계에 관한 신속

한 반영이라 할 수 있는 것이다.[55]

1963년에 데뷔한 파벨 유라체크Pavel Juráček는 〈조세프 킬리안Josef Kilián〉으로 알려진 단편영화 〈조력자Postava k podpírání, 1963〉을 통해 불합리한 관료정치와 스탈린주의를 비판하였고, 자신의 군대 시절의 경험을 토대로 첫 번째 장편영화인 〈모든 젊은이들Každý mladý muž, 1965〉이라는 영화를 만들었다. 유라체크 영화 역시 개인과 사회 속에서 벌어지는 불안과 긴장을 경험과 시대적 상황을 통해 묘사하고 있다.

이처럼 체코슬로바키아 영화의 혁신은 개인과 사회 사이에서 벌어진 긴장과 도덕적 불안감을 역설적이고 아이러니한 수법으로 때론 웃음과 유머를 통해 보편화로 환원할 수 있는 여지를 주었다. 이것은 개인과 사회에 대한 비판적 시각의 쟁점이나 목표를 직접적으로 드러내지 않으면서 오히려 웃음과 유머를 통해 개인과 사회 사이에서 발생하고 있는 정치적, 사회적 문제의 긴장감과 불안감을 우회적으로 표현한 역사와 전통에 기인한다고 할 수 있다. 이러한 영화적 수법들이 오히려 체코슬로바키아 사회가 지니고 있는 문제들을 더 깊이 성찰하고 침잠시키는 효과를 가진다.

4. 맺음말

체코슬로바키아 영화의 혁신은 1963년부터 1968년까지 지속되었던 독창적이고 창조적인 영화들을 가리킨다. 이 시기는 알렉산더 두브체크가 공산주의 체제의 개혁과 인간의 얼굴을 한 사회주의, 이른바 민주적 사회주의 구현을 목표로 하는 시기와 일치한다. 이것은 체코슬로바키아의 혁신적 영화들이 체코슬로바키아의 정치적 프로그램의 시기와 일체감을 가지고 있을 뿐만 아니라 그것으로부터 발생한 다양한 역사적, 사회적 상황들이 영화 속에 투영되었다는 것을 말하고 있다. 따라서 체코슬로바키아 영화의 혁신은 개혁과 인간의 얼굴을 한 사회주의 건설 과정에서 발생된 다양한 정치적, 사회적, 문화적, 예술적 가치가 중요한 토대가 되었다. 이러한 가치들은 이 시기 체코슬로바키아 영화의 내용과 형식에 깊은 영향을 주었다. 이와 함께 체코슬로바키아의 영화 혁신에 보다 직접적으로 영향을 미친 것은 체코슬로바키아 문화, 예술 창작에 적용되고 있던 사회주의 리얼리즘 창작 법칙으로부터 벗어나는 것이었다. 특히 1963년 그동안 퇴폐적이고 자본주의적으로 비판 받았던 카프카에 대한 재평가는 이런 측면에서 매우 의미 있는 사건이었다. 이것은 그 동안 일상적 현실에 대한 접근을 차단하도록 하였던 사회주의 리얼리즘을 극복하는 하나의 방편이 되었을 뿐만 아니라 체코슬로바키아의 아방가르드 문화 전통을 다시 복원시켜 혁신적인 창작 수법을 구사하게 되는 계기가 되었다. 그 결과 이 시기 체코슬로바키아 영화는 일상적 현실에 대한 다양한 묘사, 아방가르드적 표현형식, 개인과 사회 사이에서 벌어지고 있는 문제들을 기반으로 하여 독창적인 영화들이 등장하게 되었다.

특히 밀로스 포르만과 이리 멘젤 등의 영화에서 나타나고 있는 일상적 풍경과 현실에 대한 탐구는 웃음과 풍자, 아이러니를 통해 감추어진 체코슬로바키아의 다양한 현실을 재인식하도록 하게 하였다. 또한 히틸로바, 네메치 등의 주요 영화 수법인 의식의 흐름과 화면과의 독립성, 내러티브의 파괴는 이 시기 체코슬로바키아 영화 혁신을 형성하는데 결정적 역할을 하였다. 뿐만 아니라 에발드 쇼름, 얀 카다르 등의 영화에서는 체코슬로바키아의 역사 변환 과정에서 나타난 인간과 인간, 인간과 사회 사이의 불안감, 긴장감들이 무엇으로부터 야기되고 그 속에서 어떻게 현실과 이상의 조우가 이루어지는지를 탐구하고 있다.

그러나 이러한 다양한 특징을 가지고 있는 체코슬로바키아 영화 혁신은 1968년 8월 20일 밤 11시 소련, 폴란드, 헝가리, 동독, 불가리아로 구성된 수십만의 바르샤바 조약군대가 체코슬로바키아 국경을 침공하면서 좌절되었다. 그 다음날 두브체크를 비롯한 체코슬로바키아의 주요 정치 지도자들은 즉각 체포되어 강제로 소련으로 이송되었다. 그리고 "두브체크는 프라하로 돌아와 체코슬로바키아 상황을 정상화하기로 소련 측과 합의했다고 발표했다. 정상화가 의미하는 바는 점진적으로 언론 검열을 재도입하는 것, 침공 기간에 방송을 계속 내보낸 방송 관계자들을 숙청하는 것, 노보트니의 옛 질서에 가장 적극적으로 반대했던 당 지도자들을 축출하는 것, 군대와 경찰 내에 소련이 통제하는 명령 체계를 재확립하는 것 등이었다."[56] 체코슬로바키아 개혁을 주창했던 두브체크가 이듬해 4월 해임되자 소련과의 협정인 '정상화'는 본격화 되었다. 체코슬로바키아의 개혁과 인간의 얼굴을 한 사회주의에 대한 꿈은 역사 속으로 사라지고 체코슬로바키아 영화 혁신의 역사도 점차 자취를 감추었다.

주석

1 체코슬로바키아의 국립영화대학인 파무(Filmová a televizní fakulta Akademie múzickych umění v Praze, FAMU)는 1946~1947년에 걸쳐 설립되었고 1947년 첫 입학생을 받았다. 파무는 1919년 소련의 모스크바, 1935년 이탈리아의 로마, 1936년 독일의 베를린, 1939년 프랑스의 파리에 이어 세계 다섯 번째로 프라하에 설립된 영화대학이 되었다.

2 이 시기에는 얀 네메치(Jan Němec, 1964), 에발드 쇼름(Evald Schorm, 1964), 이리 멘젤(Jiří Menzel, 1965), 이반 파세르(Ivan Passer, 1965) 등이 새로운 장편 영화로 데뷔하였고 파벨 유라체크(Pavel Juráček), 히네크 보칸(Hynek Bočan), 안토닌 마사(Antonín Máša), 야로슬라브 파푸세크(Jaroslav Papoušek), 유라이 헤르츠(Juraj Herz), 오타카르 바브라(Otakar Vávra), 카렐 카츠나(Karel Kachyňa), 엘마르 클로스(Elmar Klos), 보이테치 야스니(Vojtěch Jasný), 프란티세크 블라칠(František Vláčil), 그리고 슬로바크의 스테판 우헤르(Štefan Uher), 유라이 야쿠비스코(Juraj Jakubisko) 등이 체코슬로바키아의 새로운 영화 혁신에 동참하였다.

3 권재일, 『체코슬로바키아사』, 대한교과서주식회사, 1995, 301쪽.

4 위의 책, 302쪽.

5 이정희, 『동유럽사』, 대한교과서주식회사, 1986, 442쪽.

6 권재일, 앞의 책, 304쪽.

7 Jonathan L. Owen, *Avant-Garde to New Wave, Czechoslovak Cinema, Surrealism and the Sixties*, Berghahn Books, 2011, p.38.

8 권재일, 앞의 책, 303쪽.

9 Jonathan L. Owen, *op. cit.*, p.40.

10 윤덕희 외, 『체코. 루마니아: 정치, 경제, 사회, 문화구조와 정책(최정호, 체코슬로바키아의 정치와 문화)』, 법문사, 1990, 100쪽.

11 Harry Schwartz, *Prague's 200 Days The Struggle for Democracy in Czechoslovakia*, Frederick A. Praeger, 1969, pp.43-44.

12 행동강령은 크게 4개의 범주로 구성되어 있다. 첫째는 당의 역할 축소, 둘째는 사회민주주의 발전과 새로운 정치적 사회 관리 시스템을 위한 것, 셋째는 새로운 경제 정책으로 사회주의는 기업 없이 이루어질 수 없다는 것, 넷째는 체코슬로바키아 사회주의 공화국의 국제적인 지위와 외교 정책에 관한 것으로

구성되어 있다.-고가영, 「1968년 프라하의 봄과 소련의 저항운동」, 《서양사론》Vol.106, 한국서양사학회, 2010, 252-253쪽 참고.

13 Jonathan L. Owen, *op. cit.,* pp.43-44.

14 윤덕희 외, 앞의 책, 91쪽.

15 Jonathan L. Owen, *op. cit.,* p.40.

16 권재일, 앞의 책, 309-310쪽.

17 김연정, 「체코에서의 프란츠 카프카 수용현상」, 《독어교육》Vol.42, 한국독어독문학교육학회, 2008, 174쪽.

18 위의 논문, 177쪽.

19 Jonathan L. Owen, *op. cit.,* p.39.

20 Peter Hames, *The Czechoslovak New Wave*, University of California, 1985, p.29.

21 Richard Taylor·Nancy Wood·Julian Graffy·Dina Iordanova, *Eastern European and Russian Cinema*, bfi, 2000, p.53.

22 Peter Hames, *Czech and Slovak Cinema*, Edinburgh University Press, 2010, p.40.

23 Richard Taylor·Nancy Wood·Julian Graffy·Dina Iordanova, *op. cit.,* p.53.

24 Peter Hames, op. cit(The Czechoslovak New Wave)., p.141.

25 *Ibid.,* p.96.

26 *Ibid.,* pp.181-185.

27 Craig Cravens, *Culture and Customs of the Czech Republic and Slovakia*, Greenwood Press, 2006, p.115.

28 Peter Hames, op. cit(The Czechoslovak New Wave)., pp.151-156.

29 *Ibid.,* p.117.

30 Peter Hames, *op. cit*(Czech and Slovak Cinema)., p.150.

31 데베스틸 예술연맹(Umělecký Svaz Devětsil)은 1920년에 설립되어 1931년까지 지속된 체코의 아방가르드 예술가들의 협회이다. 이 명칭은 몇 번이고 바뀌어 1925년부터는 '현대 문화 데베스틸 연합(Svaz moderní kultury Devětsil)'으로 불렸다. 그 구성원들의 예술적 결과들은 다양했지만 양식적으로 매직 리얼리즘(magic realism), 프롤레트쿨트(proletkult), 그리고 1923년 초에는 포에티즘(Poetism)적 특징을 나타냈다. 예술적 프로그램은 비테슬라브 네즈발(Vítězslav Nezval)과 카렐 티지(Karel Teige)에 의해 형성되었고, 구성원들은 그 당시 체코

예술을 조직하는 데 있어 매우 활동적이었다. 그들은 《ReD(Revue Devětsilu)》, 《Disk and Pásmo》와 같은 몇 몇 예술 잡지와 선집을 출간하기도 했다. 그들 중 가장 중요한 것으로 《Devětsil and Život》가 있다. 대부분의 데베스틸 예술가들은 시와 삽화를 만들었지만, 그들의 창작품은 조각, 영화를 포함해서 많은 다른 예술 형식에 기여를 하였다.

32 Peter Hames, op. cit(Czech and Slovak Cinema)., p.145.

33 *Ibid.,* p.147.

34 Peter Hames, op. cit(The Czechoslovak New Wave)., p.158.

35 *Ibid.,* p.159.

36 초현실주의는 상상과 현실의 상호 작용이고 궁극적으로 두 가지 사이, 즉 삶과 죽음, 과거와 현재, 소통과 불소통, 고급과 저급 사이의 명확함을 문제 삼는다. 체코 초현실주의 그 자체는 전후 시기 부조리와 밀접한 관계 속에서 성장했고, 최소한 현대적이고 풍자적인 경향으로서 명확한 특징을 통해서 성장하였다. 초현실주의는 과거, 현재, 미래와 상호 작용하고 있고 1960년대 체코슬로바키아 영화에서 구체적인 형식으로 발생했다. 어쩌면 1960년대 체코슬로바키아 영화는 아방가르드가 주도하였고 초현실주의는 심오하고 근본적인 것이었다.-Jonathan L. Owen, *op. cit.,* pp.4-5.

37 Peter Hames, op. cit(The Czechoslovak New Wave)., p.208.

38 *Ibid.,* p.213.

39 *Ibid.,* p.221.

40 Craig Cravens, op. cit., p.116.

41 Peter Hames, op. cit(Czech and Slovak Cinema)., p.153.

42 Peter Hames, op. cit(The Czechoslovak New Wave)., 1985, p.187.

43 *Ibid.,* pp.188-191.

44 *Ibid.,* p.198.

45 Peter Hames, op. cit(Czech and Slovak Cinema)., p.113.

46 Peter Hames, *op. cit*(The Czechoslovak New Wave)., p.205.

47 *Ibid.,* p.192.

48 이 영화는 대통령이자 공산당 서기장인 안토닌 노보트니(Antonín Novotný)에 의해 직접 금지 당했다. 그만큼 영화는 비유적이지만 노골적으로 정치가들을

비판하고 있어 큰 정치적 반향을 불러일으켰다.

49 Craig Cravens, *op. cit.*, p.117.

50 Peter Hames, op. cit(The Czechoslovak New Wave), p.229.

51 Jonathan L. Owen, *op. cit.*, p.9.

52 Peter Hames, *op. cit*(The Czechoslovak New Wave), p.176.

53 Peter Hames, *op. cit*(Czech and Slovak Cinema), pp.103-104.

54 Peter Hames, *op. cit*(The Czechoslovak New Wave), p.100.

55 *Ibid.*, p.105.

56 크리스 하먼, 이수현 옮김, 『세계를 뒤 흔든 1968(Fire last time: 1968 and after)』, 책갈피, 2004, 170-171쪽.

참고문헌

단행본

권재일, 『체코슬로바키아사』, 대한교과서주식회사, 1995.

이정희, 『동유럽사』, 대한교과서주식회사, 1986.

윤덕희 외, 『체코. 루마니아: 정치, 경제, 사회, 문화구조와 정책』, 법문사, 1990.

크리스 하먼(Chris Harman), 이수현 옮김, 『세계를 뒤 흔든 1968(Fire last time: 1968 and after)』, 책갈피, 2004.

Harry Schwartz, Prague's 200 Days The Struggle for Democracy in Czechoslovakia, Frederick A. Praeger, 1969.

Richard Taylor · Nancy Wood · Julian Graffy · Dina Iordanova, Eastern European and Russian Cinema, bfi, 2000.

Craig Cravens, Culture and Customs of the Czech Republic and Slovakia, Greenwood Press, 2006.

Peter Hames, The Czechoslovak New Wave, University of California, 1985.

_____, Czech and Slovak Cinema, Edinburgh University Press, 2010.

Jonathan L. Owen, Avant-Garde to New Wave, Czechoslovak Cinema, Surrealism and the Sixties, Berghahn Books, 2011.

논문

고가영, 「1968년 프라하의 봄과 소련의 저항운동」, 《서양사론》 Vol.106, 한국서양 사학회, 2010.

김연정, 「체코에서의 프란츠 카프카 수용현상」, 《독어교육》 Vol. 42, 한국독어독문 학교육학회, 2008.

찾아보기

인명

[ㄱ]

가요 페트로비치Gajo Petrović 124

갈 이스트반 086, 097, 098, 100, 101

갈 이스트반Gaál István 063

거즈더그 쥴러Gazdag Gyula 074

게뢰 에르뇌 065, 069

게뢰 에르뇌Gerő Ernő 065

고무우카 021, 022, 023, 024, 025,
  053, 055

괸쯔 아르파드Göncz Árpád 068

그르제고르즈 에키에르트Grzegorz
  Ekiert 173

[ㄴ]

낸시 고드레이Nancy Godrey 148

낸시 우드Nancy Wood 013

너지 라슬로Nagy László 070

너지 임레 065, 066, 067, 068, 101

너지 임레Nagy Imre 065

네델리코 드라기치Nedeljko Dragić
  115

네메시퀴르티 이스트반Nemeskürty
  István 075

네메치 208

네메트 라슬로Németh László 070

네즈발 189

노보트니 209

[ㄷ]

다니엘 굴딩Daniel J. Goulding 118

다닐로 페요비치Danilo Pejović 124

단코 그를리치 125

단코 그를리치Danko Grlić 124

더르버시 요제프 070

더르버시 요제프Darvas József 069

더르버시 이반Darvas Iván 072

데리 티보르 070, 072

데리 티보르Déry Tibor 068

215

도미니크 스몰레Dominik Smole 127

두브체크 173, 174, 209

두샨 마카베예프 118, 122, 125, 139

143, 159

두샨 마카베예프Dušan Makavejev

116

두샨 부코티치Dušan Vukotić 116

두샨 스토야노비치 121

두샨 스토야노비치Dušan Stojanović

115

드라고류브 알렉시치Dragoljub Aleksić

143

드라고슬라브 아다모비치Dragoslav

Adamović 115

[ㄹ]

라도슬라브 셀루츠키Radoslav Selucký

170

라디슬라브 그로스만Ladislav Grosman

203

라자르 스토야노비치Lazar Stojanović

150

라코시 마차시 069

라코시 마차시Rákosi Mátyás 064

란코 무니티치Ranko Munitić 115

러노디 라슬로Ranódy László 071

러노디 라슬로 095

러이크 라슬로Rajk László 064

레닌 143, 147, 149, 173, 174

레닌Ленин 148

레베스 미클로시Révész Miklós 075

레섹 코와코프스키Leszek Kołakowski

016, 025

레오나르드 부츠코프스키Leonard

Buczkowski 014

레오니드 브레즈네프Леонйд Бре́жнев

151

레온 크루츠코프스키Leon Kruczkowski

016

레프 트로츠키Лев Тро́цкий 148

렌젤 요제프Lengyel József 089

로만 폴란스키 055

로만 폴란스키Roman Polanski 051

로저 샨도르 078

로저 샨도르Rózsa Sándor 078

로저 야노시Rózsa János 074

루돌프 스레메쯔Rudolf Sremec 115

루드비크 바출리크Ludvík Vaculík

173

루드비크 아스케나지Ludvík Aškenazy

183

루디 수펙Rudi Supek 124

찾아보기

루이스 마르코렐Louis Marcorelles 072
루이 암스트롱Louis Armstrong 134
리임M. Liem 125
리차드 테일러Richard Taylor 013

[ㅁ]
마렉 흐와스코Marek Hłasko 047
마르셀 마르탱Marcel Martin 072
마르코 바바쯔Marko Babac 132
마오쩌뚱 143, 146
마카베예프 139, 140, 141, 142, 143,
   144, 145, 146, 147, 149, 150, 151,
   157
막스 브로드Max Brod 197
머크 카로이 071, 096, 101
머크 카로이Makk Károly 063
메러이 티보르Méray Tibor 071
모러 페렌츠Móra Ferenc 088
모케프Mokép 075
몽크 013, 031, 041, 046
미라 보글리치Mira Boglić 115
미오미르 스타멘코비치Miomir
   Stamenković 160
미차 포포비치Mića Popović 155
미하일로 마르코비치Mihailo Marković
   124

미하일 불가코프Михаи́л Булга́ков
   132
미하일 치아우렐리Михаи́л Чиауре́ли
   149
밀란 란코비치Milan Ranković 115
밀란 칸그르가Milan Kangrga 124
밀란 쿤데라 177
밀란 쿤데라Milan Kundera 172
밀레나 예젠스카Milena Jesenská 176
밀로스 포르만 179, 183, 185, 208
밀로스 포르만Miloš Forman 169
밀루틴 촐리치Milutin Čolić 115, 158

[ㅂ]
바냐스 임레Bányász Imre 074
바르코니 졸탄Várkonyi Zoltán 073
바이다 013, 031, 035, 051
바체슬라브 몰로토프Вячеслав
   Мо́лотов 022
바출리크 173
바크라브 하벨Václav Havel 177
바트로슬라브 미미짜 133
바트로슬라브 미미짜Vatroslav Mimica
   116
바흐루딘 첸기치Bahrudin Čengić 137
반다 야쿠보프스카Wanda Jakubowska

014

밴추라 189

버노비치 터마시Banovich Tamás 073

베라 히틸로바 190, 198, 199

베라 히틸로바Věra Chytilová 169

벨리코 블라호비치 122

벨리코 블라호비치Veljko Vlahović 122

보슈티안 흘라드니크 118, 156, 157

보슈티안 흘라드니크Boštjan Hladnik

116

보이치에흐 브워다르취크Wojciech

Włodarczyk 043

보이치에흐 하스 033, 039, 048

보이치에흐 하스Wojciech Has 012

보후밀 흐라발 178, 201

보후밀 흐라발Bohumil Hrabal 177

보흐단 포렌바Bohdan Poręba 049

볼레스와프 비에루트Bolesław Bierut

021

뵈레시 샨도르Weöres Sándor 070

브란코 벨란Branko Belan 115

브란코 보슈냑Branko Bošnjak 124

브란코 부치체비치Branko Vučićević

116

브예코슬라브 아프리치Vjekoslav Afrić

113

브와디스와프 고무우카Władysław

Gomułka 020

브와디스와프 실레시츠키Władyslaw

Ślesicki 044

브워지미에쉬 보로비크Włodzimierz

Borowik 045

블라디미르 요비취치Vladimir Jovičić

152

블라디미르 파랄Vladimír Páral 186

블라디슬라브 밴추라 184

블라디슬라브 밴추라Vladislav Vančura

177

비에루트 021

비테슬라브 네즈발 199

비테슬라브 네즈발Vítězslav Nezval

177

빈코 라스포르Vinko Raspor 115

빌헬름 라이히 145, 146, 148, 149

빌헬름 라이히Wilhelm Reich 145

[ㅅ]

샤러 샨도르Sára Sándor 074

샨터 페렌츠 070, 090

샨터 페렌츠Sánta Ferenc 070

서보 이스트반 074, 083, 086, 092,

093, 099, 100, 101

서보 이스트반Szabó István 063

세르게이 마코닌Sergej Machonin 205

세르게이 에이젠쉬테인Сергей

Эйзенштейн 138

셔르커디 임레Sarkadi Imre 071

솔제니친 172

쇠츠 이스트반 072

쇠츠 이스트반Szőts István 071

쇼름 205, 206

쉬퇴 언드라시Sütő András 070

스크보레츠키 197

스타니스와프 디가트Stanisław Dygat 048

스타니스와프 레나르토비츠Stanisław Lenartowicz 012

스타니스와프 루제비츠 042

스타니스와프 루제비츠Stanisław Różewicz 032

스타니스와프 오지메크 012

스타니스와프 오지메크Stanisław Ozimek 012

스탈린 013, 015, 016, 020, 021, 023, 027, 040, 063, 064, 065, 132, 147, 148, 149, 169

스테판 비신스키Stefan Wyszyński 023

스토야노비치 150, 151

스테보 오스토이치Stevo Ostojić 115

스티페 델리치Stipe Delić 158

슬로보단 노바코비치Slobodan Novaković 115

시르테시 라슬로Szirtes László 074

[ㅇ]

아나스타스 이바노비치 미코얀Анаст ас Иванович Микоян 066

아담 바지크Adam Ważyk 016

아담 샤프 025

아담 샤프Adam Schaff 016

아르노스트 루스티그 195

아르노스트 루스티그Arnošt Lustig 177

안제이 뭉크 013, 029, 041, 045, 046, 055

안제이 뭉크Andrzej Munk 012

안제이 바이다 013, 018, 019, 027, 028, 029, 040, 051, 054

안제이 바이다Andrzej Wajda 012

안제이 베르네르Andrzej Werner 031

안테 페테르리치Ante Peterlić 115

안토니 보흐지에비츠Antoni Bohdziewicz 012

안토닌 노보트니AntonínNovotný 170

안토닌 리임Antonín Liehm 172

안토닌 마사Antonín Máša 205

알렉산다르 란코비치Aleksandar

　Ranković 118

알렉산다르 페트로비치 118, 122,

　125, 127, 132, 135

알렉산다르 페트로비치Aleksandar

　Petrović 116

알렉산더 두브체크 207

알렉산더 두브체크Alexander Dubček

　171

알렉산데르 야츠키에비츠 012

알렉산데르 야츠키에비츠Aleksander

　Jackiewicz 011

알렉산데르 포르드 017, 047

알렉산데르 포르드Aleksander Ford

　015

알렉산드르 솔제니친Александр

　Солженицын 172

알렉세이 쿠사크 189

알렉세이 쿠사크Alexej Kusák 176

앙드레 바쟁 088

앙드레 브르통André Breton 188

앙리 르페브르Henri Lefèbvre 124

야로밀 이레 183, 198, 199, 200

야로밀 이레Jaromil Jireš 169

야로스와프 브죠조프스키Jarosław

　Brzozowski 044

야로슬라브 사이페르트Jaroslav Seifert

　169

야로슬라브 파푸세크Jaroslav Papoušek

　187

야로슬라브 하섹Jaroslav Hašek 177

야첵 쿠론Jacek Kuroń 025

얀 네메치 194, 196, 197, 198, 200

얀 네메치Jan Němec 194

얀 잘만Jan Žalman 197

얀 카다르 209

얀 카다르Ján Kadár 203

얀 코트Jan Kott 016

얀 프로차즈카Jan Procházka 177

어첼 죄르지Aczél György 069

얼마시 이스트반 Almási István 096

에드바르드 스코쉐프스키Edward

　Skorzewski 044

에드바르드 오합Edward Ochab 021

에른스트 블로흐Ernst Bloch 124

에리히 프롬Erich Fromm 124

에바 보사코바 190

에발드 쇼름 205, 209

에발드 쇼름Evald Shorm 189

에스터 크룸바초바Ester Krumbachová

177

엘마르 클로스Elmar Klos 203

연초 미클로시 077, 078, 079, 080,

081, 082, 083, 084, 085, 089,

101

연초 미클로시Jancsó Miklós 063

예지 보사크Jerzy Bossak 044

예지 카발레로비츠 017, 036, 050,

051

예지 카발레로비츠Jerzy Kawalerowicz

012

예지 호프만Jerzy Hoffman 044

오바리 러요시Óvári Lajos 074

오타 시크Ota Šik 171

오합 021, 022

외르케니 이스트반Örkény István 070

요비취치 152, 153, 154, 158

요시프 티토Josип Тито 109

위르겐 하버마스Jürgen Habermas 124

유라이 야쿠비스코 200

유라이 야쿠비스코Juraj Jakubisko 198

유라체크 207

유제프 시비아트워Józef Światło 021

율리안 지에지나Julian Dziedzina 047

이고르 프렛나르Igor Pretnar 115

이리 멘젤 184, 185, 201, 202, 208

이리 멘젤Jiří Menzel 178

이반 쿠바취치Ivan Kuvačić 124

이반 파세르Ivan Passer 185

이푸 투안Yi-Fu Tuan 079

[ㅈ]

조세프 스크보레츠키Josef Škvorecký

177

조세프 토폴Josef Topol 177

줄리안 그래피와 디나 이오다노바

Julian Graffy and Dina Iordanova

013

쥐보인 알렉시치Živojin Aleksić 142

쥐보인 파블로비치 125, 132, 137,

154, 155

쥐보인 파블로비치Živojin Pavlović

116

쥐카 미트로비치Žika Mitrović 160

지그문트 프로이드Sigmund Freud

145

짐 버클리Jim Buckley 148

[ㅊ]

체레시 티보르 085

체레시 티보르Cseres Tibor 070

체스와프 페텔스키Czesław Petelski

050

총고버이 페르 올러프Csongovai Per
Olaf 072

[ㅋ]

카다르 야노시 068, 069, 070, 074,
076, 101

카다르 야노시Kádár János 067

카렐 코시크Karel Kosík 174

카렐 티지Karel Teige 199

카롤 모젤레프스키Karol Modzelewski
025

카롤 바칠레크Karol Bacílek 171

카발레로비츠 037

카지미에쉬 카라바쉬Kazimierz
Karabasz 044

카지미에쉬 쿠츠 034, 041

카지미에쉬 쿠츠Kazimierz Kutz 013

카프카 176, 177, 178, 188, 189,
197, 208

커린티 페렌츠Karinthy Ferenc 095

커토너 예뇌Katona Jenő 074

컬마르 라슬로Kalmár László 073

켈레티 마르톤Keleti Márton 073

코바치 라슬로 076

코바치 라슬로Kovács László 072

코바치 언드라시 085

코바치 언드라시Kovács András 063

코칸 라코냑Kokan Rakonjac 132

콘비츠키 038

콘스탄틴 로코소프스키Константин
Рокоссовский 022

쿠츠 035, 041

[ㅌ]

타데우쉬 미츠카Tadeusz Miczka 013

타데우쉬 코시치우쉬코Tadeusz
Kościuszko 029

타데우쉬 코타르빈스키Tadeusz
Kotarbiński 025

타데우쉬 콘비츠키 038, 051

타데우쉬 콘비츠키Tadeusz Konwicki
037

타데우쉬 흐미엘레프스키Tadeusz
Chmielewski 047

터르 벨러Tarr Béla 074

티보르 071

티토 109, 121, 122, 126, 127, 139,
150, 151

[ㅍ]

파딜 하쥐치Fadil Hadžić 115

파베우 코모로프스키Paweł
　Komorowski　047
파벨 유라체크Pavel Juráček　207
파벨 코하우트Pavel Kohout　172
파브리 졸탄　072, 073, 084, 088,
　090, 091, 092, 094, 095, 101
파브리 졸탄Fábri Zoltán　063
파블로비치　154
파세르　186
파푸세크　187
페도르 한제코비치Fedor Hanžeković
　115
페예르 터마시Fejér Tamás　074
페예시 엔드레　070
페예시 엔드레Fejes Endre　070
페타르 크렐야Petar Krelja　115
페퇴피　065
페퇴피 샨도르Petőfi Sándor　093
페트로비치　122, 129, 130, 131
페헤르 임레Fehér Imre　096
펠릭스 마리아시Félix Máriássy　071
포르만　179, 181, 182, 183
포이어바흐　123
폴란스키　053
푸리샤 죠르제비치Puriša Đorđević
　155

프란츠 카프카　176
프란츠 카프카Franz Kafka　176
프란티세크 흐루빈František Hrubín
　169
프레드라그 골루보비치Predrag
　Golubović　160
프레드라그 브라니쯔키　125
프레드라그 브라니쯔키Predrag
　Vranicki　124
피터 해머스Peter Hames　189
핀테르 유디트Pintér Judit　099
필린스키 야노시Pilinszky János　070

[ㅎ]
하르시 러요시Hárs Lajos　074
하벨　177
하스　049
한니발　088
헤르베르트 마르쿠제Herbert Marcuse
　124
헤르스코 야노시　082, 096, 101
헤르스코 야노시Herskó János　063
호르티　081
호르티 미클로시Horthy Miklós　081
흐라발　178
흐루쇼프　016, 021, 022, 063, 064,

169

흘라드니크 127, 129, 158

히네크 보칸Hynek Bočan 186

히틀러 084, 135

히틸로바 190, 191, 193, 194, 208

작품명

[번호]

9번 병실A 9-es kórterem 071

20살의 사랑L'amour à vingt ans 051

20시간 091

20시간Húsz óra 070, 090

[ㄱ]

가까이에서 본 기차Ostře sledované
  vlaky 201

개인적 폭풍Soukromá vichřice 186

거장과 마르가리타Мастер и
  Маргарита 132

검거 077

검거Szegénylegények 077

검은 페트르 183

검은 페트르Černý Petr 180

겨울의 황혼Zimowy zmierzch 037

경계의 거리Ulica Graniczna 015

경연대회 183

경연대회Konkurs 179

고양이 연극Macskajáték 070

고철무덤Rozsdatemető 070

귀환Povratak 137

그림자 037

그림자Cień 036

금발의 사랑 182, 183

금발의 사랑Lásky jedné plavovlásky 181

금지된 노래Zakazane piosenki 014

기차에서 내린 사람들Ludzie z pociągu
  034

깃털 수집가Skupljači perja 130

꿈San 155

[ㄴ]

남자는 새가 아니다Čovek nije tica 139

내가 죽고 하얗게 될 때 137, 155

내가 죽고 하얗게 될 때Kad budem
  mrtav i beo 137

너지로즈다시 사건A nagyrozsdási eset
  073

누구를 위하여 종달새는 노래하는가
  Akiket a pacsirta elkísér 096

[ㄷ]

다섯 소녀에게 지워진 책임Pět holek

　na krku 205

대낮의 암흑Nappali sötétség 084

대화Párbeszéd 082

데이지 194, 198

데이지Sedmikrásky 191

도시Grad 132

돌 071

둘 118, 127, 129

둘Dvoje 116

딸 시집보내기Leány vásár 071

[ㄹ]

로트나 029

로트나Lotna 012

릴리옴피Liliomfi 071

[ㅁ]

마슈카라다Maškarada 157

마지막 계절Utószezon 095

마지막 단계Ostatni etap 015

매복 137

매복Zaseda 137

맹세Клятва 149

모래 성Peščeni grad 129

몽상의 시기 099

몽상의 시기Álmodozások kora 099

몽유병자들Lunatycy 049

물속의 칼 053

물속의 칼Nóż w wodzie 051

뭔가 다른 것 190, 194

뭔가 다른 것O něčem jiném 190

미친 4월 095

미친 4월Bolond április 095

[ㅂ]

바르샤바 56Warszawa 56 044

바르스카 거리에서 온 다섯 소년들

　Piątka z ulicy Barskiej 017

바위 아래의 집Ház a sziklák alatt 096

발레리와 그녀의 황홀한 한 주Valerie

　a týden divů 199

밤의 끝Koniec nocy 047

밤의 다이아몬드 195, 196, 198

밤의 다이아몬드Démanty noci 194

변덕스러운 여름Rozmarné léto 184

보물Skarb 014

보호받지 못한 무죄 143, 144

보호받지 못한 무죄Nevinost bez

　zaštite 143

봄에 내리는 큰 비 098

225

봄에 내리는 큰 비Zöldár 098

부다페스트의 봄Budapesti tavasz 071

불운 041

불운Zezowate szczęście 012

붉은 호밀Rdeče klasje 137

비쉐비짜 섬에서 온 프로메테우스
133

비쉐비짜 섬에서 온 프로메테우스
Prometej s otoka Viševice 133

빈 공간에서 온 사람들Ludzie z
pustego obszaru 044

빗속에서 춤을 118, 127

빗속에서 춤을Ples v dežju 116

[ㅅ]

사나운 사람Dúvad 073

사람들Kövek, várak, emberek 071

사랑 영화 099

사랑 영화Szerelmesfilm 083

사랑의 순교자 196, 197

사랑의 순교자Mučedníci lásky 195

사자가 올 때Ko Pride Lev 158

세대 013, 018, 019, 027, 054

세대Pokolenie 012

세례Keresztelő 098

세 번째 날에Harmadnapon 070

세상의 종말이 다가온다Bić e skoro
propast sveta 131

세 여인Trzy kobiety 032

셀룰로스Celuloza 017

셋Tri 135

소녀Devojka 155

소방수들의 무도회Hoří 182

순진한 마법사Niewinni czarodzieje
051

숫예스카SUTJESKA 158

심연 095

심연Szakadék 071

심연의 진주Perlička na dně 178

쓰디쓴 진실Keserű igazság 073

[ㅇ]

아무도 부르지 않는다Nikt nie woła
041

아버지 086, 092

아버지Apa 083

아침Jutro 155

아홉 중 어느 것을?Melyiket a kilenc
közül? 071

악마가 잘 자라고 인사하는 곳에서
Gdzie diabeł mówi dobranoc 044

야간열차Pociąg 050

어둠은 그림자를 드리우지 않는다
Tma nema stin 195
어떻게 하면 사랑받는가Jak być kocha
ną 033
어른을 위한 시Poemat dla dorosłych
016
어제Tegnap 073
에로이카 029, 030, 031
에로이카Eroica 012
에바는 잠들고 싶다Ewa choe spać
047
에코Echo 042
여름의 마지막 날Ostani dzień lata 038
여승객 031
여승객Pasazerka 029
연대기 086
연대기Krónik 086
연애사건 혹은 비극 전신전화Ljubavni
slučaj ili tragedija službenice P.T.T
142
올가미 039
올가미Pętla 039
외침Křik 183
용기의 십자가Krzyż Walecznych 041
용맹한 남자들Delije 155
월요일 혹은 화요일Ponedjeljak ili uto

rak 133
위령의 날Zaduszki 038
유기체의 신비WR · Mysteries of the
Organism 145
이별Pożegnania 048
일상들Dani 130
일상의 용기 205
일상의 용기Každý den odvahu 205
일요일의 로맨스Bakaruhában 096

[ㅈ]
자유로운 도시Wolne miasto 032
작은 군인Mali vojnici 137
잔디밭 출입 가능함Fűre lépni szabad
096
재Popioły 029
재와 다이아몬드 040
재와 다이아몬드Popiół i diament 012
재주넘기Salto 051
적과 백 079, 081
적과 백Csillagosok 077
적대자Neprijatelj 137
정오Podne 155
제0항Paragraf zero 045
제 8요일Ósmy dzień tygodnia 047
제국은 스니즈와 함께 사라졌다

Az eltűnt birodalom 073

조력자Postava k podpírání 207

조세프 킬리안Josef Kilián 207

조형 예수Plastični Isus 150

좋은 로마로 갔다A harangok Rómába

  mentek 077

주목 불량배들!Uwaga chuligani! 044

죽은 자들의 지역Baza ludzi umarłych

  050

중심가의 상점Obchod na Korze 203

쥐들이 깨어날 때 137

쥐들이 깨어날 때Buđenje pacova 137

지옥에서 두 번의 하프타임Két félidő

  a pokolban 084

지하수도 028

지하수도Kanał 012

집으로 가는 길 084

집으로 가는 길Így jöttem 077

집착Megszállottak 097

[ㅊ]

차가운 나날들Hideg napok 085

천사들의 엄마 요안나Matka Joanna od

  aniołów 051

철로 위의 남자Człowiek na torze 045

철의 꽃Vasvirág 096

최고의 시기Nejkrásnější věk 187

출생 증명서Świadectwo urodzenia 033

취한 비Részeg eső 070

친밀한 불빛Intimní osvětlení 185

침묵과 외침 081

침묵과 외침Csend és kiáltás 077

[ㅋ]

칸타타 089

칸타타Oldás és kötés 077

[ㅌ]

탕자의 귀환 205

탕자의 귀환Návrat ztraceného syna

  205

태양의 함성Sonční krik 156

토트 가족Tóték7 070

[ㅍ]

파티와 손님들 198

파티와 손님들O slavnosti a hostech

  095

푸른 십자가 030

푸른 십자가Błękitny krzyż 029

프리지아 별 아래에서Pod gwiazdą

  frygijską 017

[ㅎ]

한니발 선생 088

한니발 선생Hannibál tanár úr 072

한 잔의 맥주Egy pikoló világos 071

회전목마 072, 094, 095

회전목마Körhinta 072

휴게실Wspólny pokój 049

흐르는 물Sodrásban 097

기타

[번호]

1956 폴란드의 10월Polski październik 1956 024

2000어 선언Dva tisíce slov 173

[ㄱ]

개인의 우상화the personality cult 171

검은 물결 155

검은 물결Crni talas 118

검은 물결의 영화 155

검은 진주들Black Pearls 156

계획의 우상화the cult of the plan 171

구체성의 변증법Dialektika konkrétního 174

[ㄴ]

나톨린 그룹Natolin group 020

노동자 자주관리Radničko samoupravljanje 110

노동자 평의회Munkástanács 068

노비 필름 117, 118, 119, 123, 125, 126, 127, 138, 139, 151, 154, 159, 160, 161

노비 필름novi film 109

누벨바그 120

[ㄷ]

데일리 프리덤Daily Freedom 093

독립예술로서 영화A Film önálló művészet 071

[ㄹ]

레파토리 위원회Repertoire Council 043

로브첸 필름Lovćen film 113

[ㅁ]

머필름Mafilm 075

문학신문Irodalmi Újság 064

문학신문Literární noviny 171

문화민족Művelt Nép 071

문화비평Przegląd Kulturalny 025

문화생활Kulturní život 171

[ㅂ]

바르샤바 동맹 탈퇴 066

바르샤바 봉기 026, 028, 030, 040

벌라즈 벨러 스튜디오 074, 075, 101

벌라즈 벨러 스튜디오Balázs Béla

Stúdió, BBS 074

보르바 152

보르바BORBA 152

보스나 필름Bosna film 113

붉은 부르주아red bourgeoisie 053

블랙시리즈 045, 055

블랙시리즈czarna seria 044

비스와Wisła 014

비스와 회의 043

비평Kritika 070

[ㅅ]

사실폭로 문학tényfeltáró irodalom

070

새로운 길Nowe Drogi 016

시네마 베리테 155, 190

신경제 구조Új Gazdasági Mechanizmus

063

신노선Új Szakasz 068

신문화 025

신문화Nowa Kultura 016

[ㅇ]

아발라 필름Avala film 113

아홉 개의 세력nine strengths 188

악마의 영화Đavolji film 154

야르단 필름Jardan film 113

엄브렐라Umbrella 075

영화 기본법Osnovni zakon o filmu

115

영화 노동자 컨퍼런스conference of

film workers 043

영화문화 158

영화문화Filmska kultura 115

영화세계Filmvilág 073

영화예술 위원회Filmművészeti

főosztály 073

영화오늘Film danas 115

영화오늘 116

영화저널 113

우리 영화에서의 검은 물결 152

우리 영화에서의 검은 물결Crni talas u

našem filmu 119

유고슬라비아 공산주의 연맹Savez

komunista Jugoslavije 119

유고슬라비아 영화노동자 조합Savez

　filmskih radnika Jugoslavije 114

인간의 얼굴을 한 사회주의 173, 174,

　207, 209

인간의 얼굴을 한 사회주의Socialismus

　s lidskou tváří 173

인민연단Trybuna Ludu 016

일그러진 타원 025

[ㅈ]

자유인민Szabad Nép 071

자주관리제 111, 112, 113, 117, 119,

　120, 121, 122, 123, 127, 155, 159

제스포위 필모베 019, 043, 055

제스포위 필모베Zespóły Filmowe 013

조라 필름Zora film 113

중립선언 066

즈다노프주의Zhdanovism 153

즈베즈다 필름Звезда филм 113

직언 025

직언Po prostu 016

[ㅊ]

체코슬로바키아 작가동맹Českoslove-

　nský svaz spisovatelů 172

초현실주의자 189

초현실주의자 소설surrealist novel

　188

[ㅋ]

카드르Kadr 019

카프카 콘페렌즈Kafka-Konferenz

　176

캐슬The Castle 188

코르출라 여름학교korčulanska ljetna

　škola 124

크르지베 코워Krzywe Koło 025

키노 클루브kino klub 132

[ㅌ]

트리글라브 필름 127

트리글라브 필름Triglav film 113

[ㅍ]

파무FAMU 169

페퇴피 서클Petőfi Kör' 064

포에티즘 199

포에티즘Poetism 197

포즈난 020, 021

포즈난Poznań 020

포즈난 봉기 020, 021, 027

포즈난 사태 022

폴란드 영화학파 012, 013, 018, 019,

020, 027, 054, 055

폴란드 영화학파Polska Szkoła Filmowa

011

폴란드 작가동맹Związek Literatów

Polskich, ZLP 016

타트리Tatry 030

폴란드 통일노동자당Polska

Zjednoczona Partia Robotnicza,

PZPR 014

풀라 영화제 154, 158

풀라 영화제Pulski filmski festival 118

프라하의 봄 172

프라하의 봄Pražské jaro 169

프락시스 125

프락시스Praxis 124

프락시스 학파 123, 124, 125, 139

프락시스 학파Praxis School 123

필름 폴스키Film Polski 014

Szövetsége, MISZ 064

훈니어Hunnia 075

[ㅎ]

행동 강령Akční Program 173

헝가로필름Hungarofilm 075

헝가리 봉기 072

헝가리 작가동맹Magyar Írók